古典文獻研究輯刊

十五編

潘美月・杜潔祥 主編

第 17 冊

明代八股文編年史（第三冊）

陳 文 新／王 同 舟 著

國家圖書館出版品預行編目資料

明代八股文編年史（第三冊）／陳文新／王同舟　著—初版
—新北市：花木蘭文化出版社，2012〔民101〕
目 8+230 面；19×26 公分
（古典文獻研究輯刊 十五編：第17冊）
ISBN：978-986-322-000-8（精裝）
1. 八股文　2. 編年史　3. 明代
011.08　　　　　　　　　　　　　　　　　101015067

ISBN-978-986-322-000-8

9 789863 220008

古典文獻研究輯刊
十五編　第十七冊　　　　　ISBN：978-986-322-000-8

明代八股文編年史（第三冊）

作　　者　陳文新／王同舟
主　　編　潘美月　杜潔祥
總 編 輯　杜潔祥
企劃出版　北京大學文化資源研究中心
出　　版　花木蘭文化出版社
發 行 所　花木蘭文化出版社
發 行 人　高小娟
聯絡地址　新北市永和區中正路五九五號七樓
　　　　　電話：02-2923-1455／傳真：02-2923-1452
網　　址　http://www.huamulan.tw 信箱 sut81518@gmail.com
印　　刷　普羅文化出版廣告事業
初　　版　2012 年 9 月
定　　價　十五編 26 冊（精裝）新台幣 42,000 元

明代八股文編年史（第三冊）

陳文新／王同舟　著

目

次

明世宗嘉靖四十五年丙寅（西元 1566 年）

十二月

　　庚子日，嘉靖帝（1507～1566）大漸。崩，廟號世宗，葬永陵。壬子日，裕王朱載垕嗣位，是為穆宗。（據《明鑑綱目》卷六）

明穆宗隆慶元年丁卯（西元 1567 年）

三　月

　　直隸提學御史耿定向奏科場事宜。允行。

　　《明穆宗實錄》卷六：隆慶元年三月庚午，「直隸提學御史耿定向奏科場事宜，一、兩京鄉試主考，宜簡學行兼長者，毋拘年資。一、兩京同考官，宜令廣取正、備卷呈送主考。如所取未稱，責令再閱。或付別房覆校。主考仍自行搜閱落卷，果有異材，亟收錄之，毋避嫌輕棄。一、主考官止宜發初場試卷付同考分經校閱，二三場更易品訂，毋專委一人，致令偏重初場，遺真才積學之士。一、邇來經書時義，體制大壞，有浮蔓至千餘字者。宜嚴立程式，一篇止許五百字以上，六百字以下，違式者不與謄錄。一、命兩京各省於揭曉之日，以中式舉人朱墨卷發提學官查驗鈐封，送京府各布政司解部，以防偽濫。一、革去兩京應試監生字型大小，與生員一體彌封，取中之數，仍如舊額，滿三十五名則止。已而御史陳聯芳亦言重後場以羅實學，及令兩京同考閱卷不必各房字樣，主考止以文字去取，毋以考官為額數、分房為次第。禮部議覆，俱允行之。」高儀《高溫端公奏議》卷二《議科場事宜疏》：「國家選舉已有定制，近奉該部節年題准通行事理已極詳盡，但有議之雖詳而奉行容有未實，亦或行之已定而時宜略有當通者。臣待罪學職，為日頗久，其於士習時弊，竊有疚於心者，謹攄一得之愚，條陳數款，少為苴補。伏惟皇上俯垂聖覽，敕下該部酌議施行，斯文幸甚，世道幸甚！……看得提督學校巡按直隸監察御史耿定向條陳科場事宜七款，相應開別前件，議擬上請，伏候聖明裁奪。……一、議主考。前件臣等議得科舉期於得士，而主考實典文

衡，責任至重，誠不可不慎也。兩京鄉試主考，例用翰林、坊局儒臣，而每舉必以年資相應者往充其任，相沿已久。法非不善，但止計一定年資，則人情易於測度，其於遠嫌之道，似有未盡。今御史耿定向議欲務極一時德望之選，不必尋常次序之拘，尤為慎主司以重掄材之意。合無依其所擬，恭候命下，備行內閣，今後凡遇請差兩京主考之時，將前項儒臣詳加參酌，惟取學行兼優，不必盡拘次序，則任人當而取士之本端，事機密而防嫌之道豫矣。伏惟聖裁。一、議閱卷。前件臣等議得文場校士以同考司任，以主考握總理之權。若同考甄別欠明，則主考例當搜閱，往時奇材雋士，或拔諸落卷者，人皆不以為嫌。而邇來士習不古，流言易興，以致主考引嫌過甚，不肯更閱落卷。夫同考屬之教官，去取未必皆當，而主考又乃避嫌遠咎，沮其任事之心，場屋遺材，豈能盡免？今御史耿定向議欲精選外簾官，將墨卷分令品第，列為三等，監試、提調官仍為裁校，以待內簾吊號參查，蓋將贊考官之所不及，區畫亦善。但內外簾不許關通，法制甚密，而兩京事例尤嚴。況近年節因言官建議，該本部覆奉欽依，外簾官不許閱卷，已經通行遵守，似難再議。合無今後兩京科場同考官俱要多取正、備卷呈送主考，如有不當，責令另送，或再不堪，即令別房官代為覆校。主考官仍行搜閱，如落卷中果有異材，亟與收錄，毋得避嫌輕棄，則成規不廢而佳士無見遺之慮矣。若應天府所聘同考官有不至者，許照順天府事例，監試、提調臨時選取文學優長有司官封入內簾供事，以補員缺。伏候聖裁。一、重論策。前件臣等議得科目取士，初場試經義，以觀窮理；後場試論策，以觀致用。此本不可偏廢，但近來經義率皆剽竊浮詞，不足以觀所蘊，而真才實學之士往往於論策中得之。先該本部題奉欽依，考官閱卷，務要兼重後場，意誠有見乎此。今御史耿定向復稱前科雖有此行，未免仍蹈故習，欲令主考將初場試卷照舊分經校閱，二三場不必分經，派令同考更互品校，然後參酌優劣，明定去取。蓋謂三場以一人總閱，勢必偏重初場，而使之分房互校，則後場亦可表見，立法周詳。相應依擬，合無行各提調官轉行主考官，今後閱卷，除初場仍舊分經外，其二三場改發別房，各另品題呈送主考。查果三場優取者，即置高選。其後場雋異而初場見遺者，務必檢出詳看，雖未盡純，亦為收錄。若初場雖取，而後場空疏者，不得一概濫中。如此則奇碩不致棄遺而括帖無由眩售矣。至於揭曉日期，場中事苟未完，即於本月內稍緩二三日亦無不可，姑聽因時酌量施行。伏候聖裁。一、正文體。前件臣等議得學以明理為先，辭取達意為止。國初科場試

士，自經、書義以及論、策，俱各限字，著爲程式。由是士子惟務究心實學，所作文字率皆簡質深厚，各道其中之所欲言，及出而登仕之日，多能見之實用。嘉靖初年以前，此意猶有存者。近來文體寖壞，習舉業者經、書義彼此蹈襲，動輒千言，而究其意旨所在，則猶如影響。至於史策紀載及國朝典故，則茫然不知，安望其蘊積經綸以待異日之用也哉？今御史耿定向痛知此弊，要將經、書義限定五百字，過此一字者不准謄紅，論、策亦量爲程限一節，深得救時崇雅之意，但轉移之始而立限太拘，恐難遵守。相應酌處，合無通行兩京十三省曉諭生儒，今後場中經、書義每篇止許五百字以上、六百字以下，過六百字者即係違式，不准謄紅。更能簡潔者，尤當甄錄。論、策每篇計一千餘字，亦不許泛濫不切。如將違式文字謄錄取中者，朱、墨卷解部查出，定將提調等官參究。明年會試，即準此施行，庶人心知警而一時文體必將有復古之望矣。伏候聖裁。一、解試卷。前件臣等議得鄉試朱、墨卷先該本部題准，揭曉之日即將原卷解部，正謂近日科場每多物議，故欲藉此以防僞濫。若又謄過始解，即有各項奸弊，何從稽查？與本部建議初意委相背戾。今御史耿定向欲於開榜之後，監試御史會同提學官吊取原考科舉文卷，合連朱、墨卷比對相同，仍令本生親供腳色於上，先行解部備照，深得釐弊防奸之意，相應依擬，合無通行兩京十三省於揭曉之日，即將中式舉人朱、墨卷發出，提學官查驗墨卷字迹與先考取科舉原卷，如果出於一手，即令本生於朱、墨二卷上親供腳色，提學官用印鈐封，兩京送京府，各省送布政司，差人星馳解部。如《試錄》先到而解卷到遲者，定將提調官參究治罪。若驗係謄過文卷，而提學官輒爲印鈐者，一併參治，庶法紀嚴而弊端可絕也。伏候聖裁。一、議編號。前件臣等議得兩京鄉試解額各一百三十五名，相傳以一百名待畿內生員，以三十五名待監生、諸色人等，於是各編字型大小以相識別。然《會典》諸書未見開載，實不知始自何年。邇來場屋巧僞滋多，浮議時起，若復置此，以相物色，委非所宜。御史耿定向欲將生員、監生一體編號彌封，似得大公之意。相應依擬，合無行順天、應天二府，將入試文卷不拘生員、監生、歲貢雜行人等俱一體編號彌封，從前皿字等號盡行革去，考官止照文卷優劣定爲去取，庶幾錄士皆公而浮議可免矣。再照兩京鄉試，原爲畿內士子而設，歷年止以三十五名待監生，本爲限制之意，合無拆卷填榜之時，如所中監生人等不及原數不論外，若已滿三十五名不得再錄，則於相沿之舊額又庶乎其不悖也。伏候聖裁。一、議修貢院。前件臣等議得貢院爲掄才之地，既

欲嚴法制以防禁奸欺，又當備規模以體悉士子，若非寬敞整潔，誠爲未稱。今御史耿定向題稱兩京貢院規制欠弘，闐闐相接，巡邏窒礙，奸弊叢生。又號舍窄狹，廁穢逼近，江南多霖，士苦泥淖，因而致疾，均屬不便。乞要比照嘉靖四十三年順天府增廓貢院事例，估計修治一節，爲照南京貢院應修事體，委與先年順天府相同。合無依其所擬，恭候命下，移咨南京都察院轉行各該衙門相度估計，從長議處，可廓者加廓，可增者加增，務要處置得宜，官民兩便，徑自興工修治。及查得先年順天府合用錢糧，該本部議準於屯田、巡鹽等差御史贓罰內動支。今應天府錢糧如有不敷，該院即與酌量數目，轉行南京各差御史贓罰內支解，不得重派小民，事完造冊奏繳。伏候聖裁。」

明穆宗隆慶二年戊辰（西元 1568 年）

正　月

禮科給事中張鹵條陳科場事宜：嚴關防；核供應；正文體；廣制額。河南道御史王好問言號舍、懷挾、代替、透漏等四弊。令監察御史盡心嚴察，不得寬縱。（據《明穆宗實錄》卷十六「隆慶二年正月壬申」）

二　月

李春芳、殷士儋爲會試主試，取田一㒞等四百名。南京國子監祭酒姜金和以疾乞休，許之。（據《明穆宗實錄》卷十七）

　　《遊藝塾文規》卷二《承題》：「承題自有定式，如開闔承、羅紋承之類，具載《心鵠》中。大率破虛而承實，破簡而承詳，破微而承顯達，切不可一股做，如順題做下，祇是個長破題耳。順破則逆承，逆破則順承，合破則分承，正破則反承，凡作承皆要與破相關應，若一個承題而破破可用，便非法矣。承題要有起伏，要有議論。嘉樂處或寓感慨，指斥處或寓進揚，或於淺處而發其所深，或於平處而求其所重，變化多方，格式亦異。大率承之用意，比破常要進一格，斯得之矣。會元承題起句多的確，多得題體。如戊辰『由誨女知之乎』一節，眾人承起云：『蓋心者，知之管也。』或云：『心之神明，不可欺也。』惟田一㒞云：『夫人心有眞知也。』曰『眞知』則『不欺之意』該在其中。」《遊

藝塾續文規》卷四《了凡袁先生論文》：「煉格之法，初學不可不知。格煉則規模自別，便能出人頭地矣。文有俗格宜煉之而雅，腐格宜煉之而新，板格宜煉之而活，宜齊整，宜闊大。你看從來魁元並無不煉格者，試舉一二言之。如隆慶戊辰『由誨女知之乎』一節，此題論尋常做法，必提起首句，中二句對末句，先二小比，次二大比，此一定之常格也。今中式諸公卻不然，田會元先以二『非』字文法反起『是知也』二比：『非以理之在物者盡知乎心，而後謂之知也；亦非以知之在心者必遍乎物，而後謂之知也。』次把『知不知』提起：『惟於斯理有反觀自信而為已知者焉，亦有察識未至而為不知者焉，此皆汝之獨覺於心而不容昧者也。』又總括二句：『則以吾心真實之明，而不欺吾心獨覺之隱。』然後將中二句串作二比，意卻倒重在『不知』句上，不用過文，只流水二比做下，後復頂此二比，衍作二大比，最後拖一腳單收，格最雅馴，其為會元無疑也。沈會魁則於『由誨女知之乎』下，先反云：『據汝之意，豈不以盡知為賢，而以不知為愧耶？』又提二比：『殊不知有知有不知者，人情之常，不足以為愧，而強不知以為知者，人情之蔽，乃所以累其知也。』然後講中二句二比，末句連提連繳，復作八比，格甚新而過奇，此魁作也。大率元之作，多純多雅，多正多的當。新而未純，奇而未正，時有一段精光，咄咄逼人，此魁作也。王會魁先提『知不知』，將中二句輕述，過復重『不知』一邊，渾做二比：『理之在物者，不能一一而明諸心，吾力之所限，吾自量之而已；知之在我者，不能一一而遍乎物，吾分之所至，吾自安之而已。』此二比絕佳，氣象亦渾厚，卻是會元文字。是年余應貢在京，李見亭充《詩》第二房試官，出語予曰：『場中卷千篇一律，甚可厭，偶見一卷起云：「心者，理之會，而是非不出於一念之中；知者，心之明，而真知不在乎見聞之迹。」看到此處，頭顱迥然不同，後面只信筆掃去，便是極好文字。』乃知煉格是場中要訣。」

本科會試題。

本科會試題有《論語》：「子曰：由，誨女知之乎？知之為知之，不知為不知，是知也。」《中庸》：「舜其大知也與？舜好問而察邇言，隱惡而揚善，執其兩端，用其中於民，其斯所以為舜乎？」《孟子》：「吾豈若使是君為堯舜之君哉？吾豈若使是民為堯舜之民哉？吾豈若於吾身親見之哉？天之生此民也，使先知覺後知，使先覺覺後覺也。予，天民之先覺者也，予將以斯道覺斯民也。非予覺之，而誰也？」

李春芳所作會試程文，以經為據，而不依朱注。

《遊藝塾文規》卷一《國家令甲》：「洪武間初開科舉，詔群臣詳定取士之法。『四書』外『五經』各占一經。《易經》主程傳及本義，《書》主古注疏及蔡氏傳，《詩》主朱傳，《春秋》主胡傳及《左傳》，《禮記》主陳皓集說及古注疏。後又以《書傳》多錯謬，命劉三吾等重加校正，凡蔡傳得者存之，失者去之。又集諸家之說，足其未備，頒之學宮，令天下遵守。永樂中，又以宋儒一人之見，未足以盡先聖之旨，遂廣募群儒，將『五經四書』，各集《大全》一部，搜羅群說，纖悉不遺，頒佈天下，令生儒世守。予貢入南雍，大司成鳳阿姜公諄諄啓迪，欲令遍閱《大全》，且曰：『毋執一說，毋恃己靈。凡經書，初時且莫看注，先將本文大意熟復精思，覺通融浹洽，然後將本注逐一體貼，如其是也，不必自出己見，即須從之，如果難通，便當將《大全》諸說，更加詳考。須要覿面與孔孟相逢，方是尚友之學，方不負朝廷作養。』時林對山為南京禮部尚書，姜蓋其本房門生也，引予拜之。雖官居八座，衙門無事，予終日領教，因將批抹《四書大全》一部授予，告曰：『此光祖做秀才時所刪定也。凡有一句一字可用者俱圈出，其不可用者皆抹殺。即朱傳亦有可用及斷不可用者，切須詮擇。秀才們祇以先入之見為主，而於《大全》等書，並不經目，不但孤陋寡聞，亦重負祖宗集書啓發之深意矣。』國初，《大全》新頒，士皆遵用，故董中峰所批成弘間程墨，其立說皆遠勝朱傳。即唐、薛、瞿三師之文，皆洞見本源，發揮透徹，此舉業正宗也。近來當道貴遊，不加詳察，專欲依注，拘定一家之言，不許分毫走動，上不能遵二聖之謨訓，下不能闖大方之藩籬，從此以後，士子之識見當愈卑，而文風當掃地矣。李石麓戊辰主試，出『由誨女知之乎』一節，語眾試官曰：『知不論多寡，只論真妄，舉知與不知而皆無自欺，只此便是真知，此知之外，更無知矣。若依注「況由此而求之，又有可知之理」，則此知之外更別有知，而夫子所言反為不完之語矣。』故所作程文，全不依注，可稱千古絕唱。張太岳辛未主試，出『先進於禮樂』全章，以注中『反過就中』為不得此章之旨，謂：『重中則野人不如君子，惟不重中而重質，則寧為野人，不為君子。』故程文純重『質』字做，真可壓倒元白。甲戌會試『學如不及』二句，舊說以注『言人之為學，既如有所不及矣，而其心猶悚然，惟恐其或失之』，遂分上句為功，下句為心，然天下豈有無心之功哉？會元孫鑛破云：『聖人論學者之心，敏於求而猶自歉也。』通在心上做，不落俗儒派頭。丁丑『子貢問士』三節，予在場中與常

仰坡同號，渠問此題大旨，予謂：『宜重本做。』渠答曰：『第三節注中分明說：「本末皆無足觀。」若重本則悖注矣。』及揭曉，程墨皆重本，一如予言。即如近年『仁者其言也訒』全，注云：『心常存，故事不苟』，則爲難頭上當補存心。若論至理，則爲之難非事不苟之謂也。其爲非徒在事，即是心去爲難；亦非不苟於事，即是心常愼重，故一時程墨皆照本文發揮，並無一人添入存心另講者。孟義『舍己從人』二句，注云：『己未善，則舍己以從人；人有善，則樂取而爲之於我。』以二句平說，觀下文云：『無非取諸人者』，只言取而不言舍，可見從處即是取處，不但不可作對，亦不可看作二層也。且舜是聖人，豈待有不善而後舍？即善處亦能舍己從人，並無絲毫係吝，所以爲妙。程文墨卷並不依注，皆一直講下。此等處皆足強人意思。」梁章鉅《制義叢話》卷二：顧亭林曰：「五經無『眞』字，始見於老莊之書。《老子》曰：『其中有精，其精甚眞。』《莊子‧漁夫》篇云：『孔子愀然曰：敢問何謂眞？客曰：眞者，精誠之至也。』《說文》：『眞，仙人變形登天也。』後世相傳乃與假字爲對，與老莊之言眞者微異其旨矣。宋諱玄，以眞代之，故廟號曰眞宗，玄武七宿改爲眞武，玄冥改爲眞冥，玄枵改爲眞枵。《崇文書目》謂《太玄經》爲太眞，則猶未離其本也。至隆慶二年會試，爲主考者厭五經而喜老莊，黜舊聞而崇新學，首題《論語》曰『由誨汝知之乎』一節，其程文破云：『聖人教學者以眞知，在不昧其心而已。』始明以莊子之言入之文字，自此五十年間，舉業所用無非釋、老之書矣。又曰：嘉靖中，姚江之書雖盛行於世，而士子舉業尚知謹守程、朱，無敢以禪竄聖者也。自興化、華亭兩執政尊王氏學，於是隆慶戊辰《論語》程義首開宗門，此後遂浸淫無所底止矣。」

隆慶二年程文明以《莊子》之言入制義。

顧炎武《日知錄》卷十八《破題用莊子》：「《五經》無『眞』字，始見於老、莊之書。《老子》曰：其中有精，其精甚眞。《莊子‧漁父篇》：孔子愀然曰：『敢問何謂眞？』客曰：『眞者，精誠之至也。』《大宗師篇》曰：而已反其眞，而我猶爲人猗？《列子》曰：精神離形，各歸其眞，故謂之鬼。鬼，歸也，歸其眞宅。《漢書‧楊王孫傳》曰：死者，終生之化，而物之歸者也。歸者得至，化者得變，是物各反其眞也。《說文》曰：眞，仙人變形登天也。徐氏《繫傳》曰：眞者，仙也，化也。從匕，匕即化也，反人爲亡，從目，從匕，入其所乘也。以生爲寄，以死爲歸，於是有眞人、眞君、眞宰之名。

秦始皇曰：吾慕眞人。自謂眞人，不稱朕。魏太武改元太平眞君，而唐玄宗詔以四子之書謂之眞經，皆本乎此也。後世相傳，乃遂與假爲對。李斯上秦王書：夫擊甕叩缶，彈箏搏髀，而歌呼嗚嗚快耳目者，眞秦之聲也。韓信請爲假王，高帝曰：『大丈夫定諸侯，即爲眞王耳，何以假爲！』又東垣曰眞定。竇融上光武書曰：豈可背眞舊之主，事奸僞之人。而與老、莊子言眞，亦微異其指矣。宋諱玄，玄冥改爲眞冥，玄枵改爲眞枵，《崇文總目》謂《太玄經》爲太眞，則猶未離其本也。隆慶二年會試，爲主考者厭《五經》而喜老、莊，黜舊聞而崇新學，首題《論語》『子曰由誨汝知之乎』一節，其程文破云：聖人教賢者以眞知，在不昧其心而已。始明以《莊子》之言入之文字。自此五十年間，舉業所用，無非釋、老之書。彗星掃北斗、文昌，而御河之水變爲赤血矣。崇禎時始申舊日之禁，而士大夫皆幼讀時文，習染已久，不經之字，搖筆輒來，正如康崑崙所受鄰舍女巫之邪聲，非十年不近樂器，未可得而絕也。雖然，以周元公道學之宗，而其爲書，猶有所謂無極之眞者，吾又何責乎今之人哉！《孟子》言：所不慮而知者，其良知也。下文明指是愛親敬長。若夫因嚴以教敬，因親以教愛，則必待學而知之者矣。今之學者，明用《孟子》之良知，暗用《莊子》之眞知。」顧炎武《日知錄》卷十八《舉業》：「東鄉艾南英《皇明今義待序》又曰：嘉靖中，姚江之書雖盛行於世，而士子舉業尚謹守程、朱，無敢以禪竄聖者。自興化、華亭兩執政尊王氏學，於是隆慶戊辰《論語》程義首開宗門，此後浸淫無所底止。科試文字，大半剽竊王氏門人之言，陰詆程、朱。坊刻中有僞作羅倫《致知在格物》一篇，其破題曰：良知者，廓於學者也。按羅文毅中成化二年進士，當時士無異學。使果有此文，則良知之說始於彝正，不始於伯安矣。況前人作破，亦無此體，以其爲先朝名臣而借之耳。」

三　月

羅萬化、黃鳳翔（1545～？）、趙志皋（1524～1601）等四百零三人進士及第、出身有差。

　　《明穆宗實錄》卷十八：「乙丑，策試天下貢士。制曰：『朕惟君天下者，興化致理，政固多端。然務本重農、治兵修備，乃其大者。《書》言：先知稼穡之艱難，乃逸。又曰：其克詰爾戎兵，以陟禹之迹。夫成王初親大政，而周公即惓惓以此告之，其意深矣。朕仰荷天眷，獲嗣丕基，自惟寡昧，未燭

於理。嘗恭誦我太祖高皇帝耤田論，成祖文皇帝務本訓，乃知王業所由興，民生之不易。及觀祖訓所載，居安忘備之戒，又日競競焉。茲躬率臣民耕耤於南郊，又屢敕邊吏愼固疆圉，博求制虜長策，亦欲庶幾乎知艱詰戎，以覬揚我二祖之光烈。顧彝典雖舉而實政未孚，督策雖勤而武備猶弛，四方浮惰者眾，未盡歸農也，何以使人皆力本而不失業歟？自屯鹽之法壞，而商農俱困，邊儲告乏，今欲舉之，其遺法尚可復歟？醜虜匪茹，警報歲聞，何以創之，使不敢復窺歟？議者或言宜戰，或言宜守，或欲罷調兵，或欲練士卒，計將安所決歟？朕日夜圖慮，安攘之策，莫急於斯，而行之靡效，其故何歟？抑其機要所在，未克振舉，故人罕實用，功難責成歟？爾諸士習於當世之務久矣，其仰繹我皇祖垂訓貽謀之意，有可以便民益國者，明以告朕，將采而行之焉。』」

據《明清進士題名碑錄索引》，隆慶二年戊辰科第一甲三名（羅萬化、黃鳳翔、趙志皐），第二甲七十七名，第三甲三百二十三名。

二甲十六名進士徐顯卿曾論及萬曆間文體士風之變。

張萱《西園聞見錄》卷四十五《禮部》四《提學・前言》：「徐公顯卿《與詹學院書》曰：『竊惟文體士風與時高下，今士子所業者，久已離去本根，習爲怪誕，其佶屈似深，其虛空似雅，其詭譎似奇，其剿襲似實，不知精神心術，悉逐於遊淫汗漫而無所歸著，他日形之施爲，自然以淩逾爲廣大，以矯亢爲廉潔，以傾險變幻不可測識爲高明，弊極矣。世道人心，惟明公轉移，要在提本領，尙眞積，不爲虛巧所惑耳。種種色相，彼既不能逃於妍媸輕重之外，又何足以惑明公哉！承諭限定書程，隨時課業，一二年間，經書、《性》、《鑒》，無一字不淹貫士子腹中矣。取文必先拔典實者，尤對症之藥餌也。』又曰：『士習溺於浮靡久矣。其文愈工，其學愈疏，則以專精詞句，不暇考傳注、究本眞也。要之他日實用，惟以今日考訂精詳，記誦浩博，而後應用不窮。且夫文先本義，論策先記誦，文能徹本旨，論策能悉舉始末者，必攻苦之士，即詞華不少逮，仍當優錄以示風厲。行之一年，士皆棄剿竊之習，求本原之學，即不敢望博綜今古，而經史性理必反覆沈潛，人人能晰其義、舉其辭，自是各隨其力之所至，旁通涉獵，必有古調綺談，根核淵源，至深且遠，非若今日之浮靡無當者。胡安定掌成均，歐陽公司貢舉，痛排險怪之習，欲學者曉然知吾儒體用之全功，正此意也。』」

田一儁成二甲三名進士。《欽定四書文》隆萬文卷六錄其《孟子》「吾豈若使是君為堯舜之君哉」合下節題文。

田一儁（1540～1591），字德萬，又字賓揚，號鍾台，福建大田人。年二十一獲鄉試第一名，隆慶二年（1568）會試會元，殿試二甲三名，選庶吉士，授編修，進侍講，官至禮部左侍郎，掌翰林院。褪身嚴苦，家無贏貲，卒贈禮部尚書。著有《鍾台先生文集》十二卷。長於制義，《制義叢話》卷六引李存庵語：「嘉靖以前，文以實勝；隆萬以後，文以虛勝。嘉靖文轉處皆折，隆萬始圓，圓機，田、鄧（案，田一儁、鄧以讚）開之也」。《欽定四書文》隆萬文卷六錄其《孟子》「吾豈若使是君爲堯舜之君哉」合下節題文：「聖人自決其應聘之志，而原其應天之心也。甚矣，伊尹聖之任者也！觀其任行道之責於己，而推覺民之意於天，則豈肯冒焉以求進哉？時以割烹誣尹，而孟子嚴爲之辨。曰：天下之道，出處二者而已。方尹之囂然於湯聘也，固不輕於出矣；及其幡然於三聘也，遂不終於處焉。觀其言曰，我處畎畝之中，固由是以樂堯舜之道矣。然堯舜之道，不惟可窮而亦可達，樂堯舜之道，特以獨善而非兼善——吾豈若以此上致其君，使是君爲堯舜之君哉？吾豈若以此下澤其民，使是民爲堯舜之民哉？吾豈若以此顯設於上下，於吾身親見之哉？蓋自昔而言，行道似不如獨善之爲樂；自今而言，則躬耕實不如大行之爲公也。然吾之所以必欲親見是堯舜君民之道者，豈無故哉？亦以天意所在，不可得而辭耳。今夫天之生斯民也，非不與之以知覺之性也，而氣稟不齊，必使先知覺後知焉，使先覺覺後覺焉，責於聖賢者若此其重也；幸而予之生也，雖同爲天之民也，而聖道在我，以知則先知焉，以覺則先覺焉，責於吾身者夫亦不偶也。是以予將推堯之道以覺斯民，而措之於昭明之域；推舜之道以覺斯民，而引之於風動之歸。向使非予以覺之，則舉世皆後知後覺也，將誰與任其責；而予亦虛爲先知先覺也，又無以應乎天矣。然則吾雖不欲堯舜君民而行其道也，胡可得哉？此畎畝之不如親見者，吾之所深諒；而三聘之不可再卻者，吾之所必往也。吁！觀尹之言如此，則尹蓋以天道自處者，割烹之事，烏足爲聖人誣哉？」評謂：「於『幡然』時懷抱，體會眞切，故能得心應手。機關開闔，有雲起風行之態。」

戊辰科三甲二百四十九名進士胡友信（號思泉），其制義以疏為密，被推為名家。

梁章鉅《制義叢話》卷五：「《書香堂筆記》云：作制義者，有題理，有題

神，人皆知之。而每題各有題之形貌，文亦必與之相稱，而後爲肖題。如胡思泉『篤恭而天下平』句文云：『陶鎔於禮樂之中，而其相揖讓也非爲名分，相歌詠也非爲性情，熙熙然，各通於聖人之性而莫之知也。漸靡於刑政之外，而其爲善良也非出於感格，無頗僻也不待於裁成，陶陶然，相遇於聖人之天而莫之識也。』方望溪先生謂此文非徒入理深厚，並與題之形貌亦稱，眞知言矣。」「(《書香堂筆記》)又云：制義之訣，由疏而密易，以疏爲密難。以疏爲密之詣力，非名家不能到。如胡思泉『天地位焉，萬物育焉』文云：『以清以寧，天地之故態也，若不賴於君子建中之功然，至於三光明焉，五嶽奠焉，謂非成位乎中者之有其人，不可得也。以生以息，萬物之常理也，若不賴於君子導和之力然，至於民不夭札，物無癘癘，謂非茂對其間者之有其人，不可得也。』似此出筆甚輕，著題甚重，人以爲疏，我以爲密，淺學者豈易語此乎？」

《欽定四書文》隆萬文錄胡友信制義十二篇，在明代作者中名列前茅。

卷一錄其《大學》「康誥曰克明德」一章題文：「傳者歷稽古大人之學，無非自明其德者也。夫明德之學，其來遠矣，雖古聖帝明王，孰有外於此者哉？且曾子之學，吾夫子之學也；吾夫子之學，二帝三王之學也。故曾子既言『明明德』，而首引《書》以釋之。曰：學莫先於治己，言莫大於足徵。若吾所謂『明明德』者，非吾一人之私言也，進而求諸古矣，《康誥》曰『克明德』，《康誥》述文王之事，而文王乃以大人之學師天下者也，觀乎《康誥》，可以考道於周矣；然不獨於周言之，而於商亦言之，《太甲》曰『顧諟天之明命』，《太甲》述成湯之事，而成湯乃以大人之學王天下者也，觀乎《太甲》，可以考道於商矣；然不獨於商言之，而於陶唐亦言之，《帝典》曰『克明峻德』，《帝典》述唐堯之事，而唐堯乃以大人之學帝天下者也，觀乎《帝典》，可以考道於堯矣。《康誥》非比詞於《太甲》，《太甲》非稽類於《虞書》，而所言之旨若殊；堯實傳之於湯，湯實傳之於文王，而自明之功則一。夫『克明德』者固明己之德也，而『顧諟明命』豈徒求端於天者乎，我所得之中，具有天所賦之理，而常目在之者，固所以明之也；『顧諟明命』固所以明己之德也，而『克明峻德』又豈增益於外者乎，其所得之理，具有無窮之量，而『明峻德』者，亦所以『明明德』也。至虛以具眾理，三聖人同以爲心；至靈以應萬事，三聖人共守一道。我固曰：非我一人之私言也！」評謂：「芟繁去蕪，獨存質幹。」

　　同卷錄其「小人之使爲國家」四句題文：「傳者於小人專利之禍，而必究其極焉。夫專利之小人，無所不至也，苟一用之，而其禍可勝言哉！今夫天下莫病於小人，尤莫病於聚斂之小人，有國家者愼勿誤用之耳。如使惑於所誘也，委之以國焉，而出納之權爲其所統；甘於所投也，授之以政焉，而予奪之柄爲其所專：則必剝民之膏以充君之欲，而不顧其危之所伏；屈物之力以供上之求，而不慮其禍之將生。上焉天厭之，而薄其陰陽之和，山川草木皆足以爲吾災也；下焉民厭之，而恣其愁苦之氣，匹夫匹婦皆足以爲吾病也。當斯時也，雖有絜矩之君子出焉，奮然爲國，請罪於天，一洗其既穢之政，而薦之以馨香；有愼德之君子出焉，毅然爲君，釋憾於民，盡轉其既悴之生，而沃之以膏澤：天命則已去矣，而順之者之方殷，固不若逆之者之既重也，善人雖有迴天之力，亦安能施於小人當國之後哉？人心則已離矣，而仁之者之方切，固不若虐之者之既深也，善人雖有多助之報，亦安能自效於盜臣專國之餘哉？要之，事敗於小人，則永無復成之理；禍起於掊克，則世無回福之機。長國家者，可不愼所使哉！」評謂：「精神一氣貫注，直如鑄鐵所成。筆力之高，遠出尋常。」「固是一氣鑄成，仍具渾灝流轉之勢，故局斂而氣自開拓。」

　　卷二錄其《論語》「臣事君以忠」一句題文：「人臣之職，惟不負此心而已。夫臣子立心，惟爲君也，盡此而無負焉，此其臣道之極乎？昔夫子告定公之意，以爲：禮下者，人君之盛節；盡心者，臣子之至情。以禮使臣，盡君道也，而臣之所仰答乎君者，豈可苟焉而已哉？蓋事君之義，無所逃於天地者，本有不容不盡之分；而天質之性，夙具於吾心者，又有不容自欺之眞。故宣力效勞，可爲竭股肱之任矣，未可言事君也，而必精誠之發，眞知在我者，不敢一毫有爲乎人；直言極諫，可爲盡耳目之司矣，未可言事君也，而必肝膽之微，出自由衷者，不敢一毫有爲乎己。無愛乎其力也，亦無愛乎其情，委質之初，已預爲之決焉，而執此以終身，凡可以達諸君者，無不可以達諸天者矣；無私於其身也，亦無私於其道，登對之前，已自爲之盟焉，而守是以不變，凡可以質諸朝廷，無不可以質諸鬼神矣。其功之可成者固足以建明於當時，而功有所不成者尤足以陰被於天下，苟利社稷，則成敗以之，而鞠躬盡瘁之餘，舉非所論也；其名之立者固足以暴白於當時，而名有所不立者尤足以見諒於後世，苟益國家，則死生以之，而蹇蹇匪躬之外，舉非所知也。至此則激切非所以爲犯，將順非所以爲諛；獨立非所以爲矯，協恭非

所以爲黨。幸而君之有禮於我焉，固無寵之可驚；不幸而君之無禮於我也，亦無罪之可避。吁，以此言臣也，斯至矣！」評謂：「只體味『盡己』，以洗發『忠』字，便親切入理，無血性粗浮語矣。乍讀見其怒生湧出，來不可禦。尋其所以措詞命意，則有序而不紊，非攢簇附益以成之也。惟其理眞，是以一氣直達，堅凝如鑄。」

卷二錄其「參乎吾道一以貫之」一章題文：「聖人傳道得人，而因有以旁通之焉。蓋聖道未易於傳也，惟曾子能悟之而又能通之，亦可以見聖人傳道得人之妙矣。昔者曾子眞積力久，學將有得也，故夫子呼其名而告之曰：參乎！爾知吾之道乎？吾之道，非事事而求其端也，萬事一理，吾惟主一理以平施之，而隨事制宜，機之所以神也；亦非物物而爲之所也，萬物一理，吾惟貞一理以順應之，而因物異形，用之所以妙也。涵其一於心，非有所存而不忘；通其一於外，如有所理而不亂。是時曾子方在心迹相持之境也，一聞其言，迹化而心融矣；方在形神相守之際也，一聆於耳，神凝而形釋矣。故直應之曰『唯』，不復有假於詞也。是道也，惟孔子能傳之，惟曾子能悟之。雖曾子能悟之，亦不能強解之也，乃因門人『何謂』之問而曉之。以爲道不必於他求，學惟在於善反。夫子之道非他，忠恕而已矣。以盡己之心求之，可以得一貫之體；以推己之心出之，可以識一貫之機。在夫子雖曰心普萬物而無心，在吾人則以一人之心爲千萬人之心，道無精粗，會通之而已矣；在夫子雖曰情順萬事而無情，在吾人則以一人之情爲千萬人之情，理無上下，沈潛之而已矣。吁！非曾子之善喻，門人惡足以知之？益以見曾子之善學、聖人之善教也。」評謂：「朱子此章《語類》云：『天地生萬物，一物內各有一天地之心；聖人應萬事，一事內各有一聖人之心。』是最精之語，此文後比得之。」「清機灑脫，使閱者心目一開。」

卷三錄其「天下有道」一章題文：「聖人通論天下之勢，而順逆之變盡矣。蓋天下之勢，順與逆而已。順逆各以其類應勢之所必趨也，孰有逃之者哉！今夫天下之勢，有已然而知其然者，有未然而知其將然者，有不及見其然而知其固然者。此皆天下之勢也，吾嘗概觀之矣。彼自大道之行也，天下之政出於一，而惟辟作福、惟辟作威，禮樂征伐自天子出焉，三代以上之時也，可以故求者也；自大道之隱也，天下之政出於二，而或敢作好、或敢作惡，禮樂征伐自諸侯出焉，三代以下之時也，可以迹驗者也。自天子出，萬世之事業也，而今不及見矣；降而諸侯，則十世之事業也，而世已微露其端也；

降而大夫，五世之事業也，而今有可想矣；若甚而陪臣執國命焉，則三世之
事業也，而吾不知其所終也。抑又思之，天下之無道而漸及於陵夷者，大率
始於諸侯之僭，而終於庶人之議也。何也？諸侯者，僭之階也；庶人者，道
之公也。故天下有道，禮樂征伐自天子出，則諸侯不得而引諸國也，大夫不
得而專其有也，陪臣不得而待其歸也，萌蘗未生，屬階未長，雖莫熾於大夫，
而實不敢專也；天下有道，禮樂征伐自天子出，則諸侯無可議也，大夫無可
議也，陪臣無可議也，各當其處，各安其分，雖莫噴於眾口，而亦不能議也。
此之謂萬世之事業也，而浸衰浸微之象，惡得而動吾之目哉？」評謂：「氣清
法老，古意盎然，幾可繼唐、歸之武。所不能似者，唐、歸出之若不經意耳。」

　　卷四錄其《中庸》「天地位焉」二句題文：「功用成於造化，此體道之極
也。夫三極之道，同出一原者也。天地位於『中』，萬物育於『和』，豈非自
然之理哉？且夫人戴履乎天地，胞與乎萬物，則一身乃神明之主也，而有不
位不育者，皆吾不能盡道於其間耳。彼天地無心而成化，無心之妙，即中之
所存也，而吾未發之中，實自此得。雖判形於天地，而流通之機，未始不潛
孚於其際也。故君子能致吾心之中，則澄然而靜虛者預有以統天之元氣也，
凝然而貞靜者預有以統地之元形也。雖不期天地之於我位，而易簡成能，自
不爽其貞觀之度；清寧奠位，自各循其法象之常。天職生覆，地職形載，其
對待之位成列而不毀也；天道下際，地道上行，其流行之位相禪而不息也。
位上位下，乾坤之故物也，若不賴於君子建中之功，然至於三光明焉，五嶽
奠焉，謂非成位乎中者之有其人不可得也。然則吾心之中，其闢乾轉坤之機
乎？而君子之所以務戒慎以立天下之大本者，此也。萬物並育而不悖，並育
之眞，即和之所在也，而吾已發之和，實與之通。雖分形於萬物，而應感之
精，未始不流通於其表也。故君子能致吾心之和，則肫然其渾厚者已立乎群
生之命也，怡然而發舒者已毓乎群動之元也。雖不期萬物之於我育，而含氣
之屬，自各足其生成之實；有生之類，自各完其保合之眞。老有所終，幼有
所養，而鰥寡孤獨無不獲其所也；形者自形，色者自色，而昆蟲草木無不若
其性也。以生以息，萬物之常理也，若不賴於君子導和之力，然至於民不夭
札，物無疵厲，謂非茂對其間者之有其人不可得也。然則吾心之和，其陶鈞
燮理之地乎？而君子所以務謹獨以行天下之達道者，此也。吁！中、和，一
理也；天地萬物，一體也。未有中而不和，未有天地位而萬物不育者也。體
道君子當於會通焉得之。」評謂：「布局宏闊，理足氣充，在稿中爲極近時作，

然實非淺學所易造也。」

卷四錄其「及其至也」二句題文:「《中庸》極著道體而天地將爲昭焉。夫道體無窮,以言乎天地之間則備矣,然非知道者孰能見之哉?此惟子思子能見之,亦惟子思子能發之也。意以爲:天地未判,而道存於其間矣;天地既判,而道列於其間矣。是故夫婦之可以與知者,自其可知之一端言之也,若以夫婦之可知,達之於聖人之所不知,而推極其寥廓之量;夫婦之可以與能者,自其可行之一端言之也,若以夫婦之可能,達之於聖人之所不能,而窮究其發見之真。則仰以觀於天文,而晝夜上下莫非煥發其精神;俯以察於地理,而南北高深莫非錯綜其變化。有形者所以形其形也,有色者所以色其色也,有聲者所以聲其聲也,昭然而顯者與目謀,而以吾身出入於其間,無往而不得其鳶飛魚躍之境也;有無形者未始無形也,有無色者未始無色也,有無聲者未始無聲也,淵然而寂者與心謀,而以吾身俯仰於其間,無往而不遊於鳶飛魚躍之天也。在仁者見之莫非仁,在知者見之莫非知,糟粕土苴,非棄物也;自賢人觀之莫非教,自聖人觀之莫非性,幾微易簡,皆至德也。故萬象森然,吾嘗於吾心得之也,而今何者不在於天地;萬物皆備,吾嘗於吾身得之也,而今何者不列於兩間?道之費也蓋如此。」評謂:「精理不窮,卻止是結上文語。此章固是說道體,須知是從體道之君子心目中看出,惟此文得解。」

卷四錄其「郊社之禮」一節題文:「《中庸》兩舉聖人制禮之大,而推其裕於治焉。夫禮者,王道之精也,明乎武、周之制禮,而天下有不易治也哉?今夫道莫大於孝,孝莫至於武、周,觀武、周盡孝之事,而王道其易易矣。何則?昔周之先王,祭封內山川而已,至於武、周,則天子爲能享帝矣,故當其時也,有圜丘方澤之位,有燔柴瘞埋之享,而禮行於郊者,所以父皇天而祭乎天,母后土而祭乎地也;昔周之先王,祭五世之主而已,至於武、周,則天子爲能享親矣,故當其時也,有五年四時之舉,有合祭特祭之儀,而禮行於禘嘗者,不惟等而上之以至於祖,又推而極之以祀其始祖之所自出也。夫郊社者,在後世行之,若常典耳,殊不知當其制禮之初,一出自仁人無窮之心,而規爲措置,固萃吾周數百年之精神心術,以展佈於儀文者也,明乎此禮,則天下之禮無不明矣;夫禘嘗者,在後世遵之,若餘事耳,殊不知當其義起之初,一出自孝子無窮之心,而制度文爲,固會吾周家數十王之道德神化,以詳明於度數者也,明乎此義,則天下之義無不明矣。故明此於,南面即

武王之所以爲君也，雖宰制天下，其事非易能者，然即武王之所以制禮者而會通之，則知之無不明、處之無不當，自一身而措之於四海，廓如也；明此於，北面即周公之所以爲相也，雖佐理天下，其事亦非易能者，然即周公之所以制禮者而會通之，則推之無不準、動之無不化，佐一人以施之於四海，廓如也。治天下不猶視諸掌之易乎？」評謂：「不假鋪張，而典制詳覈；無事鈎深，而義理明著。所以淡而愈旨、約而彌該者，由其精氣入而粗穢除也。」

卷四錄其「雖有其位」一節題文：「位與德而偏隆，均非作者之分也。夫制作，天子之大事也，徒位則病於無德，徒德則病於無權，豈得而偏與乎哉？今且自我周推之，自王天下以來六七百載矣，由上而觀，則天下未嘗無天子；由下而觀，則天下未嘗無聖人。若之何而三重之道至今罔弗同也？蓋亦惟制作有大分耳。彼天王爲紀法之宗，則位誠制作之不容已者也。然亦有不專在於位者，故雖乾綱獨攬，而或神化未足以宜民；鼎命是隆，而或中和未足以建極。則是有天下之正統，而道統不與存焉。雖未必皆愚，苟非作者之聖，要亦愚之流也。是必於可以自專之中，存不敢自用之戒。禮雖欲作也，而所以治躬者恐不能與天地同節，所以安上治民者一惟先王之文物而已；樂雖欲作也，而所以治心者恐不足與天地同和，所以移風易俗者一惟先王之節奏而已。襲禮沿樂，雖非帝王之盛節，而帝範王猷賴以不墜，則不疚於帝位者亦庶幾矣。不然，則愚之弊可勝言哉！惟聖人識禮樂之情，則德誠制作之不容已者也。然亦有不專於德者，使或聰明雖裕，而身非元后之尊；學術雖弘，而位非大寶之貴。是有天下之道統，而正統不與存焉。雖未必皆賤，而苟非南面之尊，要亦賤之屬也。是必負可以自用之具，存不敢自專之心。禮固能作也，而天王之德行在焉，懼其有所瀆也，而所以別宜居鬼者，亦惟率履之而已；樂固能作也，而天王之德輝在焉，懼其有所僭也，而所以敦和率神者，亦惟遵守之而已。遵道遵路，雖非大聖人之作爲，而國度王章守而勿失，則不倍於下位者亦庶幾矣。不然，則賤之弊可勝言哉？」評謂：「體大思精，理眞法老，而古文疏宕之氣、先正清深之韻，不可復見矣。作者所以不及歸、唐以此。」

卷四錄其「是故君子篤恭而天下平」句文：「聖人不顯其敬，而天下化成焉。蓋敬者，天德王道之本。不顯其敬而敬純矣，天下有不化成者哉？此子思自下學立心之始而究其極也。意謂：道有至極，學有全功，吾嘗詠『不顯惟德，百辟其刑』之詩，而得君子爲己之極矣。彼其奏格無言，猶有存敬之

心；民勸民威，猶有化民之迹。而君子爲己之心未已也。是故君子自內省之誠，積而入於神明之域；馴敬信之念，退而藏於淵默之衷。惕屬固所不存，而齋戒亦所不事；矜持固所不作，而兢業亦所不知。天命人心，渾爲一機，而無思無爲者忘於己，若啓若翼者忘於天，修身立命之原，誠有鬼神不得而析其幾者矣；天德王道，融爲一源，而沖漠無朕者不爲無，日出萬幾者不爲有，敬天勤民之本，蓋有造化不得而泄其秘者矣。由是神之所存，化必達焉，而天下咸囿於不言之信；德之所及，業必究焉，而天下默成其不戒之孚。陶鎔於禮樂之中，而其相揖讓也非爲名分，相歌詠也非爲性情，熙熙然各通於聖人之性而莫之知也；漸磨於刑政之外，而其爲善良也非出於感悟，無頗僻也不待於裁成，陶陶然相遇於聖人之天而莫之識也。君無可稱之迹，民無可歸之功；朝無頌聖之臣，野無歌德之俗。此之謂中和，此之謂位育。至此則無幾之可知，而君子爲己之能事畢矣。」評謂：「摹『篤恭』深至，摹『天下平』神奇。」「刻摯之思，雄古之氣，非獨入理深厚，並與題之形貌亦稱。」

卷五錄其《孟子》「浘水者……禹掘地而注之海」題文：「大賢明聖君心在洪水，而得順治之臣焉。蓋浘水即洪水，則堯之所謂『警予』者可知矣。命官敷治，其容緩哉？昔者陶唐之世，無所謂亂也，而洪水爲災，是亦一亂也。起而治之者，非堯之責乎？吾嘗觀『浘水警予』之辭，而知帝堯不得已之心矣。夫逆行泛濫之勢，本闔闢以來未有所歸宿而然也，堯則視之以爲上天譴責之故；懷山襄陵之變，本氣化所遺未得所宣泄而然也，堯則引之以爲一己感召之由。故曰『浘水警予』，而浘水者即洪水也。當是時也，九重之惕屬方殷矣，天子不可以自爲之也，而岳牧咸薦，不能不望夫行所無事之禹也；且九載之績用弗成矣，崇伯不可以復任之也，而司空是寄，不能不付於克蓋前愆之禹也。禹也承帝之命，典父之官，既知其有不容逭之責；觀水之性，相地之宜，又知其有不可逆之機。於是掘地而注諸海焉。酌天地之盈而佐之以虛者，其勢不得不分，掘地者固所以分之也；酌天地之虛而佐之以盈者，其勢不得不合，注諸海者固所以合之也。分則相畜而止，合則相守而固矣。此之謂分天因地，此之謂地平天成。非天下之至神，其孰能與於此？而浘水之警堯，於是可以釋然矣。」評謂：「『洪』字作『鴻蒙』解，方與『浘』字有別，得釋書體。上下兩截，一氣呼吸，義法自然關生。彼以吊挽字面爲聯合者，固俗格也。」

卷六錄其「聖人之於天道也」句文：「論至極之人，各屬乎至極之道也。

蓋既爲聖人，孰非天道，然其所以屬之者，亦豈能盡同哉？於此可以觀命矣。今夫道原於天，聖人出於天，形神固相爲倚著者。然世有陞降，遇有汙隆，而相從於氣化者，未能盡如聖人之心；時有常變，氣有厚薄，而輾轉於時事者，未能盡協惟皇之極。精一執中，揖讓而治，堯舜之於天道則然也，降而如湯如武，則天道同，而與堯舜不盡同也；兼三王之四事，集群聖之大成，周孔之於天道則然也，下而如夷如惠，則天道同，而與周孔不盡同也。出焉而爲綱常之主，均之有助於天也，而不能無先天後天之異；入焉而完性命之眞，均之無負於天也，而不能無全體一體之殊。其仁之至，皆合乎天之元也，其義之盡，皆合乎天之利也，至於處君臣父子之際，則各一其道也；其禮之卑，皆合乎天之亨也，其智之崇，皆合乎天之貞也，至於處賓主賢否之間，則各一其道也。聖人之於天道蓋如此。吁！合者其性也，不合者其命也。盡性以至命，非聖人其孰能之？」評謂：「股法次第相承，虛實相生。題理盡而文事亦畢，稿中極樸老之作。」

李維楨成本科進士。《欽定四書文》隆萬文卷六錄其程文《孟子》「有布縷之征……緩其二」題文。

李維楨（1547～1626），字本寧，湖北京山人。隆慶二年（1568）進士，萬曆間擢提學副使，浮沈外僚近三十年，天啓初以布政使致仕家居，召修《神宗實錄》，遷禮部右侍郎。天啓四年八月陞南京禮部尚書，五年致仕，次年卒。博聞強記，文章弘肆有才氣，負重名垂四十年，然多率意應酬。著有《大泌山房全集》一百三十四卷等。《欽定四書文》隆萬文卷六錄其程文《孟子》「有布縷之征……緩其二」題文：「國有常征，君子用之以時焉。夫國以民爲本也，賦其財，役其力，而皆以時行之，君子之仁民如此哉。孟子之意若曰：人情莫不欲富，亦莫不欲安，而在上者每過用之以富強其國，蓋未聞君子之道也。君子嘗教民以蠶桑而不自織，是故布縷必征諸民焉；嘗授民以恒產而不並耕，是故粟米必征諸民焉；嘗勞心以治人而不勞力，是故力役必征諸民焉。以下奉上，謂之大義；以上用下，謂之定制。自帝王經國以來，未之有改者也。義所當征，即並征孰敢不從，君子則曰，三者民所資以生也，不能無取於民矣，而可以多取乎？制所當用，即兼用未爲不可，君子則曰，三者非一時所辦也，能不失時足矣，而可以違時乎？故時至則用之，用者特其一耳，事有不容已，取給於今，而力有不得兼，徐待於後，其心惟恐用之或驟也；非時

則緩之，緩者凡有二焉，酌國之經費，事不繁興，而養民之財力，求爲可繼，其心若以爲緩爲未足也。用不後期，緩不陵節，民方以緩爲恩而不以用爲厲；一常在官，二常在民，民歡樂以從其一而從容以供其二。夫是以國無廢事，民有餘力，而上下交相爲助也。斯其爲君子之道乎？」評謂：「詞語雖尚琢煉，而氣體自與俗殊，以言外尚有書卷之味也。」

明穆宗隆慶四年庚午（西元 1570 年）

八　月

丁士美、申時行任順天鄉試主考。

《弇山堂別集》卷八十三《科試考三》：「四年庚午，命右春坊右諭德兼翰林侍讀丁士美、翰林院修撰申時行主順天試。進鄉試錄有重頁者，奪府丞宋繻、諭德丁士美、修撰申時行俸各兩月。命司經局洗馬兼翰林院侍講馬自強、翰林院侍讀陶大臨主應天試。」「時江西提學副使陳萬言以科舉校士遺落者悉詣巡按御史劉思問求復校，幾四萬人，思問與期會都司署中，且日思問未至，士爭門入，駢雜喧亂。都指揮王國光呵叱之，退相踐踏，死者六十餘人。是歲鄉試，南昌知縣劉紹恤主彌封，紹恤在縣中有素所獎拔士試而中者二人，士論譁然，謂紹恤私二人，從落卷搜出，改洗冒中。於是南科道官請謫思問、萬言，罷紹恤，並黜二生。下吏禮二部議，思問無罪，國光行撫臣逮問，二人中式，紹恤實不私，然不應招致門下，以起事端，其與萬言俱以不及調用。奏可。」

湯顯祖以第八名中舉。

鄒迪光《臨川湯先生傳》：「庚午舉於鄉，年猶弱冠耳。見者益復嘖嘖日：此兒汗血，可致千里，非僅僅蹀躞康莊也者。彼其時於古文詞而外，能精樂府歌行五七言詩，諸史百家而外，通天官、地理、醫藥、卜筮、河渠、墨、兵、神經、怪牒諸書矣。公雖一孝廉乎，而名蔽天壤，海內人以得見湯義仍爲幸。」《湯顯祖詩文集》卷四十七《答張夢澤》：「弟十七歲時，喜爲韻語，已熟騷賦六朝之文。然亦時爲舉子業所奪，心散而不精，鄉舉後乃工韻語。」湯顯祖《上馬映台先生》：「庚午之秋，所錄者弟子某一人而已。」馬千乘，字國良，號映台，時任試官。

隆慶庚午應天鄉試錄序論及文風之變。

張萱《西園聞見錄》卷四十四《禮部》三《科場・前言》:「隆慶庚午應天鄉試錄序曰:聖祖開科取士,制監於前代,罷博學宏詞、詩賦諸科,以爲虛文不足以得士,而純用經術,於其時制錄所錄,率沈浸經旨,意顯語質,如太羹玄酒,疏越朱弦,味若音固有不盡者存也。漸涵百餘年,以迄弘治、正德之間,質文並茂。發奧術之英華,含精光於渾厚,郁郁彬彬,盛矣。夷考其人,多嚅咀道眞,敦行彝教,淹貫深而蘊蓄厚,故其發爲文詞則美文詞,隨所任使則勝任使,如此而謂經術取士,勝於博學宏詞、詩賦諸科也,不亶其然乎?顧文勝之極,其勢必至於沒質,其間豪傑之士以明道之言自許者固有,而溺於記誦,徇枝葉而忘本根者,尤往往見之。甚者崇飾詖淫,闊略踐履,雖正文體、端士習之德意屢屢,而黌校之陋風猶故也。夫康莊坦夷,而人爭趨徑者,貪其捷也,正學淵源,而士爭剿說者,利其便也。彼博學宏詞、詩賦誠虛文,由後世觀之,猶不失爲學之博也,詞之宏也,詩詩而賦賦也,今日且敝帚視之,後世謂何?」

江西考生萬國欽破題甚佳。

《遊藝塾文規》卷二《破題》:「鄉試文字大率不如會試,然亦盡有精神透露者,且汝輩今日正以鄉闈爲急,而其破題亦甚有關係。昔萬國欽庚午應江西鄉試,出『人皆可以爲堯舜』一節,場中絕無佳破,渠破云:『聖人可學,不易之論也。』主司以爲絕唱,遂中第二。嘉靖庚子浙江出『女奚不曰』一節,嘉善前輩姜圻破云:『觀聖人之自敘,而人不及知之妙見矣。』竟以此見賞,得中式,破之緊要如此。」

明穆宗隆慶五年辛未（西元 1571 年）

正　月

歸有光（1506～1571）卒。歸有光為明代制義大家。

王錫爵《明太僕寺寺丞歸公墓誌銘》:「先生生於正德元年,卒於隆慶五年,享年六十有六。」「先生於書無所不通,然其大指,必取衷於《六經》,而好《太史公書》。所爲抒寫懷抱之文,溫潤典麗,如清廟之瑟,一唱三歎,無意於感人,

而歡愉慘惻之思，溢於言語之外，嗟歎之，淫佚之，自不能已已。至於高文大冊，鋪張帝王之略，表章聖賢之道，若《河圖》、《大訓》，陳於玉几，和弓垂矢，並列珪璋黼黻之間，鄭、衛之音，蠻夷之舞，自無所容。嗚呼！可謂大雅不群者矣。然先生不獨以文章名世，而其操行高潔，多人所難及者，余益爲之歎慕云。」歸莊《重刻先太僕府君論策跋》：「太僕府君之文章，久爲世所宗師，制舉業則艾千子先生推爲三百年來第一，古文則錢牧齋先生推爲三百年來第一，後人更無容贊一辭矣。」董正位《歸震川先生全集序》：「古來文章家，代不乏人，要必以卓然絕出，能轉移風氣爲上。唐之中葉稱韓子，而與韓子同時者有柳子厚、李習之。宋時稱歐陽子，而先歐陽爲古文者有穆伯長、尹師魯輩。然言起八代之衰者，必曰昌黎；變楊、劉之習者，必曰廬陵：則以其學之深，力之大也。明三百年，文章之派不一。嘉靖中，有唐荊川、王遵巖、歸震川三先生起而振之，而論者又必以震川爲最，豈非以其學之深、力之大歟？余自少知誦法震川先生之制舉業，長而得讀其古文辭，信乎卓然絕出，能轉移風氣者也。……余讀先生之《易圖論》、《洪範傳》，知其經學深邃。於《馬政志》、《三途並用》諸議，知其世務通達。而濬吳淞江、三吳水利諸書，今方行其說，殆東南數百年之利。至其自述令長興時，以德化民，又漢代之循良也。今國家偃武修文，廣屬士子以通經學古，而科目之士亦將學而後入政，則是集行世，其亦昌明文運，造就人才之一助乎？玄公以序見屬，末學何能贊一辭。顧以夙仰先生，既欣睹全集之流播海內，加惠後學，而玄公亦工詩古文，能世其家學，又喜先生之有後也。故不辭而爲之書。」戴名世《書歸震川文集後》：「震川好《史記》，自謂得子長之神。夫子長之神即班固且不能知，吾觀《漢書》，其於子長文字刪削處，皆失子長旨，而後之學《史記》者，句句而摹之，字字而擬之，豈復有《史記》乎？震川獨得其神於百世之下，以自奮於江海之濱，當是時，王、李聲名震動天下，震川幾爲所壓，乃久而其光益著，而是非以明，然後知僞者之勢不長，而眞者之精氣照耀人間而不可泯沒也。顧今之知震川者少，而今之爲震川者，其孤危又百倍震川，以俟後之爲震川者知耳。」

二　月

張居正、呂調陽爲會試主考，錄取鄧以讚等四百人。（據《明穆宗實錄》卷五十四）

　　張居正《張太岳集》卷七《辛未會試錄序》：「（隆慶五年）乃以二月己亥

偕臣調陽及內外諸執事陛辭入院，合兩畿諸省前後所貢士四千三百餘人，如故事，三試之。戒諸執事：『咸既乃心，試題必明白正大，無或離析章句以爲奇異，無或避忌趨好以長諛佞。論文必崇尚雅正，無或眩華遺實，以滋浮靡。有能綜覽古今，直寫胸臆者，雖質弗異，非是者，雖工弗錄。』蓋閱二旬而告竣。遵宸斷取四百人，梓其姓名與其文之優者爲錄以獻。」《國榷》卷六十七：「隆慶五年二月己亥，少傅大學士張居正，詹事府史部左侍郎兼翰林學士呂調陽主禮闈。」《遊藝塾文規》卷二《承題》：「辛未首題『生財有大道』一節，眾云：『天下未嘗無財也。』覺泛，惟鄧以讚云：『夫財生於勤而匱於侈也。』題意甚切。甲戌『學如不及』一節，眾云：『學之道起於心也。』孫鑛云：『學之功至難窮也。』曰『至難窮』則『如不及』，『唯恐失之』之旨，儼然在目。前此而壬戌『事君能致其身』，王老師云：『爲人臣者，無以有己也。』癸丑『大哉堯之爲君』一節，曹含齋云：『帝堯之德，大德也。』皆非泛語。余丙戌入場七破七承，皆刻意求新。《孟子》『事孰爲大』二句，予承云：『夫事所以盡分，而惟事親則稱大矣，是故君子以行孝爲先也。』論常格，則起句當用一『也』字，不用則格奇，故去之。然始曰『事以盡分』，結曰『行孝爲先』，有起有止，其法固森如也。初學見此，便謂承題可一股做完矣。承題衹三四句，而句句要擔斤兩；衹二十餘字，而字字要有斟酌。如良醫用藥，味味皆要道也，而修制配合，銖兩無誤。近來承法更嚴，要簡而不繁，勁而不弱，稍有一二浮字，即懶散矣。」「文字一篇主意，承中宜露端倪。辛未『先進於禮樂』全，張太岳親對我講：『此題重質不重中，若重中，則君子勝於野人，惟重質，故寧爲野人，不爲君子。』其程文全重質做，高墨卷數倍。其破承云：『聖人於禮樂述時人之所尚，表在己之所從。蓋文弊則宜救之以質也，聖人論禮樂而獨從先進也，有以哉！』『文弊救之以質』，是通篇大意。」《遊藝塾續文規》卷四《了凡袁先生論文》：「辛未會試《先進》全章，上是述言體，下是斷制體，上輕做半篇，下重做半篇，此一定之格也。鄧定宇先生先提『禮樂』：『禮樂者，先王制之，後世從之。』次述二比，仍作一過文，至講『從先進』處，卻先論二比云：『文質相稱，然後謂之君子，使其誠是也，則正吾之所以欲見者也，而今之獨盛於文，果可謂君子乎？吾固不敢必從也。太樸無文，然後謂之野人，使其誠是也，則亦吾之所深病者也，而古之適得其中，果可謂野人耶？吾則不敢以不從也。』得此二比，機局便別。次講二比，末用『蓋』字單收，此會元也。黃葵陽亦把『我用之禮樂』一句提起，

次輕述二比，復以意另作二比云：『夫風會本易流於下，而況野人之言一出，則今之從先進者寡矣，而吾固不敢以或徇也；人情本易趨於文，而況君子之言一出，則今之從後進者多矣，而吾固不敢以苟同也。』鄧作二比於過文之下，黃作二比於過文之上，皆所謂扼要爭奇也。黃作流水四句：『聲名文物之盛，雖目擊夫近世之風；而淳龐忠厚之遺，不敢失夫作者之意。』極精工冠冕。次實講二比，再繳二比，末祇一句收住。是科無鄧，黃其元矣。今合二卷較之，黃之精不如鄧之拙，黃之密不如鄧之疏，黃有意於奇，鄧無心於巧，較是輸他一著耳。如前半篇，黃煉得極精，無一閑字，然氣象微緊而隘，鄧之懶散，卻近自然。黃體貼題目，『如用之』『如』字不肯放過，然用一『如』字，就有痕迹，氣象就覺小了，兼文氣亦不順，蓋『如』字該用於『不敢失作者之意』之上，不該用於『不敢失作者之意』之下。鄧卻丟過『如』字，一氣做下，渾然無迹。」「凡題上下各做四比者，其格雖多，不過二種，非上生下格，則下斷上格也。要語脈有情，照應有法，最難得四比一意，如田鍾台作『是知也』先二比云：『雖有知有不知，而於天下之理，固未能週知而無遺；然為知為不知，而於此心之明，則有以通達而無蔽。』次二比即承『有知不知』做去，打成一片，不見痕迹。辛未會試程文講『如用之』二句亦然，先二比云：『禮樂所以養德也，養德者，宜居其實不宜居其華；亦所以維風也，維風者，宜處其厚不宜處其薄。』次二比即接云：『以居其實，先進有焉』云云，亦一氣呵成，可法。」梁章鉅《制義叢話》卷十二：「阮吾山曰：有明墨牘，皆有程式相傳，奉為元程。惟主司明眼拔尤，考官聲名由是而起。計改亭謂洪、永會元十五人，宣德迄天順會元十三人，皆非雕飾之文。成、弘十四人，章楓山懋、吳匏庵寬為冠，稍見法度，然未離乎樸也。正、嘉二十人，隆、萬十八人，如唐應德順之、瞿昆湖景淳、鄧文節以讚、王文肅錫爵、馮具區夢禎、李文節廷機，其文之矩矱神明，若有相傳符節，可以剖合驗視。其時天下承平，士之起家非科目不貴，科目非元不重，閉門造車，出而合轍，作者與識者如針石之相投也。或謂吳無障默以偏鋒傷氣，湯霍林賓尹以柔媚敗度，文運至此而衰。然啟、禎八元，若曹勳、若吳偉業，又何減前人也。」梁章鉅《制義叢話》卷六：「《四勿齋隨筆》云：黃葵陽作『季文子三思』節文，不泥說道理，祇就謀國上講，恰合合書旨，其小講云：『古今得失之故，皆起於人心之思。顧其得也，以沈機，亦以果斷；其失也，以輕發，亦以遲疑。』中幅又云：『國家有大計，惟斷乃成；社稷有令圖，惟敏斯集。』此數語乃千

秋之龜鑒，不僅爲此題發也。案：葵陽嘗主順天戊子闈，謂正文體必先端士風，疏陳六事：一曰去浮靡，二曰止奔競，三曰明是非，四曰禁佞諛，五曰禁黨錮，六曰禁清議。萬曆初，與趙定宇太史同忤江陵，葵陽先定宇辭歸。丁丑江陵奪情，定宇以抗疏廷杖，葵陽時已家居，嘗曰：『定宇俟其失節而攻之，予先於盛時而避之，定宇固焦頭爛額之客，而予實曲突徙薪之人。』蓋自喜其見幾明決，斷不爲三思者所竊笑矣。」梁章鉅《制義叢話》卷六：「鄭蘇年師曰：讀隆、萬時文，由淡而濃，而其淡處愈有味。黃葵陽『君子和而不同』文，措語雖淡，而樹義卻極精深，如云：『天下國家之事，本非一人之意見，所得附和而強同者，惟公其心以應之而已矣。』前比是大程子之於荆公，後比是朱文公之於陸、陳，言皆有物，不知者但以爲淡也。又云：『非其道也，獨見獨行，舉世非之而不顧，雖或不諧於眾，實則相濟以爲和，此君子之所以不同也，其心與迹易知也。如其道也，公是公非，與眾共之而不違，即使自混於俗，不過順應以爲和，此君子所以和而不同也，其心與迹難知也。』此於和同互異之處，確然得其指歸，遂能將君子心事、學術全身寫出，而魯莽讀者亦鮮不以爲淡矣。」梁章鉅《制義叢話》卷六：「王耘渠曰：鄧文潔『禮樂不興則刑罰不中』文，實實能從禮樂不興內講出刑罰不中之故，深厚爾雅，無一語書生氣，卻無一語宦稿氣。前朝諸公之於此道，其精神實有足以不朽者。或謂八股終有廢時，斷不然也。案：文潔文講下云：『禮樂所以飾治，刑罰所以懲奸。然惟極辨之朝，欽恤於五用，亦惟大順之世，盡心於一成，兩者相反而相爲用也。』是先從正面寫出相因之理，後幅云：『刑之屬數千，罰之屬亦數千，非嫻於節文而平於好惡，必不能有倫有要而詳其麗於法之中；或上刑而適輕，或下刑而適重，非觀其會通而融於拘攣，必不能惟齊非齊而權其比於法之外。要之，出乎禮即入乎律，降典與播刑非二物也，故禮之壞也，其究即刑之淫也；喜之中節爲和，怒之中節亦爲和，用樂與用刑同此心也，故樂之崩也，其究即刑之濫也。』又從刑罰中想出禮樂精蘊，眞是融貫六經之文。」梁章鉅《制義叢話》卷十二：「俞桐川曰：禾中老者言，黃葵陽出會闈，自決第一，聞江右有坐關三年者，往叩其文，爽然自失，即定宇先生也。江陵於闈中擬議二公，因次藝抑葵陽，然葵陽不如定宇，不僅在是。評者云：『黃有意於奇，鄧無心於巧。』是謂得之。讀定宇傳，所學在於能養。嘗言《乾》之六爻，不難於飛而難於潛，生平出處進退皆以養勝。故知文之矜厲高卓，志在必得者，乃不如定宇者也。或曰：葵陽雖不元，而馮具區之

獲元，以熟讀葵陽行稿所致，則其文固元家衣缽矣。」梁章鉅《制義叢話》卷五：「張惕庵曰：『如用之則吾從先進』，『如』字不是虛字，作若字解。張文忠居正程文云：『習俗易以移人，古道乘其所好，世固如此，若我用之則願從焉。』正合語氣。」「鄭蘇年師曰：張江陵一生相業，最以綜覈見長，於『生財有大道』節程文足覘其概。講下云『蓋天地本有自然之利，而國家本有惟正之供』二語，已見大意。中幅云：『勤以務本，而財之入也無窮；儉以制用，而財之出也有限。以無窮之財供有限之用，是以下常給而上常餘，雖國有大事，而內府、外府之儲，自將取之而不匱矣；百姓足而君亦足，雖年或大侵，而三年、九年之蓄，自可恃之以無恐矣。』顧開雍評云：『一生服煉，借題吐出，精光奕奕，如對其人。』眞知言也。」「王耘渠曰：此題與『先進於禮樂』全章題，震川先生皆有名作在前，高古深厚，作者無能為役，獨江陵二程與之抗行幾二百年，其餘名墨都降一格矣。」梁章鉅《制義叢話》卷五：「紀文達師曰：張太岳雜著中，有論周初禮樂尚質一條。隆慶辛未主會試，以『先進於禮樂』命題，即用其意作程文，文字雖佳，亦未免偏論也。」

本科會試題。

本科會試題有《論語》：「先進於禮樂，野人也；後進於禮樂，君子也。」《大學》：「生財有大道，生之者眾，食之者寡，為之者疾，用之者舒，則財恒足矣。」《孟子》：「有安社稷臣者，以安社稷為悅者也。有天民者，達可行於天下而後行之者也。有大人者，正己而物正者也。」

三　月

張元忭（1538～1588）、劉瑊、鄧以讚（1542～1599）等三百九十六人進士及第、出身有差。（據《隆慶五年進士登科錄》）

據《隆慶五年進士登科錄》，「第一甲三名，賜進士及第。」履歷如下：

張元忭，貫浙江紹興府山陰縣，民籍，國子生，治《易經》。字子藎，行二十七，年三十四，十月十八日生。曾祖宗盛。祖詔，贈吏部主事。父天復，行太僕寺卿。母劉氏，封安人。具慶下。兄元吉，判官；元聰；元慶，監生；元思。弟元恒、元怡、元愉、元憬、元恂。娶王氏。浙江鄉試第六十八名，會試第一百二十五名。

劉瑊，貫直隸蘇州，衛籍，江西峽江縣人，國子生，治《易經》。字玉儔，

行一，年四十一，二月十八日生。曾祖綱。祖佃，歲貢生。父遠，按察司經歷。母郭氏。永感下。娶陳氏。應天府鄉試第七十一名，會試第一百七名。

鄧以讚，貫江西南昌府新建縣，民籍，縣學生，治《詩經》。字汝德，行五，年三十，十月初六日生。曾祖富，壽官。祖朗。父儼。母龔氏。具慶下。兄以諫；以誥，貢士；以誠；以詔。弟以謨。娶姚氏。江西鄉試第三十名，會試第一名。

據《隆慶五年進士登科錄》，第二甲七十七名，賜進士出身。第三甲二百十六名，賜同進士出身。

本科張居正程文《大學》「生財有大道」一節題文、《論語》「先進於禮樂」一章題文稱制義名作；會元鄧以讚此二題闈墨、黃洪憲「生財有大道」題闈墨，也為制義名作，均被收入《欽定四書文》。

梁章鉅《制義叢話》卷六：「俞桐川曰：慶曆間，浙中有二黃，嘉禾黃葵陽洪憲、武林貞父汝亨，並堪為制義正宗。葵陽文矜貴警卓，詞意相稱，貞父較精峭而意勝於詞，似在葵陽之上。」

鄧以讚本科會試第一，廷試一甲三名。《欽定四書文》隆萬文錄其文三篇。

卷一錄其本科首題闈墨《大學》「生財有大道」一節題文。文謂：「傳者論理財之有要，得其要而常裕焉。夫財生於勤，而匱於侈也。先之以勤，而復繼之以儉，財不有餘裕哉？此所以謂之大道也。大傳之意曰：君子有平天下之責，則財之理也固有所不諱；而有公天下之心，則財之生也亦有所不私。是故不必於殖貨也，而所以廣其利者自有公平之大計；不必於任術也，而所以裕其蓄者自有節制之宏規。財以生而聚，患於不眾也，則以九賦任萬民，驅遊惰而農之，而不使之有餘力；財以食而耗，病於不寡也，則以六計弊群吏，簡俊乂而官之，而不使其有冗員。為之不疾，猶弗生也，必不違其時，導以趨事之敏，而凡司徒之所任者，固皆得以力本而自盡者也；用之不舒，尤甚於食也，必計入而出，定其職貢之式，而凡司會之所總者，固皆其所因時而制費者也。夫有以生之也，而又不冗於食，則生之所出者恒足於所食而不窮；有以為之也，而又不濫於用，則為之所殖者恒足於所用而不匱。是始焉經制於上，因天下之財與天下理之，而不謂之悖入；既也藏富於民，舉天

下之財皆吾之財，而不至於悖出。此之謂『內本外末』，而生財之道大矣。長國家者以是而存心，雖言多寡有無，奚諱哉？唯徒知國之當足，而以其私心與民爭尺寸之利，夫是以所得之不足以償所失也。」評謂：「前輩傅、喻二作，皆似以『恒足』爲『足國』。以上文有『財』有『用』，下文『府庫財』觀之，或然也。程文劃分『足國』、『足民』，義理尤備。此則渾然兩足以包之。」評謂：「肖題立格，依注作疏，氣體高閎，肌理縝密。前代會元諸墨，當以此爲正軌。」

　　卷三錄其本科闈墨《論語》「先進於禮樂」一章題文：「聖人述時人之論禮樂，而因自審於所從焉。蓋禮樂惟古爲得中也，夫子惟用中而已矣，而肯徇乎時好耶？想其傷今思古之意，曰：天下有可以徇世者，雖與俗從之而不以爲同；有可以自信者，則違眾從之而不以爲異。吾茲有感於禮樂矣。彼禮樂者，先王制之，後世從之，初何有於進之先後也？自末流漸遠，於是有先進之禮樂焉，彼以誠愨之眞而飭人文之賁，蓋誠獨得其中者矣，而時之人昧於制作之本，乃反目之以爲『野人』，野人云者，謂其不足以侈天下之觀聽也；自先制既隳，於是有後進之禮樂焉，彼以文物之華而掩忠信之實，蓋誠至於失中者矣，而時之人眩於侈靡之習，乃反目之以爲『君子』，君子云者，謂其有以新天下之耳目也。夫即時人之論，則其禮樂之用必從後進而不從先進明矣。然文質彬彬，然後謂之君子，使其誠是也，則正吾之所願見者也，而今之獨勝於文，果可謂君子乎，吾固不敢以必從也；質勝其文，然後謂之野人，使其誠是也，則亦吾之所深病者也，而古之適得乎中，果可謂野人乎，吾則不敢以不從也。用之爲己，則以之治躬，以之治心，所願爲從周之民者此也，雖舉世非之亦不願也；用之治人，則以之定志，以之平情，所願爲東周之治者此也，將與世反之而不辭也。蓋寧有『野人』之議，而不敢使實意之漸微；寧無『君子』之名，而不敢使繁文之日勝。此固吾之所自審乎？吁，觀此而夫子之慕古者意亦深矣！」評謂：「矩度不失尺寸，氣味深恬，囂張盡釋。以『中』字作眼，尤有歸宿，與程文先透『質』字，同是精神結聚處。」

　　卷三錄其《論語》「禮樂不興」二句題文：「即刑罰之所以失中，而知禮樂不可廢也。蓋刑罰係於民生甚重也，以禮樂廢而不中，君子能不求其端哉？夫子意曰：政有相因，敝有必至。名之不正也，其漸之敝可一二道哉！禮樂所以飭治，刑罰所以懲奸，皆政之大也。然惟極辨之朝，欽恤於五用；亦惟大順之世，盡心於一成。兩者相反而相爲用也。今以名之不正，至於禮樂不

興也。是品式之等差，所謂取象於卑高者皆壞而不飭；聲氣之流動，所以幽贊於剛柔者，悉敝而不修。夫禮，序也，序之反爲紊，即無所不紊而刑罰之用亦顛倒而不得其平；樂，和也，和之反爲乖，將無所不乖而刑罰之施亦暴戾而不得其理。非有以整齊其型範而幾民之興行，不能也，既陷於無知，又以恣肆之身臨之，將不嚴天威、不敬民命，惟憑其意周內之而已矣，安望其中倫而絕無偏倚乎？非有以蕩滌其邪穢而希民之向方，不能也，既干於文網，又以慘刻之心繩之，將疾痛不相關、死生不加恤，惟任其意文致之而已矣，安望其中則而盡無低昂乎？獄之爲條，煩而難稽，刑之屬數千，罰之屬亦數千，非嫺於節文而平於好惡，必不能有倫有要而詳其麗於法之中，不詳其麗，不中也；獄之爲情，變而難盡，或上刑而適輕，或下刑而適重，非觀於會通而融於拘攣，必不能惟齊非齊而權其比於法之外，不權其比，不中也。要之，出乎禮，即入乎律，降典與播刑，非二物也，故禮之壞也，其究即刑之濫也；喜之中節爲和，怒之中節亦爲和，用樂與用刑，皆此心也，故樂之崩也，其究即刑之淫也。吁，由此而正名之宜先，豈不深切著明哉！」評謂：「禮樂、刑罰交關處，洞徹原委，剖析精詳。其理則融會六經，其氣則浸淫《史》《漢》，其法則無所不備也。」

黃洪憲中第二甲十三名進士。

《遊藝塾續文規》卷四《了凡袁先生論文》：「隆慶以來，又當別論。竊謂今日之文，欲極新又欲極穩，欲極奇又欲極平，欲說理又不欲著相，欲切題又不欲粘皮帶骨。正大處欲帶圓話，透脫處欲帶含蓄，流動處欲帶莊嚴，輕逸處欲擔觔兩。蓋經義之學，自我朝始，我朝莫盛於成弘。近日所見唯黃白夫洪憲、湯海若顯祖耳。湯文高古雅煉，絕似震川，而圓轉過之；黃文如『堯獨憂之』七句，春容妥貼，愈玩愈佳。馮開之丁丑場前，日日玩此一篇文字，故其文氣溫雅亦近似之。前輩謂學書者不須泛濫，得古人一點一畫，終身學之，遂可成名，予於時義亦云。」

黃洪憲隆慶元年浙江鄉試第一，本年會試第二。《欽定四書文》隆萬文錄其文六篇。

卷一錄其《大學》「身修而後家齊」合下節題文：「惟天下無身外之治，則知天下無身外之學矣。夫一身修而齊治均平胥有賴焉，信乎修身之學，無

貴賤一也，而君子當先務矣。且夫大學之道，皆非外身而爲之也。有爲身而設者，有自身而推者，而本末先後辨焉，先其本而天下之道備矣。何則？格致誠正，皆所以修身，而吾身此理也，推之於民亦此理也。誠能愼厥身修，而表正之基，已端於在我；則儀刑自近，而親睦之化，用協於一家。由是家齊而後國可治焉，治以此身而已矣；國治而後天下可平焉，亦平以此身而已矣。蓋天下國家，皆非身外物也，物理相因，而莫非一身之聯屬；故齊治均平，皆非身外事也，事爲有漸，而要皆愼修之緒餘。此古之明德於天下者必有所先也。即是觀之，而修身之學非天下之大本乎？是故上自天子之尊，下而至於庶人之賤也，其位雖異，而成己成物之責，實合上下而攸同；故其分雖殊，而端本善則之功，當盡尊卑而一致。天子有天下者也，然必家齊、國治而後天下平焉，則刑于之道當又有始，而所以篤近舉遠者，一本諸身而已矣。觀天子，而下焉者可知也。庶人有家者也，然惟家齊而可以治國、平天下焉，則身先之化不止於家，而所謂邇之可遠者，皆本諸身而已矣。觀庶人，而上焉者又可知也。道隨分盡，而一身實萬化之原；事以勢殊，而愼修爲作則之本。此大學之道所以先修身也。既知修身爲先務，而格致誠正之功，其可以或後哉？」評謂：「上下照應之法，至此乃精，嘉靖以前未有也。然皆於實理發揮，自然聯貫，是謂大雅。後人徒求之詞句間，則陋矣。」

同卷錄其「見賢而不能齊」一節題文：「即好、惡之未儘其道者，而各有其弊焉。夫好賢不可不篤，而惡惡不可不嚴也，好之、惡之而未能儘其道，其弊寧有極乎？且夫治天下有道，親賢遠奸而已矣。然用賢貴專，而不專則罔以成功；去惡貴嚴，而不嚴則無以除患。君人者，夫亦是愼乎！何則？國有賢人，社稷之福也，亦人情之所同以爲好者也。仁人見之未有不舉，亦未有舉而不先者。有人於此，德既昭矣，名既著矣，吾亦且見之矣。顧不能以其公好之心而儘其能好之道，於是有見而弗舉，淪於在野而不獲仕者矣；有舉而不先，伏於下僚而不獲顯者矣。夫君子有康濟之略，而非大受則不能展其才。知而不舉，猶不知也；舉而不先，猶不舉也。況夫執狐疑之心者，啓讒言之漸；持不斷之意者，開群枉之門。彼賢人者亦無以行其志矣，是之謂簡略以待天下之士，而非『任賢勿二』之心也。其爲慢也，孰甚焉？至若國有憸人，社稷之蠹也，亦人情之同以爲惡者也。仁人見之未有不退，亦未有退而不遠者。有人於此，奸既彰矣，罪既露矣，吾亦聞且見之矣。顧不能以其公惡之心而儘其能惡之道，於是有見而弗退，溺於比昵而與之共事者矣；

有退而弗遠，牽於姑息而處之中國者矣。夫小人有便佞之才，而非放流則不能絕其迹。知惡不退，將復進之；退惡不遠，將復近之。況乎法網之寬，非所以閑邪；凶類之寬，非所以保善。彼小人者益得以肆其惡矣，是之謂優柔以養天下之奸，而非『去邪勿疑』之道也。其爲過也，孰甚焉？夫善善而不能用，則子孫黎民不蒙其澤；惡惡而不能去，則子孫黎民將受其殃。此無他，以其心之未仁也。然則能得好惡之正者，微仁人，吾誰與歸？」評謂：「寬博渾厚，愷切周詳，有文貞、宣公諸名人奏疏氣味。」

同卷錄其本科會試闈墨「生財有大道」一節題文：「王者足國之道，自其所以裕民者得之也。夫務本而節用，皆所以爲民也，以此生財而財不可勝用矣，其道不亦大乎？且夫財之爲用，上關國計而下係民生，是故不可聚也，而亦不可不理也。惟夫愼德之君子，有土有財，固不待生而自裕；而足民足國，亦必有道而後生。天地之美利，爲天地開之而已矣；國家之大計，爲國家制之而已矣。其道蓋至大也，而果安在哉？蓋天下之財所以生，而爲之者常在下；所以食，而用之者常在上。下不勤而上無節，財不可使足也。是必驅遊民以歸農，而使地無遺利，生之者既眾矣，且詔祿有常，而食其所生者又若是其寡焉；恤農時以簡役，而使人無遺力，爲之者既疾矣，且賦式可通，而用其所爲者又若是其舒焉。夫以眾生者而不以眾食也，則所生者足以待其食，而常賦之輸，自取足而不竭；以疾爲者而不以疾用也，則所爲者足以供其用，而征稅之入，自常足而有餘。道經於下，而財之源達焉，天地之利無窮，而吾之生之者亦無窮矣，雖不必外本以求之，而利本以開，不有取之而裕如者乎？道經於上，而財之用需焉，國家之賦有限，而吾之省之者則無限矣，雖不必內末以求之，而末流以節，不有常取而可繼者乎？斯則順民情欲惡之端，而上下咸賴；體王道公平之制，而樂利無私。此天下之計也，萬世之計也，而其道莫有大焉矣。絜矩君子，可不知所務哉？」評謂：「講首末二句，周密老成，通篇筆力亦勁。」

卷二錄其程文《論語》「季文子三思而後行」一節題文：「聖人因往行而論思要於可而已。夫思以理裁也，要於當，則再思可矣，何以三爲？且夫古今得失之故，皆起於人心之思。顧其得也以沈幾，亦以果斷；其失也以輕發，亦以遲疑。魯之先大夫曰季文子者，相宣、成之主，聯齊、晉之交，不曰備豫而過求，則曰周旋而無失。魯人傳其事，以爲三思後行也。夫子聞而有感曰：夫夫也，爲忠於謀國者，如之何必三思而行也？蓋心本虛靈，思之即通，

而將迎意必之私入焉而擾；理本易簡，思之即得，而利害攻取之念入焉而淆。故善行者不廢思，善思者不過再。國家有大計，惟斷乃成，吾策之，復於所策者再紬繹之，則擬議精而權衡不爽，事可劀而決矣；社稷有令圖，惟敏斯集，吾畫之，復於所畫者再籌度之，則精神一而意見不迷，謀可立而斷矣。吾欲揣合人情，彌縫世故，雖深思不能窮其變，而惟隨事觀理，行吾之所當行者，則再計而可以定謀；吾欲逆料成敗，豫規趨避，雖百慮不能究其歸，而惟因時制宜，行吾之所得行者，則再思而可以決策。彼文子之三思，吾不知其何如，而大約至於再焉可矣。不然，有所疑焉而不果，將牽制以失事機；有所遲焉而不斷，將優游以釀後患。欲以慎行，實以窒於行耳。噫，文子如可作也，且然吾言乎哉？」評謂：「實處發義，虛處傳神。章法極精，筆陣亦古。」

卷三錄其《論語》「君子和而不同」題文：「論君子之與人同於道而已矣。夫和者，天下大同之道也，惟其道而不惟其情，此君子之和所以不為同也與？且夫天下無不同之道，而有不同之情。道相濟然後和，情相比則為同。和雖未嘗不同，而非即以同為和也，幾微之際，心術判焉。吾觀君子之與人，誼非不親也，而所孚者道，於情不貴苟而合；交非不篤也，而所協者義，於物不容詭而隨。同寅協恭，非以樹黨也，天下國家之事，本非一人之意見所得附和而強同者，惟平其心以待之而已矣，和出於平，而又何比焉？合志同方，非以植私也，天下萬世之道，本非一己之私心所能任情而強和者，惟公其心以應之而已矣，和生於公，而又何徇焉？內不見己，故於人無所乖，而不必在人者有以同乎己；外不見人，故於己無所戾，而不必在我者有以同於人。非其道也，獨見獨行，舉世非之而不顧，雖或不諧於眾，實則相濟以為和耳，此君子之所以不同也，其心與迹易知也；如其道也，公是公非，與眾共之而不違，即使自混於俗，不過順應以為和耳，此君子之所以和而不同也，其心與迹難知也。蓋和則未始不同，而非有心於求同；不同若不可語和，而實所以成其為和。世固未有一於同而終能成其和者也，此君子之交所以無外和而中離、始同而終異也。」評謂：「於和、同互異處確有指歸。君子心事學術，全身寫出，文亦純粹無疵。」

卷五錄其《孟子》「邠人曰」四句題文：「邠民念君之仁而相率以從遷也。甚矣，民之歸仁也。仁如太王，邠民安忍一日離哉？嘗謂有國家者，民為貴，社稷次之。故失民得國，猶失國也；失國得民，猶弗失也。昔者獯鬻南侵，

亶父去國。夫豳，故國也，遷，勞事也，民安能輕去其鄉，而太王安能籲懷其眾哉？不知其厚澤之遺已漸涵於在國之日，而耆老之屬尤感動於去國之時。是以邠民念其仁、懷其去，相率而言曰：施德以厚下，使我安居而樂業者，非君乎？尊生以避狄，使我免於鋒鏑者，非君乎？吾君誠仁人也，仁人行矣，來朝走馬，君既不忍以土地之故而失吾民；險阻間關，吾亦奚忍以室家之故而失吾君？仁人在上，則故土可依，新都可樂，矧此行也父母孔邇，其有以安輯我矣；仁人一失，則閭井雖存，撫字非昔，況異日者士女仳離，其誰能保惠我邪？故寧負羈絏、扞牧圉以從君於險阻，毋或戀故土而重去其鄉；寧披荊棘、闢草萊以從君於新遷，毋或懷故居而輕失其主。由是而岐山如市矣，由是而從岐之民如歸市矣。蓋皇皇求利、惟恐或失者，市人之行也；皇皇趨仁、惟恐或失者，太王之民也。此豈有政令發徵期會哉？要之，惟太王之仁也，故所居民樂，所去民思；惟邠民之歸仁也，故君存與存，君去與去。今君自料寬仁慈愛，孰與太王？滕民之愛戴歸往，孰與太王之民？願君熟計而審處也。」評謂：「情眞理眞景眞，並聲音笑貌無一不眞，故能令人諷誦不厭。」

錢岱成進士。《欽定四書文》隆萬文卷二錄其《論語》「民可使由之」一節題文。

錢岱（1541～1622），字汝瞻，江蘇常熟人。隆慶五年（1571）進士，授廣州府推官，以卓異召爲御史。巡按山東湖廣，再主鄉試，程文簡潔圓潤。年四十四，疏請終養，優游林下數十年以終。《欽定四書文》隆萬文卷二錄其《論語》「民可使由之」一節題文：「論君子之教有不能盡行於民焉。夫君子教民之心無窮也，而『知』之與『由』，有不可以概使者，如民何哉！且教貴因民，不貴強民，順其材之可至而施焉，如是而已矣。何言之？天下之可以由而亦可以知者，道也；君子之使人由而亦使人知者，心也。顧知行合一，在賢智斯無可無不可；而材智有限，在凡民則有能有不能。天下之正路而使天下均蹈之迹耳，非所以迹也，究而極焉，則理之無方無體者，雖中人且弗悟也，將責之顓蒙之俗而勢愈拂矣；天下之周行而使天下共履之道耳，非所以道也，進而求焉，則民之不著不察者，雖日用且莫覺也，概論以精微之論而惑滋甚矣。蓋理之當然具於性，而民皆可率性也，故取足於由，天下將無不可化之民；性之本然原於天，而民鮮能達天也，故取必於知，天下始有不可循之教。是雖其所知者即寓於所由之

內，而其可由者自限於不可知之神。故曰民可使由之，不可使知之，非君子意也，勢也。」評謂：「淡而旨，淺而深，寥寥數言，題之上下四旁皆足。就白文清轉，字字快足，心目俱慊，亦短章僅見之作。」

六　月

高拱言進士偏重而舉人甚輕之弊；凡保薦考選，勿拘出身。詔如議舉行。

　　《明穆宗實錄》卷五十八：隆慶五年六月「乙卯，掌吏部事大學士高拱言：『國初進士、舉人並用，其以舉人躋八座稱名臣者甚眾。乃後進士偏重而舉人甚輕，至於今極矣。故舉人年力稍強，輒遷延以幸一第，必至衰邁始勉強就官，間有一二壯年出者，則又為貧之故，志溫飽者也。如是而冀治理，胡可得哉！臣愚以為，欲興治道，宜破拘攣之見，以開功名之路。凡舉人初選，初以資格授官之後，則惟考其政績，而不必問其出身。吏部自行體訪，苟係賢能，即一體陞取。各撫按官一體保薦，如舉人官未經保薦而陞取多者，撫按官以不及論。諸凡推轉，一視政績，無分彼此，有所重輕。若果才德出眾，則一體陞為京堂，即至部卿無不可者。至於舉人謁選，又必稽其年貌五十以上者，授以雜職，不得為州縣之長。蓋恐繁鉅之任非衰劣者所堪，如此則吏治可興，而化理有賴。』上曰：『祖宗用人，本不拘資格，近來偏重太甚，以致人無實用，事功不興。覽卿奏，具見經濟宏猷，於治道人才大有裨益。其如議舉行。』」高拱《掌銓題稿》卷五《議處科目人才以興治道疏》：「（隆慶五年六月）臣愚以為欲興治道，宜破拘攣之說，以開功名之路。凡舉人就選者，初祇以資格授官，授官之後則惟考其政績，而不必問其出身。進士而優則先之，苟未必優，即後於舉人無妨也。吏部自行體訪，但係賢能，一例陞取，不得復有所低昂。仍行都察院轉行各該撫按官，務除去舊套，但係賢能，一例保薦，亦不得復有所低昂。如舉人官未經保薦，而陞取數多者，撫按官以不及論。其既陞取之後，又惟論其政績，一例推轉，舉人之俸不必加深，進士之官不必加美。若果才德出眾，則一例陞為京堂，即上至部卿，無不可者。如此則拘攣之說破，而功名之路開，苟非至不肖者，必不甘於自棄也。至於舉人應遷之時，又必籍其年貌，五十以上者授以雜官，不得為州、縣之長。蓋州、縣之長，責任艱重，須有精力者乃可為之。彼其精力既衰，胡可以為哉？如此，則人皆趁可為之時，以赴功名之會，而甘於淪落者或寡矣。夫舉人與進士並用，則進士不得獨驕，而善政必多。進士不

敢獨驕，則舉人皆益自效，而善政亦必多。即未必人人皆然，而十分之中，少亦可有六七，固已過半矣。善政多則民安，民安則國可富，而教化可行，熙平之治可庶幾望也。臣誠愚昧，所以爲國謀者如此。……奉聖旨：『祖宗用人，原不拘資格。近來偏重太甚，以致人無實用，事功不興。覽卿奏，具見經濟宏猷，於治道人才大有裨益。依議著實舉行，吏部知道。』」「（隆慶五年六月）臣惟國家之用人，皆欲其砥礪名節，建立事功，以共成熙平之治，非徒以一日之短長，遂爲終身定例，而故有所抑滯於其間也。今布列中外，自州、縣正官而上，大較皆科目之人，而科目分數，進士居其三，舉人者，亦惟假此爲陳網羅之具，以觀他日之何如，而非謂此必賢如彼也。國初進士、舉人並用，其以舉人登八座、爲名臣者，難以一二計。乃後進士偏重而舉人甚輕，至於今則極矣。其係進士出身者，則眾嚮之，甚至以罪爲功；其係舉人出身者，則眾薄之，甚至以功爲罪。上司之相臨，同列之相與，炎涼盈面，可鄙可羞之甚，而皆不自顧也。至於保薦，則進士未必皆賢，而十有其九；舉人未必皆不賢，而十曾無其一也。至於陞遷，則進士治績之最下者，猶勝於舉人治績之最上者也。即幸有一二與進士同陞，然要其後日，則進士之俸少而陞官又高，舉人之俸多而陞官又劣也。若夫京堂之選，則惟進士得之，而舉人不復有矣。其偏如此，遂使進士氣常盈，舉人氣常怯。盈者日驕，每襲取而寡實；怯者日沮，率隳墮而恬汙。以故舉人皆不樂仕，苟年稍強、學未甚荒者，皆相與遷延，冀幸一第。直至年邁學荒，淪落已甚，然後出而就選，以爲姑用了事云爾。間有一二壯年從仕者，又皆爲貧之故，求溫飽者也。若是而欲望其有爲，胡可得哉？及其不能有爲，則又曰：此輩果不堪用。然不知乃用人之偏所致，而非其本體果皆如此也。夫崇尚進士，才三分耳，而又使之驕；棄卻舉人，已七分矣，而皆使之沮。則天下之善政誰與爲之，而民生奚由得安也。」

明穆宗隆慶六年壬申（西元 1572 年）

五　月

穆宗駕崩，大學士高拱、張居正、高儀受顧命。（據《明鑒綱目》卷六）

六　月

朱翊鈞即位，是為神宗。

《明鑑綱目》卷六：「綱：六月，太子翊鈞即位，（是為神宗。）敕。目：以明年為萬曆元年。」

明神宗萬曆元年癸酉（西元 1573 年）

二　月

禮部覆給事中李樂科場四事，俱依擬行。

《明神宗實錄》卷十：萬曆元年二月「戊寅，禮部覆給事中李樂科場四事：一曰慎應試之選。督學取士，必以德行為先，如徒工文辭，行簡無恥者，勿使濫進場屋。二曰正序文之體。主考官試錄序文，必典實簡古，明白正大，不得妄加稱獎，蹈浮靡之弊。三曰重不公之禁。考官並外簾等官，遇命下文到日，務嚴加防範，各秉公心，毋忽嫌微，致招物議。四曰嚴綜覈之法。查會試落卷，文理不通，係近科者問革。部議謂朝廷設科取士，禮義甚隆，與其斥於既舉之後，孰若嚴於未舉之先。准令鄉試慎加簡閱，仍解真正原卷以憑稽考。俱依擬行。」

明神宗萬曆二年甲戌（西元 1574 年）

正　月

禮科給事中朱南雍等奏陳會試事宜，大要謂正文體、免枷號、廣制額。從之。

《明神宗實錄》卷二十一：萬曆二年正月，「辛卯，禮科給事中朱南雍等奏陳會試事宜，大要謂正文體、免枷號、廣制額。禮部覆議：近因文字浮靡，題准六百字上下為準。乃士子過求簡短，務為鉤棘。自今閱卷，一以文理通暢為主。懷挾相踵，創為枷號，以使人畏，而故犯已不齒於士矣，即枷號殊不為過。龍飛首科，自當廣額，其數目候臨期題請。從之。」

二 月

呂調陽、王希烈為今年會試主考官，錄取孫鑛等三百人。（據《明神宗實錄》卷二十二）

王世貞《弇山堂別集》卷八十三《科試考三》：「萬曆二年甲戌，命太子太保禮部尚書武英殿大學士呂調陽、吏部左侍郎兼翰林院學士掌詹事府事王希烈主會試，取中孫鑛等三百人。廷試，賜孫繼皋、王應選、余孟麟及第。張嗣文不與中式。」《遊藝塾續文規》卷四《了凡袁先生論文》：「甲戌會試『學如不及』二句，眾人俱有提法，獨孫會元提處與起講相接。其起講末句云：『果如何而後可語學者之心哉？』即提出：『亦以學之勤者斯及，而自足於及者，終無及也；學之精者斯得，而自滿於得者，終必失也。必也』云云。『走馬』二比，字字精確，次分『知行』二比，挑剔『猶』字最妙。『非必研窮無術，然後恐其知之失也』云云，後二比人多用柱子，渠都渾做，繳二比，又拖二比，共四比，一時諸卷中誠無有出其右者。」李調元《制義科瑣記》卷二《抑卷》：「萬曆二年甲戌，沈一貫同考會試。張居正子敬修卷在一貫所，主考侍郎王希烈以爲言，一貫抑其卷藏之。居正大恨，敬修至下科乃中。」

本科會試題。

本科會試題有《論語》：「學如不及，猶恐失之。」《中庸》：「唯天下至聖，爲能聰明睿知，足以有臨也；寬裕溫柔，足以有容也；發強剛毅，足以有執也；齊莊中正，足以有敬也；文理密察，足以有別也。溥博淵泉，而時出之。」《孟子》：「用下敬上，謂之貴貴；用上敬下，謂之尊賢。貴貴、尊賢，其義一也。」

孫鑛為本科會元，廷試二甲四名。《欽定四書文》隆萬文卷二錄其《論語》「子張問十世」一章題文。

梁章鉅《制義叢話》卷六：「王耘渠曰：孫月峰先生手評經史古文，何啻萬卷，惟『子張問十世』章文，波勢雄奇，足徵所自，而他作多不稱此，反開軟熟法門，元墨尤劣，何也？」梁章鉅《制義叢話》卷十二：「張惕庵曰：萬曆甲戌會試題『學如不及猶恐失之』，孫月峰起講下云：『學勤斯及，而自足於及者終無及；學精斯得，而自滿於得者終必失也。』韓慕廬謂當日以此數語定元。」《欽定四書文》隆萬文卷二錄其《論語》「子張問十世」一章題

文：「聖人之知來，驗之往迹而已。蓋往者來之鑒也，因往推來，百世可知矣，十世云乎哉！且天下理而已矣，綜天地之始終，貫百王之沿革，皆不能外焉。聖人獨立千百載之上，而千百載之下舉坐照焉者，用斯道也。子張以十世可知問乎，而不知三代之迹蓋燦然矣，不以往迹稽之，其道無由也。夫子告之曰：子以十世果難知乎？吾則以王天下者必有禮以立一代之紀綱，亦必有制度以成一代之體統。而殷之繼夏也，嘗取其禮而因之矣，取其制度而損益之矣；周之繼殷也，又取其禮而因之矣，取其制度而損益之矣。夫聖人豈不能創制立法、建無前之大猷，而綱常懿典不隨世而轉移，則其為萬世不易之準可知也；亦豈不欲沿舊襲故、享守成之令譽，而度數儀文必隨時而變易，則其為一代更新之制可知也。其或繼周而起者，明聖不必盡三王，行事不必類三王。而要之修禮教以崇國紀，今猶昔也；因時勢以定規模，今猶昔也。其因乎損乎益乎，百世之遠，歷歷可睹，奚十世之有哉？蓋禹湯文武之聖，既以聚百代之精華；而夏后殷周之迹，亦以概萬年之變態。故以此推之，百不一失耳。不然而憑藉術數，吾亦安能知之？」評謂：「筆力古勁，章法渾成。作者文當以此篇為最。」

三　月

孫繼皋（1550～1609）、余孟麟、王應選等二百九十九人進士及第、出身有差。張居正子敬修會試不第，居正不悅，因停館選。

《明神宗實錄》卷二十三：萬曆二年三月，「庚寅，上御皇極殿，策禮部貢生孫鑛等二百九十九人於廷。制曰：『朕惟自昔哲后膺乾，良弼納誨，未有不以典學勤政為務者。乃嗣服之始，尤斤斤焉。若《伊訓》《說命》《訪落》《無逸》諸篇，詳哉其言之矣。三代以還，強學勵精之主，代有作者。然考德論治，猶未可匹埒於姬姒，矧曰唐虞？又有可疑者，夜分講經，歲周《太平御覽》，隻日不廢講讀，學非不篤矣，而興造洪業，顧出於馬上得之，不事《詩》《書》者，何歟？衡石程書，衛士傳餐，汗透御服，日旰忘倦，政非不勤矣，而政理之效，顧獨稱躬修玄默，清靜無為者，何歟？朕以沖年履祚，未燭於理，惟仰遵我皇考遺命，講學親賢，日勤觀覽，細大之務，悉咨輔臣，以求厥中，夙夜孜孜，罔敢暇逸，亦欲庶幾乎《詩》《書》所稱，無墜我二祖八宗之丕緒。然論者謂帝王之學與韋布不同，蓋不在章句間也。不知舍章句之外，又何學歟？又或謂主好要則百事詳。所謂要者，果安在歟？往代陳謨，有裨

正始，如賢良三策，神爵言變俗，永光言審尚，及治性六戒勸學，四儀初元節儉，建初蕩滌煩苛，先天元祐十事，治平三箚，熙寧稽古，正學定志論，總之不越此二端矣，可得而悉數之歟？亦有可行於今者歟？爾多士習先聖之術，明當世之務，其為朕折衷眾論，究其指歸，典學何急？立政何先？或古今異宜，創守殊軌，悉茂明之，以副朕慎始篤初之意，毋泛毋隱。』」「庚寅，策試會試中式舉人孫鑛等，賜孫繼皋等進士及第、出身有差。」

據《明清進士題名碑錄索引》，萬曆二年甲戌科第一甲三名（孫繼皋、余孟麟、王應選），第二甲七十名，第三甲二百二十六名。

趙南星為本科三甲一百七十七名進士。《欽定四書文》隆萬文錄其文四篇。

俞長城《可儀堂名家制義》收《趙儕鶴稿》，題識謂：「趙高邑賦性剛介，不能容物，悲時憫俗、惡佞嫉邪之旨，盡發於文。漠視江陵，急攻呈秀，不以權貴易守，不以閹寺骩法，丹心再剖，聽如充耳。削官未已，加以謫戍，著書明道，至死不迴。入山二十八年，出見士習卑諂，慨然太息。申屠嘉之折辱鄧通，汲長孺之面責張湯，未足擬其直也。當先生登第時，主司夢大鶴垂空，乃得公卷，故號儕鶴。今觀其文行，矯矯自異，恥同流俗，可不謂雞群鶴立者歟？」《欽定四書文》隆萬文錄趙南星制義4篇。卷二錄其《論語》「非其鬼而祭之諂也」題文：「聖人戒諂而及於妄祭者焉。夫諂而用於祭，僥倖之極思也，此夫子舉之以示戒與？且夫古之君子不回遹於勢利，是以上交不諂。天下之有諂也，則世道人心之邪也，而孰知其無所不諂哉！昔者聖王之制祀典也，比之以其類，凡所祭者，皆出於心之不容已；秩之以其分，凡所祭者，皆出於禮之不可廢。若乃非其類也，非其分也，則是非其鬼也而祭之，何也？明於天地之性者，不可惑以神怪，斯人非獨可惑也，夫亦求福之心勝，而用是以行其佞諛之計耳；通於萬物之情者，不可罔以虛無，斯人非獨可罔也，夫亦規利之志殷，而藉是以售其媚悅之術耳。凡好，諂者見其常然，則不以為感，而恒於其不意，即以此揣鬼之情，古典之所不載，一旦而臚於俎豆，豈以將明信哉？凡摯，諂者修其常式，則不以為敬，而恒於其非道，即以此窺鬼之微，淫祀之所宜禁，一旦而畛之祝詞，豈以盡仁孝哉？世之可以富人、可以貴人者亦既尊而奉之矣，而富貴之未至，意者其乏冥助耶，是故為之祭以祈之，而逢迎之態何所不備；世之可以困人、可以苦人者，亦

既柔而下之矣，而困苦之未袪，意者其有陰禍耶，是故爲之祭以禳之，而顚蹶之請豈所忍聞。自下而干上，是之謂僭，僭之所不敢避，乃足以明虔，冀所祭者之亮之而據之也；有廢而私舉，是之謂亂，亂之所不敢辭，乃足以傚誠，冀所祭者之哀之而庇之也。藉靈寵於有位，既以諂鬼者而諂人；求憑依於無形，又以諂人者而諂鬼。吾不意世道之競諂，一至於此也！」評謂：「周道衰微，人事之僭逆多矣。而見於《春秋》內外傳，祭非其鬼者，自魯人祀鍾巫、立煬宮而外無有也。孔子忽爲是言，蓋目擊三桓諂事齊晉強臣以弱其君，而季氏旅泰山、立煬宮，復用邪媚，求助於鬼神以禳逐君之罪。此文驟觀之，似於題外別生枝節，然實是聖人意中語，不可不知。」

卷三錄其《論語》「齊景公有馬千駟」一節題文：「觀民之所稱與否，而人品定矣。夫斯民，直道而行者也，有德則稱，無德則否，何論豐約哉？昔者齊景公實與吾夫子同時，門弟子熟悉其本末而身見其始終，故於其死也而書之曰：『齊景公有馬千駟，死之日，民無德而稱焉』。誠以景公之千駟也，而齊民視之蔑如也，可惜也；以景公之徒有千駟也，而齊民視之蔑如也，無怪也。於是有感於夷齊之事而並書之曰：『伯夷叔齊餓於首陽之下，民到於今稱之』。夫此二子者，使其嗣孤竹之統，則五等之列也，乃遜之而逃；使其紹周王之休，則十人之倫也，乃恥之而餓。故自齊之民以及天下之民，迄今皆曰『殷之義士』，此太公之所語左右者也。愚民寧知惇史乎？蓋奉天討罪，夷齊猶以爲譏，視景公之以賊臣爲德何如？此安得不榮華，彼安得不污辱也！自魯之民以及天下之民，迄今皆曰『古之賢人』，此夫子之所語門人者也。愚民豈聞聖言乎？蓋立長擇賢，夷齊猶以爲浼，視景公之以兄弒爲利何如？此安得不名彰，彼安得不湮滅也！天道神而莫測，昏庸者富厚，仁賢者餓死；民心愚而至公，富厚者與草木同朽，餓死者與日月爭光。有志之士其將何從焉？或曰夷齊之行甚高，世人之所震駭，故易得名，非夫子著之，恐首陽與於陵同譏。故砥行立名者，每恨不遇夫子也。」評謂：「乍視之，怪怪奇奇。反覆諷誦，其立局措語無一非題中神理。歐陽《五代史》論贊，深得史遷神髓，斯文其接武者歟？」

卷三又錄其《論語》「鄙夫可與事君也與哉」一章題文：「聖人維臣紀而深絕夫嗜利者焉。夫事君而有嗜利之心，則是未嘗事君也，固宜其無所不至哉！此夫子所以重爲世戒也。意謂：人之品多矣，而有曰鄙夫者，謂其識見之庸陋、志趣之卑污而無當於群雅也。非夫世之所謂大奸大惡者也，是故君

子鄙之，而亦或忽之，鄙之則以爲不屑與事君，忽之則以爲奔走而驅策之無傷也。吾以爲此必不可之數也，何則？鄙夫者，以仕宦爲身家之計，而不知有忠孝名節；以朝廷爲勢利之場，而不知有社稷蒼生。未得則患得，妄處非據弗顧也；既得則患失，久妨賢路弗顧也。夫人之所患在此，則其所悉智力而圖之者必在此。未得而患得，則彼一匹夫耳，擯而不用已耳，彼亦何能爲者？苟其既得而患失，則內懷無窮之欲，而外乘得肆之權。負乘以致寇，眾所不能容也，而得之自我者，必不肯失之自我，則於事何所不爲？折足而覆餗，上未必弗覺也，而受之於君者，必不肯歸之於君，則於人孰不可忍？不攻之恐爲國家之蠹，必攻之則爲善類之殃；緩去之恐滋蔓於方來，驟去之則禍成於一旦。蓋至是而斯夫也非向之所云鄙夫也，乃天下之大奸也，乃天下之大惡也。無論他人不意其至是，即斯人之初指亦不意其至是，然患失未有不至是者。夫鄙夫而可與事君，則天下有不患失之鄙夫耶？以人事君者，奈何忽諸鄙夫？」評謂：「不必將曹操、李林甫、秦檜來形，止如甄豐、王舜、劉秀、馮道輩耳，此等人不過患失，既而擁戴篡弒皆自庸陋卑污始，此作最肖。」「春秋以前，強臣專政者有之，鄙夫橫恣者尚少。秦漢以下，乃有禍人家國者。聖人知周萬物，早洞悉其情狀。作者生有明之季，撫心蒿目，故言之如是其深痛也。」

卷五錄其《孟子》「脅肩諂笑」二句題文：「大賢於非禮徇人者而深以爲病焉。夫以夏畦之病而更有甚焉者，則徇人者當之，可憫也。曾子若曰：甚哉，人之趨於勢利也！其依阿淟涊，於何不有，乃其大都有二，曰體柔也，曰面柔也。何也？以賤事貴者，必謬恭以致其敬之至也，於是乎有脅肩，欲有所仰，惟恐其躬之不俯，故翕其肩以奉之，有不勝其罄折者，此之謂體柔；以卑阿尊者，必謬厚以明其愛之至也，於是乎有諂笑，前有所媚，惟恐其姿之不妍，故強爲笑以獻之，若不勝其色喜者，此之謂面柔。夫肩之脅也，何其縮也；笑之諂也，何其靦也。合而觀之，何其醜也。然非獨醜也，良亦病已；非獨病也，良亦甚病已。凡天下之言病者稱夏畦，豈非以治畦病、夏畦又甚哉？吾以爲天下而無脅肩諂笑也，則夏畦病；自天下而有脅肩諂笑也，則夏畦何病？夫夏畦者，勞其力於自食，力憊而神不沮也，彼役役以附勢者，無論其神之沮，卑躬屈體猶懼人之不收，即其力亦更勞矣；勞其形以謀生，形苦而氣不餒也，彼矻矻以干進者，無論其氣之餒，冶容修態猶懼人之不憐，即其形亦更苦矣。故高賢奇士，遭貧賤困窮之時，而使之夏畦，亦安爲而不

辭；雖氓隸匹夫，遇富貴權倖之人，而使之脅肩諂笑，或愧恥而不屑。然則人之所病者，豈夏畦之謂哉？夫脅肩諂笑者，往往出於士大夫，而不自知其病之至此也，可慨也已。」評謂：「猥瑣之情，以峻厲之氣摘發之，足令人愧恥之心勃然而生。」

本　年

李樂云：試官好異，遂致制義日趨於怪誕變幻。

　　李樂《續見聞雜記》卷十一：「言者心之聲，文尤聲之華美可觀可聽者也。讀其文，精神心術可以洞見，而國家治亂，識者亦因此卜之。本朝成、弘、正德、嘉靖初，文字和平雅淡，不求文而文自不可掩，正如美人生相不待簪花而後佳也。入萬曆二三年，先自試官好異，必求學古字奇，不便句讀者，然後入彀，而天下遂趨於怪誕變幻矣。安得起方山薛先生、昆湖瞿先生於九泉，作士子模楷而與之論文哉！或問今欲救之何策？李子曰：未易言也，陳請主上，先免差京考二員，或是救之之策也。」

明神宗萬曆三年乙亥（西元 1575 年）

本　年

王世貞《四書文選序》當作於今年。

　　王世貞《弇州四部稿》卷七十《四書文選序》：「今諸書生習經術者，不復問詞賦以為何物。而稍名能詞賦者，一切弁髦時義而麾棄之，以為無當也。是皆不然。自隋試進士以明經與詞賦並，至宋熙寧，世始絀詞賦不用。而所謂明經者，第若射覆取答而已，其不能彬彬兼質文固也。明興而始三試，士各以其日為經書義以觀理，為論以觀識，為表以觀詞，為策以觀蓄，然其大要重於初日。以觀理者，政本也，至於標題、命言，則或全舉而窺其斷，或摘引而窮其藻。上之所以待下者，愈變而其辭益工，蓋至於嘉、隆之際燦如矣。是故謂唐以詩試士而詩工，則省試詩自錢起、李翊而外胡其拙也。謂明以時義試士而不能古，則濟之、應德，其於古文無幾微間也。凡論而表而策，最近古而易撰，其於經書義稍遠古而難工。天下之為力於論、表、策者十之

三，而爲力於經書義者十恒七而猶不足。吾鎭郿所轄且六郡，而諸書生推其取科第不能當吾吳之半，夫時義之爲經五，而爲書四。《五經》人各治其一，而《四書》則共治之。吾故擇其精者以梓而示諸書生。夫非欲諸書生剽其語也，將欲因法而悟其指之所在也。」

明神宗萬曆四年丙子（西元 1576 年）

八　月

屠隆、胡應麟、孫如法等鄉試中式。魏允中鄉試第一。

沈德符《萬曆野獲編》卷十六《科場・畿元取鄉人》：「順天鄉試，大抵取南士爲解元，蓋以胄監多才，北人不敵。間取一二北士，多不愜眾論，其推服者，僅今上丙子魏允中一人耳。頃乙卯科，給事中劉文炳，真定人也，爲其鄉人不平，請取北人爲解者，謂燕趙乃至尊豐鎬，不當使他方人得之。上允其議，且定爲永制。時首揆方中涵，京師人，亦欲私其桑梓也。竊以故元用蒙古人爲狀元，而中華人次之，此陋俗何足傚？善乎世宗之言曰：『天下皆是我秀才，何云冒籍？』聖哉！」王世貞《魏懋權時義序》：「余治魏郡兵，識魏子允中於諸生中。魏子年尚少，所爲文義奇甚，然不能俯就格。而又善詩，先後奏余詩數章，往往有少陵氏風。余異之，贈以五言長韻，致代興意，今在集中。余既已去魏，則數聞魏子小試輒居首，而獨不利於鄉。又有李化龍者晚出，而與之角，相甲乙，至癸酉（1573）秋，李子舉鄉之第二人。又三年爲丙子（1576）秋，而余解郿節還，晤吾郡兵使者永嘉王公。王公實後余而守魏，亦嘗奇二子，迎而顧余曰：『吾向者謂李當遂舉，舉不能第一人也。謂魏遲之，是必第一人矣。使急足當孔道得試目，即魏子第二人，毋以溷我。』而亡何試目至，果如公所屬。余怪問之，王公曰：『凡爲文義而尚辭者，華而遠其實，尚理者，質而廢其采，潔則病藻，短則病氣，此四者未有能劑者也。今驟而求魏子長，則備之，苟而求魏子短，無是也。凡爲時義者，則未有能超魏子乘者也。』尋又有傳魏子所試文及它試與居平之業若干篇至者，余得而讀之，而後知王公之所得於魏子者深也。余不暇他舉，以耳目所覩記，吾省之王文恪、儲文懿、錢與謙，是三四君子，一試而其所自期與試之者之期之，若取諸寄不爽。夫固一時之操觚者少，而人自披靡，然亦以試者有定詣，

而試之者有定識也。」魏允中，字懋權。梁章鉅《制義叢話》卷十二：「《文行集》云：董太初題魏允中解元墨卷後云：『懋權生平爲文，好用典故。乙亥，郡守桂巽川先生試十二學題，懋權仍多用典故，巽川盡數塗去，置第二，緣此悟文機，一意淘洗。丙子春，縣府試卷如「舜發畎畝」、「孔子仕魯」，皆超超元化，若弄丸承蜩。場中一揮七篇，日暮即出。其文遂推倒一世，則巽川點化之功爲多也。』」「陳百史曰：萬曆丙子，順天魏允中『夫子循循然』二節元墨後幅云：『當斯際也，豈不欲因文以從之，而夫子之道，則闡於文而超於文之外者也，無由以博也，無由以博而胡由以從耶？亦豈不欲因禮以從之，而夫子之道，則述於禮而妙於禮之先者也，無由以約也，無由以約而胡由以從耶？則信乎善誘之難爲功，而回亦從容以俟之而已矣。吁！誘之未承也，而於道無所得，以無所得而見其難也；誘之既承也，而於道僅有所得，以僅有所得而益見其難也。』此等文字，看去平平無奇，而本色之外，絕無遊氣，今之高才所不能也。案：允中爲萬曆四年順天解元，題爲『夫子循循然』二節、『誠者自成也』二節，『孔子曰操則存』二節，主試者許國、何洛文。」「《明史·魏允中傳》云：魏允中爲諸生，副使王世貞大器之，值鄉試，世貞戒門吏曰：『非允中第一，毋伐鼓以傳也。』已而果然。時無錫顧憲成、漳浦劉廷蘭並爲舉首，負雋才，又稱三解元。」

十 月

禮部申明《鄉試錄》體式，並參應天主考及各省監試諸臣。

《明神宗實錄》卷五十五：「萬曆四年十月庚午，上諭輔臣曰：『兩京、各省《試錄》中有稱臣者，且刊文篇數抬頭字樣參差差錯，何故？』輔臣張居正乃言：『故事，惟兩京《試錄》稱臣，以考官皆出欽命。各省考官皆彼中聘取，文論皆取諸士子，量刊爲式，多少隨便，二項似未爲差。惟是抬頭豈容參差，此則各官忽略不敬，不能爲之強解。伏睹各有御筆紅點，仰見留心明典，甚盛心也。乞勅下禮部申明體式，使知所遵守，其中差錯太多或文理紕繆不堪式者，量行參究。』於是禮部將體式申明，並參應天主考及各省監試諸臣。詔罰試官戴洵、程嗣功等俸二月，此後不但《試錄》，凡章奏俱要恪遵舊式，明白簡直，如草率違式及故爲深文隱語，欺上不知，部科指實參處。」

十二月

禮科給事中李戴等條陳會試事宜。下禮部覆可，從之。

《明神宗實錄》卷五十七：萬曆四年十二月「乙亥，禮科都給事中李戴等條陳會試事宜。一、號席當嚴。言科場編號，監試提調官宜親自掣簽，登記號簿，即楷書卷面。天明，號軍各驗字型大小，不同者即時扶出。二、巡綽當密。言士子坐定，巡綽人役更番潛行伺察。各軍銜枚肅立，毋得故為先聲，遞相傳報。三、謄錄當慎。言謄錄所官督責書手要真正楷書，無得一字脫誤。如有脫誤，許對讀所舉送，監試提調官查究，仍將本卷另與抄謄。四、後場當重。言設科簡拔真才，必學有本源，識通今古，而後可以濟實用。邇來士子專務初場，故調難挽。今次分房官，務虛心詳閱，有二三場揚搉古今，條陳時事，非徒漫衍者，即初場稍疵，亦酌量收錄。其止工時義而後場空疏者，概斥。下禮部覆可，從之。」

袁黃與馮夢禎等同作「為政以德」一節文，以煉字法為度人金針。

《遊藝塾文規》卷一《白戰》：「予幼隨於鳳麓昆仲至嚴紹峰家，紹峰留會文。《論語》出『仁遠乎哉』一節、《中庸》『力行近乎仁』、《孟子》『況居天下之廣居者乎』。嚴公之文素多詞，予因戲曰：『昔歐陽永叔分韻作雪詩，禁用體物語，凡雪之字眼，皆不許用，謂之白戰。今日三題皆仁，凡仁之字眼，取一紙錄出，粘於壁上，一字不可用，犯者有罰，不持寸鐵，獨戰文場，方為豪傑。』眾唯唯從予，明日呂宇岡聞之，亦擬作三首。於時嘉興盛傳白戰之說，迄今四五十年矣。近來後生浮慕清虛，凡見字眼，便指為惡句，欲一掃而空之，此偏也，非正也；此病也，非藥也。大凡文字潤澤者易中，枯槁者難中；富麗者易中，寒儉者難中；豐滿者易中，瘦削者難中；醞藉者易中，淺露者難中；穠鬱者易中，怯薄者難中；典雅者易中，倨野者難中；熱鬧者易中，寂寥者難中。所謂潤澤、富麗、豐滿、醞藉、穠鬱、典雅、熱鬧者，皆善用字眼者也。如無字眼，必然枯槁，必然寒儉，必然瘦削，而淺露、怯薄、倨野、寂寥之弊，種種出矣。且如『穆穆文王』一節，顧會元云：『愷悌之流，勞民忘其毀；聖明之戴，嚴主霽其威。』若無『愷悌』、『聖明』二語，文便單薄，若去『勞民』『嚴主』，而但云『民忘其毀，主霽其威』，有何佳趣？如『仁者其言也訒』全，湯賓尹後股起云：『議論與躬行無兩操。』若去『議論』、『躬行』字眼，而但曰『言與行無兩操』，便不

成句矣。今前比云：『議論與躬行無兩操。』是單說『言行』；後比云：『操行與持論無兩衷。』是說出『言修行』。筋骨凜然，此便是極好文字。大率作文無理無意，而惟用字眼妝裹，蘇東坡所謂『厚皮饅頭』，誠為可厭。若藉詞以明理，用字以修意，骨肉停勻，華實並茂，如錦裏針，如璞包玉，乃天下至中至正之文，何得以字眼為拘乎？前輩論詩曰：『煉句不如煉字。』作時文亦然，有一字煉法，有二字、三字、四字煉法。其一字煉法，要在活字上用力，如顧起元『純敬之體，融敬之幾』，『純』字、『敬』字、『體』字、『幾』字，皆是單字，而『純』字、『融』字，則活字也。『以萬境統一心，以一心御萬境。』『統』字、『御』字，其活字也，此活字在腰者。『天寧於極，理歸於宗。』『天』字、『寧』字、『極』字，皆是單字；『寧』字、『歸』字，其活字也。『惇誠於天，抱真於性。』『惇』字、『抱』字，其活字也。兩字甚眾，不必論。如湯賓尹：『言也者，其仁人之時吐露乎？訒也者，其仁人之真精神乎？』『時吐露』、『真精神』，乃三字法也。他如『古墨卷』、『億萬姓』、『千百年』、『明天子』、『大聖人』等，皆三字也。顧起元：『止之準，握於淵微宥密之天；而止之符，顯於天下國家之大。』『準』字、『符』字是單字，在句末者，『淵微宥密』則四字也。文中自有宜用四字者，少則單薄矣。凡股中下句，如『柱之有礎』，稍薄稍弱，便承載不住，此豈可以字眼為嫌乎？嘗記丙子冬，在京寓同馮開之、錢湛如作『為政以德』一節文，開之擱筆佇思，湛如問：『何思？』開之曰：『吾思德之字眼不得耳。』錢曰：『天德何如？』馮曰：『塵矣！今之時文用得如此塵字乎？』自丙子至今，又二十七年矣，汝輩作文，全要曉煉字之法，一字不新，全篇俱晦。蓋作文無他巧，只要知換字法，腐字以新者換之，俗字以雅者換之，瑣碎字以冠冕者換之。至於加減，全無定法。有減一字而直截，有增一字而悠揚者。但冗雜閑字，斷然宜去，若緊關字面，豈宜輕裁？千萬記取，毋杜撰也。」馮夢禎字開之。

明神宗萬曆五年丁丑（西元 1577 年）

二 月

題准各房閱卷，凡士子文字合式者，除正卷外，悉將備卷每房少或六七卷，多則十餘卷批詳次序、開列數目，一併查對姓名籍貫，付禮部

提調司官以次填入副榜，不必拘定額數。（據王圻《續文獻通考》卷四五《選舉考・舉士三》）

命禮部尚書東閣大學士張四維、詹事府詹事兼翰林院侍讀學士掌院事申時行主會試。取中馮夢禎等四百人。（據王世貞《弇山堂別集》卷八三《科試考三》）

本科會試題。

本科會試題有《論語》：「『何如斯可謂之士矣？』子曰：『行己有恥，使於四方，不辱君命，可謂士矣。』曰：『敢問其次。』曰：『宗族稱孝焉，鄉黨稱弟焉。』曰：『敢問其次。』曰：『言必信，行必果，硜硜然小人哉！抑亦可以爲次矣。』」《中庸》：「回之爲人也，擇乎中庸，得一善則拳拳服膺，而弗失之矣。」《孟子》：「我亦欲正人心，息邪說，距詖行，放淫辭，以承三聖者，豈好辯哉？予不得已也。」

文秉《定陵注略》卷九《庚戌科場》：「萬曆丁丑會試，《孟》題『我亦欲正人心』。黃（按，袁黃，萬曆十四年進士）結云：『韓愈謂：「孟子之功不在禹下。」愚則謂：「孟子之罪不在桀下。」』房考陳三謨閱之喜甚，力薦會元。蒲州（張四維）大怒，欲題請黜革，吳門（申時行）勸止，乃行國學戒飭之。」

定馮夢禎（1548～1605）為今年會元。

李維楨《馮祭酒家傳》：「祭酒馮公夢禎，字開之，秀水人也。……舉於鄉。……再上春官不第，盡棄故時所爲舉子業，而遨遊雲間。稠人廣坐中，時垂首不言。或獨居，如共人語笑，歌踴躍。里之大家禮爲子師。大家豪舉，眾賓阿邑取容，而公亢直自如。大家北上，騶從傳呼甚寵，公蹇驢蹩躠，尾其後，夷然不屑也。至都，嘉善袁坤儀負才名甚盛，獨召公居郊寺論文，一洗鉛華，歸之大雅。凡百日，言如石投水，饑則出袖中一二錢，市胡餅共啖而罷。遂會試第一人，廷試二甲第三人，選爲庶吉士。」《遊藝塾續文規》卷四《了凡袁先生論文》：「丁丑會試『何如斯可謂之士矣』三節，予時在場中，一頭兩腳，自是此題定格，予於中間實講處多玲瓏遞過，繳處卻做四比。當夜出場，爲錢湛如誦之，渠踴躍稱快，謂必會元無疑矣。越數日，馮開之攜

七作來，錢閱之，私語予曰：『無兄卷，渠亦可作會元。』及揭曉，予果本房取首卷，以五策不合式下第，而開之遂首選云。是年余進京頗卑，與開之同修業於護國寺中，二人共坐一室，反局其戶，穴牆以通飲食，終日靜坐，調息澄心，三六九日一演時義而已。當時，開之向道之志甚切，意思安閒，如不欲戰者，夫紛擾之不如靜定，其理甚明。予曾與開之論此理甚明，亦思之爛熟，故未進場前，怡怡愉愉，悠然自適，及進場作文時，默默有放不下處，初時亦不覺，七篇完後，自家檢點，覺意思與平日不同，蓋一念默默放不下處，乃是真機，平日講之甚明，思之甚熟者，皆虛見也，實境現前，真機畢露，始自悔自憾，知平生學問，皆非實際，故作此七個大結時，便無依迴欲得之意矣。至二場、三場，祇信手寫去，不惟無一毫周旋世界之心，並文之工拙，亦所不計，第於不加檢點之時，而粗心浮氣，一時並出，足見予涵養之未至，則深可愧憾耳。揭曉後一日，予謁馬宗伯公，公執予手語予曰：『莫忘張相公好意，他對我云：「吾極知其人有學，吾欲成就之，故暫黜之耳。」』予聞其言，不覺心折，俱生聖世，獨為匪人，既荷玉成，敢忘至教？」「陽明先生閱徐愛之文，知其早發而嗇於壽；在山東場中閱穆孔暉文，知其為有名之豪傑，若燭照數計，無纖毫爽。昔年雲谷和尚凡遇朋友，一接音容便能懸斷其文之得失，某也清，某也暢，某也雄壯，某也局促，一一契合。陽明見其文而知其人，雲谷見其人而知其文，皆奇特事。人之文字，靡不由心生，有大格局者，必有大胸襟，有大議論者，必有大識見。富貴膏梁之子，其文多磊落闊大，或疏爽通達，而不能幽深含蓄；貧賤困窮之士，其文多鈎深入微，鑽研瑣碎，而無軒昂顯達之氣。文字斷續者多不壽，氣歉而不克者多不壽，詞有餘而神不足者多不壽。渾厚者必貴，溫雅者必貴，正大者必貴。條達而氣易盡者，貴而不久；意深而詞躓者，多主偃蹇。放肆而不檢者，怒號而氣不平者，浮靡豔麗、專務外飾而無實意者，皆非佳士。如某人之文，『浴乎沂』三句，是其最得意之作，然終有放肆輕狂之態，可以驚四筵，而不可以適獨坐者也。某人文字非不佳，終有怒號之氣；某人終有靡麗之習，不待觀其行事，而已逆知其人品之必不端矣。讀杜道昇之文，自然知其為切實近理之士；讀沈幼真之文，自然知其為深厚平正之儒；讀姚禹門之文，自然覺其有流麗和雅之風；讀鄧定宇之文，自然覺其有清淨無為之趣。是故善作文者，先正其心；善竄文者，先改其習。馮開之一向以狂自負，到會試時收斂簡默，恂恂款款，大變其平生之習，而後其文亦變而雅馴。今之人終日咎其

文之不善，而不思整頓其心胸，文亦何由而善哉？」《制義叢話》卷五：「馮開之會場前作文稿，凡五易，卒冠南宮。刻苦慎重以求必售也如是。既授庶常，旋請假歸，補職十年，又復乞罷，官止翰林，悠然自足。夫古人重科名而輕爵位，重科名所以驗其學，輕爵位所以勵其守。開之居館中，遇江陵子無加禮，江陵抑之，欲使別署。張蒲州備致惆款，乃留史職。方明之盛時，天下固猶重翰林哉！袁了凡黃曰：馮開之作文，深構妙想，寂如老禪，常至嘔血，有三日方得一首。人詰其故，曰：不如此，場中不得力。又聞孫月峰與人會文，終日不成一字，曰：未得文機，姑置之，不可縱吾手。噫，二公之於文精矣，良工心苦，人誰知之。」梁章鉅《制義叢話》卷十二：「《文行集》云：秀水馮夢禎，字開之，恂恂和易，覽群籍多所獨得。萬曆丁丑會試場中，數易其稿，主考張四維得其卷曰：『此正、嘉盛軌也。』拔置第一。案：是科題為『何如斯可謂之士矣』三節、『回之為人也』章、『我亦欲正人心』節，主試者張四維、申時行。」《遊藝塾文規》卷四《正講一》：「壬辰『知及之』全，吳默之作直從予丁丑『何如斯可謂之士』三節流出，不但格局相同，兼亦氣脈畢肖，此非有心類比也。吳因之學文於顧元玉，元玉學文於鄙人，師友淵源，謬相珍重，涵濡既熟，矢口相符。試閱其《庸》、《孟》二義，其風度皆與首作一律，即此可以覘其所養之深矣。大抵學文如學射，須先擇前輩好文數首以為法程，貴精不貴多，貴專不貴泛。譬好學射，不先定標準，即終日執弓，何由中的？又須枕藉之，沈酣熟玩，使神與偕來，便可奪胎換骨，而陶鑄成家，若待招之而後來，麾之而後去，已落第二義矣。黃葵陽『堯獨憂之』七句，文字和粹沖夷，春容典雅，其血脈從昆湖先師『使禹治之』一節墨卷來。馮開之丁丑未進場時，日日玩此一篇文字，藏之袖中，早暮披繹，寢食不廢，故場中七作，其風度悉與此篇相肖，此便是學文樣子。顧元玉從予遊，祇揀予丁丑墨卷及窗下『大哉聖人之道』四節文字，朝夕尋玩，語予曰：『執此以往，會元可必矣。』哲人早世，音響若存。嗟嗟！安得虛心定志如元玉，而與之論藝哉？」

《欽定四書文》隆萬文錄馮夢禎之作三篇。

卷二錄《論語》「其為人也孝弟」一章題文：「惟孝弟遠於不仁，而為仁之本可識矣。夫遠於不仁，則仁矣，彼為仁而務孝弟者，其識本哉！有子發此，蓋欲挽天下於仁也。若曰：道莫大於仁，心莫切於孝弟。蓋嘗求其說矣，

夫人而至於好犯上好作亂，豈非不仁之甚而天下所不容者哉？然作亂始於犯上，犯上始於不孝弟，其所由來漸矣。有人於此，其為人誠孝弟也，則和順積於身心，而禮義洽於家國，尊君親上所必誠也，趨事赴功所必力也。彼犯上作亂之事，豈徒不好之而已哉？吾是以知天下之有本也，是道之所從生也；吾是以知君子之務本也，務其道之所從生也。然則為仁之本可識矣，意者其孝弟與？一念之不孝弟，其端甚微，然積之以至犯上，又積之以至作亂，蔓延滋長，而不仁之禍烈焉，此逆而生之者，其本先失也；一念之孝弟，其事甚細，然積之以及民物，又積之以及天地，暢茂條達而仁之功極焉，此順而生之者，其本先立也。孰謂為仁之本而非孝弟也哉？為學者知此，則不必勤思乎相容並包之事，而惟竭力於愛親敬長之間；為政者知此，則不必深疾乎壞法亂紀之民，而惟崇獎夫入孝出弟之士。有子之言，其覺天下以本而挽之仁者切矣！」評謂：「犯上作亂是『不仁』之極，對下節『為仁』看，原是一反一正之局。文從此得解，故脈絡周環，通篇止如一句。隆萬間作者專主氣脈貫通，每用倒提總挈之法，於語氣究難吻合。如此篇理得氣順，清徹無翳，仍不失一直說下語氣，故為難得。」

卷二又錄其《論語》「管仲之器小哉」一章題文：「聖人小大夫之器，疑者終不得其意也。夫器小之評，夫子於仲觀其深矣。儉與知禮，豈其然哉？且夫濟天下以才，居才以器。才與器兩大者王佐是也，下此則才有餘、器不足矣。夫子有遐思焉，故管氏之功嘗亟稱之，此何為而曰管仲之器小哉？豈不以器大者不得已而才見，常深沈不露，仲蓋微有沾沾自喜之意焉，雖揮霍有餘，其底裏可窺也；器大者不得已而功成，常謙挹不居，仲蓋微有呴呴自多之意焉，雖動猷爛然，其邊幅易盡也。故以當時之大夫較仲，仲不啻賢；以王佐律仲，仲藐乎小矣。此蓋夫子抑仲之微意乎？而或人不足以知此，始而疑其儉，謂狹隘者必樂撙節也，夫仲即儉，無解於器小，況三歸、備官幾於濫乎？既而疑其知禮，謂廣侈者必樂緣飾也，夫仲即知禮，無解於器小，況塞門、反坫幾於逼乎？蓋仲惟知君淫亦淫，君奢亦奢，為善於功名之會；而不知國奢示儉，國儉示禮，乃遊於道德之途。故不儉、不知禮，仲之小疵也，錄霸功者之所必略也；器小者，仲之定品也，思王佐者之所必斥也。吁，夫子之意亦微矣！」評謂：「雖不及商（輅）作之簡質，而於管仲則具見其表裏，故下語銖兩悉稱。觀此可悟名作在前、別開門徑之法。」

卷五錄其本科闈墨《孟子》「我亦欲正人心」一節題文：「大賢自發其為

道之心，其所任者重矣。夫三聖人之作，凡以爲道也，大賢承之以辟邪焉，自任豈輕乎？且夫天行之數，始乎治，常卒乎亂；而人心之機，出乎正，則入乎邪。自聖賢生而撥亂以治、黜邪以正，則世道終有賴焉，若禹、周公、孔子是也，予也敢自諉乎？蓋今之時，非三聖之時也，而予之道，即三聖之道也。自楊墨行而人心壞矣，自人心壞而聖人之道息矣，故欲明聖人之道當先正夫人心，而欲正斯人之心當先開其陷溺。邪說，惑人心者也，吾息之使不著焉；詖行，蔽人心者也，吾距之使不行焉；淫辭，蕩人心者也，吾放之使不濫焉。蓋今之天下，唯其無三聖人也，故楊墨從而亂之也；而予之正人心，凡以承三聖人也，故必欲辭而辟之也。執予之跡，則其說也長；而諒予之衷，則其責也重。予之切切焉與楊氏辯者，豈好之哉？正以人心有義，而『爲我』者出而害之，苟不早爲之辯焉，其病於吾道之義不小也，予之心有大不得已者在矣；予之諄諄焉與墨氏辯者，豈好之哉？正以人心有仁，而『兼愛』者出而賊之，苟不嚴爲之辯焉，其病於吾道之仁匪淺也。予之心有甚不得已者存矣。要之，三聖人之道不可一日不明，則人心不可一日不正；人心不可一日不正，則楊墨之言不可一日不辯。外人以『好辯』爲予稱也，予其滋戚矣乎！」評謂：「信筆直書，不加刻琢，而清明之氣流溢行間。」

三　月

沈懋學（1539～1582）、張嗣修、曾朝節（1535～1604）等三百零一人進士及第、出身有差。張嗣修即張居正之子。

《弇山堂別集》卷八十三《科試考三》：「五年丁丑，命禮部尚書東閣大學士張四維、詹事府詹事兼翰林院侍讀學士掌院事申時行主會試。取中馮夢禎等四百人。（張）懋修、（呂）興周復與焉。」「廷試，少師兼太子太師吏部尚書中極殿大學士張居正、少保太子太傅戶部尚書武英殿大學士呂調陽、少保太子太保刑部尚書王崇古以子嫌辭讀卷，不許。賜沈懋學、張嗣修、曾朝節及第。」「是歲，讀卷官擬宋希堯爲第一，而嗣修在第二甲第二，上拆卷得之，擢置嗣修第二，且謂居正曰：『朕無以報先生功，當看先生子孫。』後始知慈壽及大璫馮保意也。宋希堯遂二甲第一。」又卷十六《皇明奇事述一》「二相公子科第」：「嘉靖甲辰（1544）翟文懿變居首揆，二子試中書舍人汝儉、貢士汝孝俱登第。當讀卷，上疑之，爲啓封，則汝孝果在首甲，汝儉亦進呈，因而抑之。後給事中王交等言其弊，上大怒，勒文懿死，汝儉、汝孝俱除名。

萬曆丁丑，江陵公首揆，次子嗣修登第，既進呈，上亦啓封，特擢爲第二人。庚辰（1580），叔子懋修復登第，進呈，上復啓封，特擢爲第一人，而伯子敬修亦前列。所遇之不同乃爾。其後俱削籍卻同。」李調元《制義科瑣記》卷二《報先生》：「萬曆五年丁丑，居正當朝，其子嗣修名在二甲第一。上拔置一甲第二，謂居正曰：『吾以報先生也。』」

　　據《明清進士題名碑錄索引》，萬曆五年丁丑科第一甲三名（沈懋學、張嗣修、曾朝節），第二甲五十七名，第三甲二百四十一名。

丁丑科考生楊起元始以禪說入制義。

　　顧炎武《日知錄》卷十八《舉業》：「東鄉艾南英《皇明今文待序》曰：嗚呼！制舉業中，始爲禪之說者，誰與原其始？蓋由一二聰明才辯之徒，厭先儒敬義誠明窮理格物之說，樂簡便而畏繩束。其端肇於宋南渡之季，而慈湖楊氏之書爲最著。國初功令嚴密，匪程朱之言弗遵也。蓋至摘取良知之說，而士稍異學矣。然予觀其書，不過師友講論，立教明宗而已，未嘗以入制舉業也。其徒龍溪（王畿）、緒山（錢德洪），闡明其師之說，而又過焉，亦未嘗以入制舉業也。龍溪之舉業不傳，陽明、緒山，班班可考矣。衡較其文，持詳矜重，若未始肆然欲自異於朱氏之學者。然則今之爲此者，誰爲之始與？吾姑爲隱其姓名，而又詳乙注其文，使學者知，以宗門之糟粕爲舉業之俑者，自斯人始（萬曆丁丑科楊起元），嗚呼！降而爲傳燈，於彼教初說，其淺深相去已遠矣。又況附會以援儒入墨之輩，其鄙陋可勝道哉！今其大旨不過曰：耳自天聰，目自天明。猶告子曰生之謂性而已。及其厭窮理格物之迂而去之，猶告子曰不得於言，勿求於心而已，任其所之，而冥行焉，未有不流於小人之無忌憚者，此《中庸》所以言性不言心，孟子所以言心而必原之性，《大學》所以言心而必曰正其心，吾將有所論著，而姑言其概如此，學者可以廢然返矣。」梁章鉅《制義叢話》卷五：「俞桐川曰：以禪入儒，自王龍溪諸公始也，以禪入制義，自楊貞復起元始也。貞復受業羅近溪，輯有《近溪會語》一書，故其文率多二氏之言，艾東鄉每以爲訾。乃文之從禪入者，其紕繆處固不堪入目，偶有妙悟精潔之篇，則亦非人所及，故歸、胡以雄博深厚稱大家，而貞復與相頡頏，其得力處固不可誣也。貞復嘗入侍經筵，崇志勤學，幾於醇儒。又以扶喪哀毀，感寒成疾，近於篤行，其可議者獨在文耳。然披沙得金，鑿石成璞，寶光自著於宇宙，烏得以一家之論掩之哉？」梁章鉅《制義叢話》

卷六：「『耕也餒在其中矣，學也祿在其中矣。』舊說但言學中有祿，故食不必謀，惟楊貞復起元文偏言學中有祿，故謀道者易兼謀食，雖似翻案，卻是的解。文云：『所以養有道之士而為所學之驗者，此祿也；所以雜謀道之心而為所學之累者，亦此祿也。蓋既有得祿之理，益不可有得祿之心。一有得祿之心，則是學也，乃謀食之精者耳，是以君子而兼小人之利也，恥孰甚焉。』如此逼其下句，更為警切。其實非翻案，祇就舊說斡進一層耳。」

蘇濬成本科進士。欽定四書文》隆萬文卷五錄其本科闈墨《孟子》「我亦欲正人心」一節題文。

蘇濬（1550～1620），字君禹，號紫溪，福建晉江人。萬曆元年解元，五年（1577）進士，官至廣西布政司參政。著有《紫溪集》三十四卷、《周易冥冥篇》四卷等。《欽定四書文》隆萬文卷五錄其本科闈墨《孟子》「我亦欲正人心」一節題文：「崇正道以繼往聖，大賢所以不容已於言也。夫聖賢之相承也，為世道計也，繼往之功，孟子任之，而烏容已於言哉？孟子曉公都子之意，蓋謂：古之聖人不得已而有功，功成而天下安焉；不得已而有言，言出而天下法焉。吾觀禹之功，周公承之，周公之功，孔子承之，而生民之治胥賴矣。在今日則何如哉？彼自人心不正、邪說橫流，而詖行淫辭交作於其間，今之天下惟無禹周公孔子，故至此也。我也亦欲正天下之人心，而於以維持乎世道，則必息楊墨之邪說，而使不得蠱惑乎人心。詖行之邪累人心者也，吾距焉；淫辭之邪蕩人心者也，吾放焉。位非大禹，而以抑人心之洪水者，猶欲庶幾乎禹之遺烈也；位非周公，而以去人心之夷狄猛獸者，猶欲庶幾乎周之遺勳也；德非孔子，而以遏人心之亂賊者，猶欲庶幾乎孔之遺教也。彼三聖作之於前，而其功之昭昭於天下者，既非所以為好勞矣；予承之於後，而其言之諄諄於今日者，夫豈所以為好辯哉？予之一身，世道之汙隆繫焉，而救世之責既不得而辭之；予之一言，心術之邪正繫焉，而繼往之任又不得而諉之。憂深慮遠，有之為不獲已之衷；而昌言正論，發之為不獲已之辯。此予之所可諒者也。使予而得已於言，則人心之壞孰為之正？邪說詖行淫辭之作，孰為之息？而天下之亂，將安知其所終哉？噫！此吾寧受『好辯』之名，而不敢墜往聖之緒；寧使天下以言罪我，而不敢使世道之日趨於邪也。公都子其知之乎？」評謂：「呼吸排蕩，直如天風海濤，真雄才也。」「專發『承三聖』意，最得本文語氣。愉怡自得之致不及元作，雄直勁利之氣則又

過之，可謂各據勝場。」

丁此呂中進士。其制義為梁章鉅所關注。

梁章鉅《制義叢話》卷二十三：「前明弘治中，一直指觀風泰州，題爲『非帷裳必殺之』，一生破云：『服有違乎王制者，王法所必誅也。』直指首錄之云：『異日必登八座。』拆卷乃沈鳳岡，後果歷官部院。又豫章丁此呂歲試，題爲『征商自此賤丈夫始矣』，破云：『以臣伐君，武王非聖人也。』遂入劣等，其後遂成進士。」

本　年

袁黃著《舉業彀率》。

《遊藝塾續文規》卷四《了凡袁先生論文》：「丁丑歲予著《舉業彀率》，備論煉格之法，傳之四方，頗於時藝有益。至近日則又成文章一障矣。蓋文字依題結構，千篇一律，誠爲可厭，然近來士子每遇題目，輒掀翻體制，縱橫顛倒，有宜輕而反重，有宜後而反先，有宜詳而反略，有宜串而反平，錯亂不經，令人可厭。一遇考試，煉者多而不煉者少，則不煉者反新，而煉者反俗矣，此勢之所必然，而弊之所當革也。今欲反之，不復煉，而都依三五十年前舊體，又恐無以動人。須隨題酌理，會意成文，不隨眾人而俱煉之，亦不徇舊格而不煉，拿定題中血脈，自吐一段風光，必於大同之中有不同焉，使其文如鶴立雞群，如象遊兔徑，不俟誇張，而觀者憮然失色，方爲上乘。此係所養之深，不可一蹴而至也。」

科場經書文字，仍限六百字上下，冗長浮泛者不得中式。

王圻《續文獻通考》卷四十五《選舉考・舉士三》：「（萬曆五年）又奏准：士子經書文字，照先年題准，限六百字上下，冗長浮泛者不得中式。八年奏准，限五百字，過多者不許謄錄。十三年題准，程式文字，就將士子中式試卷純正典實者依制刊刻，不許主司代作。其後場有學問該博，即前場稍未純，亦許甄錄。中間字句不甚妥當者，不妨稍爲修飾，但不許增損過多，至掩本文。」

明神宗萬曆七年己卯（西元 1579 年）

正 月

詔毀天下書院。時士大夫競相講學，張居正惡之，盡改為公廨。

《明會要》卷二六：「萬曆七年正月，毀天下書院。時士大夫競講學，張居正惡之，盡改各省書院為公廨。凡先後毀應天等府書院六十四處。」張居正《請申舊章飭學政，以振興人才疏》：「聖賢以經術善訓，國家以經術作人，若能體認經書，便是講明學問。……教官生儒務將平日所習經書義理著實講求，躬行實踐，以需他日之用，不許別創書院，群聚徒黨及招他方遊食無行之徒，空談廢業，因而啓奔競之門，開請託之路。」

八 月

陳思育、周子義任順天鄉試主考。（據《弇山堂別集》卷八十三《科試考三》）

山東、貴州鄉試，第二題俱為「敬大臣則不眩」，有媚張居正之嫌。

沈德符《萬曆野獲編》卷十五《科場·出題有他意》：「古來考試，以題議人者，與見議於人者，其出時未必有意，而揣摩者多巧中之。如唐僖宗時，以『至仁伐至不仁』命題，而士子作詩云：『主司何事厭吾皇，卻把黃巢比武王？』此語幾欲殺其人，刻亦甚矣。若歐陽文忠典試，出『通其變而使民不倦賦』詩，謂多一而字。錢氏子因作詩云：『試官偏愛外生兒。』此又授蔣之奇劾歐甥女曖昧事，更為浮薄。我朝命題者無此事，而正德改元，實誤襲西夏李乾順故號，時馬端肅秉銓，出試題以嘲政府之不學，劉晦庵、李西涯、謝木齋三公在揆地，世傳為笑端。世宗朝語涉忌諱有屬禁，鄉、會試命題，莫非諛詞。至癸丑孟題『五百餘歲』而巧極矣。隆慶初元，高中元以次揆聚劾去，是年應天遂出『顏淵問為邦』一章，以放鄭為言，蓋媚徐華亭也，斯已可異。萬曆己卯，正江陵擅國之時，山東、貴州第二題俱為『敬大臣則不眩』，尤屬可笑。而南京出舜、禹為首題，致他日有勸進之疑，則怪極矣。壬午湖廣出『天下有道，則庶人不議』，則江陵之桑梓，媚之尤為近情，而權相已歿，不及知矣。此後諂風稍衰，而諷訕者漸出。戊子河南，《孟子》出《好善章》後二節，主意在訑訑之聲音顏色，與讒諂面諛之人，所以議切時相，

聞時相頗不悅。甲午應天，以『管仲器小』命題，福建以『鄙夫事君』命題，說者謂指蘭溪相公，又謂衹指東泉司馬，未知誰屬。而借聖語詈人，亦虐甚矣。至於己酉，湖廣忽出《孟子》『孫叔敖舉於海』，初見人甚疑駭，復乃知為郭江夏家居，方負相望，故以此題，默寓擁戴，亦真能識時趨者，但江夏公正人，反未必喜也。」江陵，即張居正，以其為江陵人，故名。郭江夏，即郭正域，以其為湖廣江夏（今武昌）人，故名。

今年浙江鄉試，有「賢者在位」二節等題。

《遊藝塾文規》卷三《起講》：「己卯浙江『賢者在位』二節，胡琳云：『有國家者，不為人畏，則為人侮，而榮辱判焉。榮辱之關，在仁不仁耳；仁不仁之關，在時耳。』摘題中『畏』字、『侮』字，翻成佳境。周應秋『吾為此懼』，用『先聖』『後聖』，從此處得來。」

袁宗道（1560～1600）中舉。

袁中道《石浦先生傳》：「二十舉於鄉。不第歸，益喜讀先秦、兩漢之書。是時、濟南（李攀龍）、琅琊（王世貞）之集盛行，先生一閱，悉能熟誦。甫一操觚，即肖其語。弱冠已有集，自謂此生當以文章名世矣。性耽賞適，文酒之會，夜以繼日。」

袁宗道曾談及為諸生時所見公安士風。

袁宗道《白蘇齋類稿》卷十《送夾山母舅之任太原序》：「吾邑自洪、成以來，科第不乏。士大夫之有行業者，亦復不少。獨風雅一門，蓁蕪未闢。士自蒙學，以至白首，籤中惟蓄經書一部，煙熏《指南》、《淺說》數帙而已。其能誦《十科策》幾段，及程墨後場幾篇，則已高視闊步，自誇曰奧博。而鄉里小兒憚之，亦不翅揚子雲。余為諸生，講業石浦，一耆宿來，見案頭攤《左傳》一冊，驚問是何書，乃溷帖括中？……故通邑學者，號詩文為『外作』。外之也者，惡其妨正業也。至於佛、老諸經，則共目為妖書。而間有一二求通其說者，則詬之甚於盜賊。」

本　年

陳函輝云：萬曆己卯後之制義，如唐文之三變。

陳函輝《〈奏雅世業〉序》：「萬曆己卯、壬午以後，士之攻制義者，不翅如唐文之三變，日新又新。至天啓甲子來，幾不知向之傳注爲何物，向之師說爲何語，不復可以常理常法論。先進遺風，雖欲從之，而末繇矣。然其間制義家，頗能舉異傳百家，往往縱橫於筆端，以八比而敷陳其經濟之學，有足多焉，士由此故，咸置力於經書義，而翻於二三場。」

明神宗萬曆八年庚辰（西元 1580 年）

二 月

申時行、余有丁爲今年會試主考官，錄取蕭良有等三百人。

王世貞《弇山堂別集》卷八十三《科試考三》：「（萬曆）八年庚辰，命禮部尙書文淵閣大學士申時行、禮部左侍郎兼翰林院侍讀學士余有丁主會試，取中蕭良有等三百人。時懋修與其兄敬修（按，係張居正之子）、次輔張四維子嘉徵復俱中式。敬修即嗣文更名者。」申時行《賜閑堂集》卷九《會試錄序》：「（萬曆）八年庚辰，天下士待試禮部凡四千六百有奇，先是，議者言：『今士習尊尙奇詭，文體踳駁，傷淳和之理，宜令有司檢制甄別，絕勿使並進。』制曰：『可』。尙書臣潘晟、侍郎臣林士章、臣何洛文既具令，則請如故事臨校之，上命大學士臣時行偕學士臣有丁往典厥事。」

本科會試題。

本科會試題有《論語》：「如有王者，必世而後仁。」《中庸》：「素隱行怪，後世有述焉，吾弗爲之矣。君子遵道而行，半塗而廢，吾弗能已矣。君子依乎中庸，遁世不見知而不悔，唯聖者能之。」《孟子》：「智，譬則巧也；聖，譬則力也。由射於百步之外也，其至，爾力也；其中，非爾力也。」

蕭良有（1550～1602）爲今年會元。是科有「如有王者」一節等題。

《遊藝塾文規》卷三《起講》：「庚辰『如有王者』一節，蕭良有云：『世之論治也，靡不稱王者矣，而不知王者之治非易易也。其規模誠遠，而其所以致此者，誠無樂乎其驟也。』皆句句切題，並不走作，此會元家數也。論者多疑戊辰會試田一儁『由誨女知之』一節、甲戌孫鑛『學如不及』二句小

講，以爲庸淺，然田云：『君子之學，莫先於致知，而眞知之道不越於一心。』孫云：『人之爲學也，何爲也哉？爲其及也，求其得也。』皆從正龍正脈說下，何嘗有一字不切題？是故作文者寧質無華，寧平無僞。」「元作專貴切題，自魁以下，要精采動人，須說人所不說的道理，方能醒目。如乙未李中立首題云：『仁者非必有言，亦非必無言。要以操之心而一物不足漓眞體，即宣之口而觸處可以見本來者，則所爲攝持者要也。』唐禧云：『仁人之心也，心無可縱之而使馳，亦無可操之而使斂。』此題正要無言，而李則云『非必無言』；正要操之使斂，而唐則云『無可操之而使斂』，所謂反言似正也。課虛無而責有，扣寂寞而求音，從古作文之法如此。」《遊藝塾文規》卷三《起講》：「庚辰『如有王者』一節，李同芳重『仁』字，故云：『人君以一人撫天下，必通天下爲一身，故望治甚殷而圖治則甚遠也。』『通天下爲一身』句說『仁』字。曾維綸重『王』字，故云：『聖神之撫世也，能通一天下之謂王，能化成天下之謂王，其道甚大，而其爲仁甚遠也。』磊磊有古氣。魏允中『王』與『仁』並重，故云：『天爲天下而生王者，則王者必合天下而成其仁。其道固不易也，吾有望於王者之興焉。』沈一中重『必世』字，故云：『人君將計萬世之治，而不能操無窮之心，則其化必有所不成矣，豈知治以王者爲尙，而王道未嘗有近功乎？』獨錢櫃起云：『我周自文武以來代非一王，數更幾世，故仁覆天下，至今懷之，而要之仁豈易言哉？』最得尊周本旨，必如此說，然後此題可出。」《遊藝塾文規》卷七《正講四》：「庚辰『如有王者』一節，闈士選中二比云：『禮樂文章，其仁天下之具，至一世而始備，而天地氣運，亦若待聖人之返薄而漸歸之厚者，然後始還沕穆，而風以移焉，俗以易焉，雍熙悠久之化臻矣；紀綱法度，其仁天下之術，至一世而始精，而天地氣化，亦若待聖人之挽漓而漸歸之淳者，然後人還固有，而民志孚焉，民行興焉，時雍風動之治成矣。』神力矯矯，精光逼人。予謂此王者，不是說改姓易命之君，原指當世之宜王者而言。夫子嘗曰：『吾其爲東周乎？』道雖急於行，而實有舍周何適之意。不然，周室雖衰，天命未改，夫子豈不知之，而遽有望於他姓乎？予作頗有斟酌，其文云：『聖人以心論治，而明其不可驟焉。蓋天下惟心爲不可強也，謂治道而可以驟致，是必非仁然後可。嘗謂人君之運治也以心，而其孚心也以漸。自王變而霸，往往鶩近利忽遠猷，而天下不復有政矣。如上天之運復隆，而周室裔君有大聖人出焉，則將收祖宗未散之人心，而盡登熙皞之域，殆不可以驟而致也；如文武之澤未斬，而東周共主有明天子作

焉，則將舉先王已試之令典，而重開渾噩之風，當必以世而仁也。自吾心而達之天地，盎然有一體之聯，方謂之仁，是不可以刑威促功效，亦不可以意氣助感通，惟養吾一體之眞心而寬厚以需，始可甄陶乎六合。由一念而通乎萬民，翕然在眞醇之境，斯謂之仁，是不可任智術而驟孚，亦不可倚規條而速化，惟完吾眞醇之本體而從容以俟，始可鼓鑄乎八弦。一方未流，天下即有痿痺不通之處，非仁也；流而毫髮有間，亦非仁也，是必歷乎一世之久，而後遍覆之極，溢爲太和，無所不徹焉。一民未洽，天下即有病瘵負憾之夫，非仁也；洽而頃刻不屬，亦非仁也，是必俟之一世之遠，而後普育之深，蒸爲大順，無所不貫焉。論王道，本待悠遠而徵者，而稍鶩近切，則仁漸義摩，舉非博厚之業，必蓄吾數十年之精力，聯合而浸灌之，然後紀綱法度之施，盡泄聖德精純之奧，而至粗之經畫，皆至精之作用矣，仁矣；論王化，本順民心而成者，而幾微有強，即禮陶樂淑，總爲聲色之粗，必竭吾數十載之心思，丕冒而涵育之，然後上下民物之眾，悉在王心醇厚之中，而至渙之人情，皆至一之聯屬矣，仁矣。故期月三年，特試其可行之兆；而至誠變化，難忘乎悠久之圖。此丘所以欲興東周之治，而竊有待焉者也。』梁章鉅《制義叢話》卷五：「陳東橋應元曰：相傳前明萬曆庚辰科題爲『不能死又相之』，有錢某者既脫稿，隱几假寐，見一古衣冠丈夫，自稱管子，正容告之云：『君文通場所無，不患不雋。然握拳透爪，使我無地自容，若能改去數語，我當助字成元。』錢笑曰：『余文向不加點，元可不得，文不可改也。』須臾驚寤，揭曉竟無名，迨閱落卷，則講下『既爲糾也臣，則宜爲糾也死，既不爲糾也死，亦不宜爲桓也相』四句，房考於每句皆以『也』字斷讀，批『費解』二字擯之。案：是科有錢櫃闈墨，講下正此四句，並無房考黜落之事，或另有一錢姓而誤衍爲此談歟？」梁章鉅《制義叢話》卷十二：「《文行集》又曰：蕭良有，字以古，漢陽人。年十五舉鄉試，數困公車，志在得元，益潛心制義，追隨名師。師摘其文曰：『頭子重了。』良有豁然醒悟。萬曆庚辰，遂舉會元。案：是科題爲『如有王者』一章、『素隱行怪』一章、『智譬則巧也』一節，主試者申時行、余有丁。」

三　月

張懋修、蕭良有（1550～1602）、王廷撰（1554～1591）等三百零二人進士及第、出身有差。是科未考選庶吉士。

　　《弇山堂別集》卷八十三《科試考三》：八年庚辰，「廷試，少師兼太子太師吏部尚書中極殿大學士張居正、少保太子太保禮部尚書武英殿大學士張四維俱以子入試請迴避，不許。賜張懋修、蕭良有、王廷譔及第。懋修兄敬修、良有弟良譽、廷譔弟廷諭同榜進士，或云首輔戲之也。」又卷二《皇明盛事述二》：「萬曆庚辰，第一甲第一人江陵張懋修，兄敬修；第二人漢陽蕭良有，弟良譽；第三人華州王庭譔，弟庭諭。皆同科進士，又同胞也，古今所稀。」查繼佐《罪惟錄》志卷十八《科舉志》：「（萬曆）八年庚辰，試貢士，得蕭良有等三百人，時懋修與其兄敬修、次輔四維子嘉禎復俱中式，敬修即嗣文也。殿試，賜張懋修、蕭良有、王廷譔等及第、出身有差。時一甲俱有兄弟同榜，懋修、敬修外，良有弟良譽，廷譔弟廷諭。懋修後坐革。」焦竑《焦氏筆乘》卷四曰：「景泰丙子順天鄉試，劉文介儼、呂文懿原主之。大學士陳循子英、王文子倫下第，二人為其子稱屈於上，欲罪儼等。上不從，准其子會試。明年，二人以罪死於戍，文介名益起。時張寧為禮科，劾曰：『即令才而屈猶不可，況無實之爭，何以服天下？』乞罰二人，以為小人無忌憚之戒。言雖不行，天下壯之。嘉靖間，翟鑾二子登第，時謂『一鑾當道，兩鳳齊鳴』。肅宗內批曰：『鑾在朕左右，二子才如軾、轍，亦不當並中。』鑾並二子俱削籍去。近張居正弄權，小人羽翼，諸子連中鼎甲，官翰林。其党王篆、朱槤之子皆竊科名。言乳臭子應試京省，尚書巡撫以下，日夕候門，其入棘院，監試御史為之傳遞文字，被褥几榻，無異私家，飲食絡驛，應接不暇。嘻，其甚矣！世間公道多壞，唯此一事，稍存餼羊，乃為無恥小人廢壞殆盡，其及於禍宜也。昔宋人以貴冑不可先寒畯，退沈文通，進馮京為第一，所以示天下至公也。噫，此事難望於今之人矣。居正之覆轍，不可鑒乎？」李調元《制義科瑣記》卷二《無眼無頭》：「萬曆丁丑，張太岳子嗣修榜眼及第。庚辰，懋修復登鼎元。有無名子揭口占於朝門口：『狀元榜眼姓俱張，未必文星照楚邦。若是相公堅不去，六郎還作探花郎。』後俱削籍，故當時語曰：『丁丑無眼，庚辰無頭。』」

　　據《明清進士題名碑錄索引》，萬曆八年庚辰科第一甲三名（張懋修、蕭良有、王庭譔），第二甲五十七名，第三甲二百四十二名。

魏允中與其同年進士顧憲成、劉庭蘭皆鄉試第一，號庚辰三解元。

　　《列朝詩集小傳》丁集上：「允中字懋權，南樂人。萬曆庚辰進士，除太

常博士。……懋權與其兄允貞、弟允孚,皆舉進士,稱三魏。與其同年顧憲成、劉庭蘭皆鄉試第一,號庚辰三解元,咸相與鏃礪志節,以名世相期許。江陵專政,懋權與顧、劉皆不肯阿附,江陵敗,允貞為御史,彈射新執政,時人側目,以懋權為黨魁。懋權卒,允孚與庭蘭繼之,而憲成與允貞,皆為萬曆中名臣。」梁章鉅《制義叢話》卷五:「(俞桐川)又曰:東林之黨,首推顧涇陽憲成。涇陽著述炳於天壤,卓然儒者之言也。夫尚剛介者嚴於絕物,崇渾厚者過於藏身,相激不已,至於相傾,末流之禍,在初念應不及此。今讀涇陽文,平正通達,不尚詭異,其性情固可想見。彼四十餘年雌雄爭持不已,固非先王之所喜哉。」「徐存庵曰:何義門《行遠集》以顧憲成『行有餘力』二句文冠其首,評云:『端文公議論風節,在萬曆士大夫中,若面之有眉,其發解南畿,亦甫逾弱冠耳。以其文為壓卷,使黃小知所忻慕,或可代宵雅肄三之義也。』」梁章鉅《制義叢話》卷六:「董華亭所論諸字訣,皆足為後學津梁,惟離字不甚允。張侗初有云:『題本如此,文卻如彼,離而不出乎宗,所謂意與題相生,不與題相迫,解此方知離字妙用。』萬曆庚辰科會試,次題『素隱行怪』全章,場中卷講至末節,卻似『君子依乎中庸』對『遯世不見知而不悔』,雖一串做,總有痕跡。惟劉廷蘭文云:『故君子之依乎中庸也,擇之也精,而依之以為知者,不惑於似是而非;守之也一,而依之以為行者,不淆於他歧之惑。由是而遯於世焉,吾安之而已,由是而不見知於人焉,吾弗悔而已。』乃深得『離』字之趣也。」

顧憲成成進士。《欽定四書文》隆萬文錄其制義五篇。

　　顧憲成(1550～1612),字叔時,號涇陽,江蘇無錫人。萬曆四年(1576)解元,八年進士,授戶部主事。上疏語侵執政,謫桂陽州判,後擢至吏部郎中,以廷推閣臣忤旨,削籍歸。倡修東林書院,與高攀龍等講學其中,並諷議朝政,朝野應和者極盛,稱東林黨。萬曆三十六年,起用為南京光祿寺少卿,力辭不就。四十年,卒於家。天啟初,贈太常卿,魏忠賢亂政,其黨石三畏追論之,遂削奪。崇禎初,贈吏部右侍郎,諡端文。著有《小心齋箚記》、《證性篇》、《顧憲成文集》二十卷等。制義有《顧涇陽稿》,俞長城謂其「平正通達,不事詭異」,清人何焯編選《行遠集》,以其「行有餘力」二句文冠首。《欽定四書文》隆萬文錄其作 5 篇。卷四錄其闈墨《中庸》「誠者自成也」一章題文:「原人之當誠,而推能誠之妙焉。甚矣,誠之切於人也!成己、成

物於是乎在，而君子可不務哉？且誠也者，道之所自來也，其原出於天，而吾之心則具之矣；其用及於物，而吾之心則統之矣。誠之者於此，有一貫之全功焉。夫誠非他也，吾性之實理也，人之所以自成也；而道非他也，率性之妙用也，人之所當自道也。嘗觀諸物矣，盈天地間皆物也，以誠始，亦以誠終；盈天地間之物皆誠也，無是誠，則無是物。誠之所係大矣，是故君子貴焉。反而求之，務得其所本然，不敢虧也；率而由之，務盡其所當然，不敢虛也。夫如是則誠矣，誠則可以成己，可以成物，而措之其皆宜矣。君子何以能然乎？成己之謂仁，仁者吾性誠復之德，而即無私之知也；成物之謂知，知者吾性誠通之德，而即有覺之仁也。是合外內之道也。君子而進於誠，則我之同於物者，夫固有以實體之矣，由是而以時出焉，而錯綜斟酌，無施而不中也，非意之也，彼其所為自成者固然也；物之同於我者，夫亦有以兼體之矣，由是而以時運焉，而張弛操縱，無往而不當也，非擬之也，彼其所為自道者固然也。能誠之妙蓋至此哉！君子由己以驗諸人，而思其傚之不可誣；因人以反諸己，而思其功之不可誘。信當以誠為貴矣，不然，其不流於無物者幾希！」評謂：「此章言人道，自當以『誠之為貴』句為主，前原其始，後竟其用。文能宛轉關生，無所不入。」「理路極清，文境極熟，故運重如輕、舉難若易，節拍間自有水到渠成之妙。」

卷五錄其《孟子》「惟仁者為能以大事小」二段題文：「大賢論交鄰之道而徵諸古焉。蓋以大事小為仁，以小事大為智，古之道也。明乎此，而於交鄰何有？孟子曰：所貴乎交鄰者無他，勢在我則忘之而已矣，勢在人則順之而已矣。王欲聞其道乎？臣試言其概而王擇焉。夫天下之人國多矣，有以大國而鄰我者焉，有以小國而鄰我者焉。大奚以交於小也，其道則仁者得之。仁者曰：吾與小國鄰，而忿焉與小國較，將以樹威結怨則可矣，若欲昭德而懷貳，則計之左者也。是故其事之也，以為寧使天下議我以怯而有不恭之加，毋寧使天下議我以暴而有不靖之患也。古之行此道者，吾得二人焉。湯也，事葛矣，文王也，事昆夷矣。彼誠仁者也，所以忘其勢而不忍較也。不然，以四海傒蘇之后，而下於一蕞爾之邦，則近乎恥也；以三分有二之主，而下於一蠻夷之長，則近乎辱也。恥不可即，辱不可居，湯、文曷為而為之哉？小奚以交於大也，其道則智者得之。智者曰：吾與大國鄰，而狡焉與大國競，將以挑釁速禍則可矣，若欲保社而息民，則計之左者也。是故其事之也，以為與其犯彼之怒而為簞食壺漿之迎，不若徇彼之欲而為犧牲玉帛之獻

也。古之行此道者，吾得二人焉。太王也，事獯鬻矣，句踐也，事吳矣。彼誠智者也，所以順其勢而不敢競也。不然，賂以皮幣，賂以犬馬，天下之厚利也；身請爲臣，妻請爲妾，天下之惡名也。利不可棄，惡不可取，太王、句踐曷爲而爲之哉？今王之鄰，誰爲葛伯耶，昆夷耶？則有仁者事小之道在；誰爲獯鬻耶，吳耶，則有智者事大之道在。尙其鑒於四王可也。」評謂：「極平淡中，清越疏古之氣足以愜人心目。非涵養深厚、志氣和平，不能一時得此。」

卷五錄其本科闈墨「舉舜而敷治焉」合下二節題文：「觀聖人任人以圖治，而知其所憂者大矣。夫天下非人不治也，得舜以總治，得禹、皋陶之徒以分治，而後民可安，而固知聖人之憂不同於農夫之憂也。且天下之未治也，聖人能以心憂之，而不能以身殉之也。爲君者舉治民之責付之於一相，爲相者舉治民之責付之於群有司，天下可坐而理矣。時惟陶唐，天下之爲民患者誠多，而堯之憂誠切也。乃舉舜而敷治焉，謂夫天下之治，必得人而後可圖也；謂夫天下之人，必得舜而後可舉也。舜也仰承一人付托之重，而思殫心以釋其憂；俯念四海屬望之殷，而務擇賢以分其職。命益以司火政，而鳥獸匿矣，禹則起而治水焉，所以竭力於疏瀹決排之間者，何汲汲而不遑也；命稷以司稼政，而民人育矣，契則起而明倫焉，所以致意於勞來匡直之間者，何孜孜而不倦也。在天下方幸聖人之有作而害可除，在聖人則方慮夫民瘼之未易恤；在天下方幸聖人之有作而利可興，在聖人則方慮夫民欲之未易遂。如此乎聖人之不暇耕矣。由此觀之，堯一日無舜，則孰與命禹、益？舜一日無禹、益，則孰與拯昏墊之患而登天下於平成？堯一日無舜，則孰與命稷、契，舜一日無稷、契，則孰與粒阻饑之民而躋天下於揖讓？然則憂舜之不得者，堯也，君道也；憂禹皋陶之不得者，舜也，相道也。彼以百畝之不易爲憂者，蓋忘情於天下者之所暇耳。即禹益稷契之徒猶有不屑，況君如堯、相如舜，獨奈何而躬農夫之行哉？信矣，許行之妄也！」評謂：「題甚繁瑣，忙忙點次，猶恐不暇。看其運筆之法，全在題外遊衍，有意無意，自然入妙。」

卷六錄其《孟子》「敢問交際何心也」一章題文：「大賢論交際始終，以爲不可卻也。夫君子未嘗一日忘情於天下也，如是，而欲絕諸侯之交際者過矣，是故聖人不爲也。且聖賢處世，甚無樂爲已甚之行也。已甚則天下欲有所以交於我，而疑於我之不能容；我欲有所以用於天下，而阻於天下之不敢近。道之不行，夫豈獨人之過哉？孟子當戰國而受諸侯之賜，凡委曲以爲行

道計耳,胡萬章之未諒乎?夫所謂交際者,何從而起也?起於心之恭也,以辭卻之,君子病其峻;以心卻之,君子病其偽。無一可者也。吾以為其交也協諸道焉,雖以生民未有之聖,亦不得不為道而受;其接也協諸禮焉,雖以大成時中之聖,亦不得不為禮而受。其不受者,必禦人於國門之外者也。移此心以待諸侯,是禦人之盜,王者不教而誅之;取民之諸侯,王者亦不教而誅之矣。孰知充之以義,則天下無可交之人;通之以權,則天下皆可仍之俗。故魯人獵較,孔子亦隨而獵較也,非徇也。始也以道革人,而有簿書之正;終也以道潔己,而無三年之淹。聖人之行權以濟天下,類如此也,吾因是知聖人有三仕焉。其上則『行可之仕』矣,其次則『際可之仕』矣,又其次則『公養之仕』矣。可以仕桓子,而亦可以仕靈公,非區區之儀文果足以縻聖人,而聖人自不忍示天下以亢也,謂夫人之所以禮貌我者,其猶近於恭也;可以仕靈公,而亦可以仕孝公,非區區之饋養果足以羈聖人,而聖人自不忍待天下以刻也,謂夫人之所以禮遇我者,其猶近於恭也。使必夷諸侯於禦人之盜,而卻天下之交際焉,天下雖有好賢好士之君,將何因而得通於君子之側?君子雖有獲君行道之念,將何因而得進於人君之前?吾見魯衛之庭,必無孔子之迹也,可乎哉?」評謂:「因題成文,不立間架,而題之膝理曲折無不操縱入化。所謂『氣盛則言之短長與聲之高下皆宜』者。」

卷六錄其「儘其心者」一節題文:「君子致知之學,一知性焉盡之矣。蓋天下無性外之理也,知性則可以盡心,可以知天矣,其機豈有二乎哉?且天與人以心,而性寓焉,是性也藏於方寸而不為近,原於沖漠而不為遠,一以貫之者也。善學者,其求端於性乎?今夫心不可以不盡也,恐其有以隘乎心之量也;心不可以易盡也,必其有以悉乎性之蘊也。惟心至虛,足以具眾理,而所為理者何也?性之渾然於心者也,儘其心,則亦以知其渾然於心者而已矣。惟心至靈,足以應萬事,而所為事者何也?性之燦然於心者也,儘其心,則亦以知其燦然於心者而已矣。至於知性而知天,不在是哉?蓋性者自天而界於人者也,知性則知其所界之自,而見徹於於穆之中;性者自人而受諸天者也,知性則知其所受之自,而識超於形氣之表。明乎性之渾然,而可與窮神,非夫神之易以窮也,所謂神者,即於穆之體受於天而渾然者也,借曰天有未知,則吾之知性亦揣摩臆度之知耳,於心不相涉也,其奚以盡心也耶?明乎性之燦然,而可與達化,非夫化之易以達也,所謂化者,即物則之宜付於天而燦然者也,借曰天有未知,則吾之知性亦意言象數之知耳,於心不相

關也，其奚以盡心也耶？是則心之所以爲心，不以郛郭言，以其中之包涵者言，故知性而心由此盡也；天之所以爲天，不以形氣言，以其中之主宰者言，故知性而天由此知也。性學之不可不講也，如是夫？」評謂：「於心、性、天三字分合處看得劃然，便能於『者』、『也』、『則』、『矣』四字關生處寫得宛然。此題僅見文字。」「嘉隆渾重體質，至此一變而清瑩空明、毫無障礙，可爲腐滯之藥。」

張棟成進士。《欽定四書文》隆萬文卷五錄其本科闈墨《孟子》「舉舜而敷治焉」合下二節題文。

張棟，直隸安肅（今河北徐水縣）人，《欽定四書文》隆萬文卷五錄其本科闈墨《孟子》「舉舜而敷治焉」合下二節題文：「詳觀聖人之所以治天下者，而知其憂在天下矣。夫聖人以天下爲憂，故舜之所以命諸臣者，皆爲天下也。憂在天下而百畝云乎哉？此君子所以爲許行辟也。嘗謂聖人能以一心勞天下，而不能以一身役天下，彼役其身於天下者，必無聖人憂天下之心者也，必無聖人治天下之責者也。吾觀堯之所以寄其憂於天下者而知之矣。堯以爲天下之可憂者固多也，而天下之可以寄吾憂者則人也；故得舜而舉之焉，舉舜而使之敷治焉。而凡民害之未除、民利之未興者，悉舉而寄之舜矣。舜於是以掌火命益，而山澤既焚之後，治水之功可施矣，禹乃起而治之，爲疏河，爲決排，而八年三過無自寧者，耕何得也？以教稼命稷，而人民既育之後，明倫之化可興矣，契乃起而教之爲親義，爲序別信，而輔翼振德無勿盡者，耕何暇也？夫以舉舜之後而掌火治水有益與禹以任之，則民害之除雖禹益之功，而實舜之使也，當時堯之所以欲得舜而舉之者，正爲民害而已矣；舉舜之後而厚生正德有稷與契以任之，則民利之興雖稷契之功，而實舜之使也，當時堯之所以欲得舜而舉之者，正爲民利而已矣。吾由是而知堯之憂焉，吾由是而並知舜之所以憂堯之憂焉。堯何憂也，憂不得夫舜也，得舜而敷治之責屬之於舜矣；舜何憂也，憂不得乎禹皋陶也，得禹皋陶而敷治之責分之於禹皋陶矣。夫是之謂天下之憂、聖人之憂而非百畝之憂、農夫之憂也。不然而屑屑於百畝之務，則堯舜而農夫矣，何以能成唐虞之事業如此哉？夫以堯舜之聖而耕，固有所不暇。如此則『並耕』之說不待辯而自明也已。」評謂：「此又獨重『舉舜』一句，可觀先輩立局之變化。」「題首是『舉舜』，起益、禹諸人亦從『舉舜』而得，除害興利，前後起伏，歸入『敷治』。可謂能扼其

吭矣。」

本　年

令科場《經》、《書》義文字限五百字，過多者不許謄錄。

據萬曆《大明會典》卷七七《禮部》三十五《貢舉‧科舉‧科舉通例‧凡文字格式》。

龔仲慶等在公安結陽春社。

袁宗道《送夾山母舅之任太原序》：「駕部公（龔仲慶）得雋後，先生誅茆城南，號曰陽春社。一時後進入社講業者如林，不肖兄弟亦其人也。自有此社，人始知程墨之外，大有書帙，科名之外，大有學問。而先生又能操品藻權，鼓舞諸士。諸士窮日夜力，勾搜博覽，以收名定價於先生。以故數年之間，雅道大振，家操靈蛇，人握夜光。」（《袁宗道集箋校》卷十）龔仲慶為三袁舅父。三袁，袁宗道、袁宏道、袁中道三兄弟，公安人。

龍膺等結白榆社。

龍膺《淪漈文集》卷八《汪伯玉先生傳》云：「予小子釋褐理徽為萬曆庚辰。下車首式先生之廬。先生年五十六矣，見先生虎頭熊背，項有異骨貫於頂，目眈眈視。」汪道昆《送龍相君考績序》云：「結髮理郡，郡中稱平。圜土虛無人，日挾策攻古昔。乃構白榆社，據北斗城。入社七人，謬長不佞，君御為宰，丁元甫奉楚前茅，郭次甫隱焦山，歲一至，居守則吾家二仲泊潘景升。諸賓客自四方來，擇可者延之入。君御身下不佞，左二甫，右二生。旬月有程，歲時有會。」又云：「會故太史李本寧（維楨）至自郢中，入社。」君御名膺，今年進士，授徽州推官，十四年得替。據康熙《徽州府志》卷二，白榆山在郡城東南郊。

湯顯祖遊南太學，為祭酒戴洵所賞識。

湯顯祖《青雪樓賦》序云：「四明戴公，是萬曆庚辰歲予遊太學時師儒祭酒也。公容情俊遠，談韻高奇。於諸生中最受風賞。徂春涉秋，究日餘夜，公私之致兼窮，禮樂之歡無吝矣。」賦憶南太學云：「雖紛吾之寡韻，獲勝引於成均。坐東堂而賦竹，過西池而采蘋。圖史之觀入夜，琴歌之醉兼旬。人

逗機而無舊，物賞氣而有新。素風期於道業，過洗激於清塵。」（《湯顯祖詩文集》卷二十三）據《實錄》，二月陞右春坊右諭德掌南京翰林院印信戴洵爲南京國子監祭酒。明年四月以失張居正意致仕歸。湯顯祖詩《戴師席上送王子厚北上。子厚名渾然，司徒北海王公子也。有物表之姿，昔人之度。潯雨來辭。戴公平生不飲，此日連舉兕爵數度。公笑曰：吾之邴原也。周原宇贈詩，命僕就和》或作於今年。

明神宗萬曆九年辛巳（西元 1581 年）

三　月

禮科都給事中帥蘭上學政八事，文體宜正，試規宜詳，云云。上允之。（據《國榷》卷七十一）

明神宗萬曆十年壬午（西元 1582 年）

八　月

今年湖廣鄉試，有「天下有道，則庶人不議」等題。

《遊藝塾文規》卷三《起講》：「壬午湖廣『天下有道，則庶人不議』，徐成楚云：『人君所與共天下者，庶人也。天下之公道屈於上，則天下之公論各伸於下，故世之議未必出於學士大夫之口也，庶人而操之矣。』開口二句便是確論。有不屑屑摹題，而徑以大議論發起者，如陝西『述而不作』一節，程云：『天地之文章，咸泄於聖人之制作，皇王以來，聖人疊興，作者蓋大備矣。』全不說『述』、『信』，而徑從制作發揮，無一句不是起語。」

新首輔張四維子甲徵中山西鄉試第二名，次輔申時行子用懋順天中式第六名，次子用嘉浙江中式，太宰王國光子甲、少宰王篆子之衡，俱中式本籍，篆次子之鼎亦中式應天。言官遂論居正私其三子，而並及所暱篆。坐中式者俱勒爲民。時居正已卒，不究試事。（據查繼佐《罪

惟錄》志卷十八《科舉志》)

李調元《制義科瑣記》卷二《不顧經旨》:「張居正卒,御史丁此呂劾禮部侍郎高啓愚主南京試時,至以『舜亦以命禹』爲題,顯爲勸進。且及戴光啓爲參政時主考鄉試,私居正子嗣修等。大學士申時行言:『考官止據文藝,不知姓名,不宜以此爲罪。今此呂不顧經旨,欲陷啓愚等大辟。』上遂謫此呂潞安推官。」

陳邦瞻（?~1623）以《禮經》魁鄉試。

鄒維璉《明兵部左侍郎贈兵部尚書高安陳公匡左傳》:「公諱邦瞻,字德遠,號匡左,高安人。生而穎異,十歲能文,常隨父學博覺山先生訓虞城,有司以修志屬覺山,公手裁定之,志成有小蘇之稱。萬曆壬午以《禮經》魁鄉試,戊戌（1598）以《尚書》成進士。」除南評事,轉兵、吏二部,歷浙江、福建、河南參政、按布兩使,以右副都御史巡撫廣西,以兵部右侍郎總督兩廣,入爲工部、兵部侍郎,改吏部左侍郎。所著有《荷華山房稿》、《皇王大紀》。撰《宋元史紀事本末》,爲史家所稱。

本　年

袁宏道（1568~1610）年十五,結社於公安城南,自為社長。

袁中道《吏部驗封司郎中中郎先生行狀》:「總角,工爲時義,塾師大奇之。入鄉校,年方十五六,即結文社於城南,自爲社長。社友年三十以下者,皆師之,奉其約束,不敢犯。時於舉業外,爲聲歌古文詞,已有集成帙矣。」

明神宗萬曆十一年癸未（西元 1583 年）

二　月

命太子太保禮部尚書文淵閣大學士余有丁、掌詹事府吏部左侍郎翰林學士許國主會試,取中李廷機等三百五十人。廷機,福建解元也。(據《明神宗實錄》卷一百三十三)

沈德符《萬曆野獲編》卷十五《科場・讀卷官取狀元》:「自嘉、隆以來,

春榜會元，大都出詞臣之門。蓋館閣本文章之府，而大主考又詞林起家，亦理勢使然。惟今上癸未會元爲李九我，則工部郎蘇紫溪首卷。蘇李同邑，又自幼同筆硯，李舉解元，久在公車，名噪海內。兩主考既欣得人，並天下亦無議蘇之私者，此數十年奇事也。」沈德符《萬曆野獲編》卷十六《科場‧癸未丙戌會元》：「李晉江取元時，各房俱無異議，惟《書》一房爲吾邑馮具區太史，獨以鄒安福卷爲當第一，即兩領房亦不能決。時大主考以詢先人，先人爲《書》二房，謂李卷爲勝，眾始和之，榜遂定。其後李聞之，甚不樂馮。至甲午應天鄉試，李晉江爲主考，出『管仲之器』首題，馮爲南掌院，作擬程一首，爲一時膾炙。及錄出，則晉江程大遜之，心銜遂深。遇李來謁，馮迎謂之曰：『公所取士，不但文嘉，即擎榜徐生亦名實俱稱，果擎得榜起。』李驚愕別去。細詢於人，蓋末名爲徐學易，滁州人，素以力聞，能於監中手扶堂柱離地數寸，眞賁育之流亞，而時藝不甚佳，馮先爲司業時所試士也，故有是言。李益憤憤。後馮爲祭酒，被言聽勘，則郭江夏代之，賴其力得昭雪，使晉江在事，馮其殆矣。至次科丙戌，王太倉主試，立意以簡勁風世，故首袁公安。榜初出，人望不甚歸，太倉公岸然不屑，急以試錄魁卷寄辰玉，是年錄文大半出王手筆。其父子最相知信，自謂此錄冠絕前後，乃子必驚賞無疑。及報書至，更無他言，但云此錄此卷行世之後，吾父勿復談文可也，太倉得書大怒。次科戊子辰玉舉京兆第一，其卷乃翁亦不甚愜意。及辛丑舉第二，太倉公批卷云：『此子久困場屋，作此以逢世眼，即此一念，便不可與入堯、舜之道矣。』文字一道，家庭間意見迥別若此，況朋友乎？宜晉江之終不忘情也。辰玉辛丑授官後，即奉差歸里，日惟課子，每命一題，輒自作一首。乃孫晚謁大父，必問云今日何題？乃父文云何？其孫出以呈覽，輒云不佳。即呼紙走筆，不構一思，頃刻而成，今所刻《課孫草》是也。友人沈湛源應奎時爲彼中廣文親見，每爲余言，歎服以爲天人。然辰玉高才，正如大令之於右軍，所謂外人那得知者。是父是子，斷不可再得也。」《遊藝塾文規》卷七《正講四》：「癸未『吾之於人也』全，李廷機一氣呵成，略無斧鑿痕。沖夷之氣，輕粹之詞，愈讀愈見其難及。蓋由養深機熟，信筆成文，不加點竄，而風度令人可掬。其結云：『君子爲世道計，即使三代而不可復返也，是世道之變也，吾猶將挽之於既漓之日；況斯民而猶然三代也，是世道之幸也，吾何爲而自外於大道之公？』有感慨，有議論，較馮具區丁丑首作之束，意同詞異。王堯封結云：『夫何三代行之，則直道現諸實事，而世方隆沕穆之

風；吾今行之，則直道託諸空言，而人且滋毀譽之議。吾終不敢謂斯民之不可以古治治也。』情境逼眞，無限悲愴。俞士章末二比云：『蓋匹夫無榮辱得喪之權昭其是非，而猶能以空言翼古道；庶民無爵賞刑威之柄伸其予奪，而猶能以公論愓人心。』二比極高。陳如岡『憲章文武』後二比與此相類，而其意尤精，所謂青於藍者也。湯顯祖先提『直道毀譽』，不分講，渾作四句，過下用『惟以斯民也』一句，並不作過文，講畢繳云：『吾既不得行三代於上，又不能行三代於下。吾既不能順斯民，而正之以直道之治；乃欲枉斯民，而被之以不直之名，如吾民何？如吾盛世之思何？吾有是非而已；毀耶譽耶，非吾所以行於人也。』超變錯亂，縱橫如意，亦是元卷。虞淳熙首節起便喝明說意，自作二比，過下云：『是道也，直道也，吾所以必行之民者乎？蓋以道論是非，則道在古而猶今；以道論人心，則民雖今而猶古。』此處提明，後講不費力矣。次依題作二大比，繳云：『仰稽聖王之遺化，惟直則久，而毀譽非以倡世風；俯察叔季之人心，惟直則從，而毀譽非以通眾志。吾乃於誰而枉之哉？』此文超出常境，意調皆高。錢士鰲卷如天馬行空，步驟不凡，風姿絕世。蛟門先生已取之作首，而復遺佚，是有命焉，非戰之罪也。予謂本文只說誰毀誰譽，不說無毀無譽，說無則其權在我，說誰則其柄在人。觀下節引斯民爲證，斷然該作『誰』字看，況夫子開口便說『吾之於人也』，其意可知。予亦有此文，不敢謂嘉，然尋出當年朱卷，滿篇皆圈，似亦主司所取者。其文云：『聖人以己意驗民心，而深信其不可枉焉。蓋直道在民，心無古今一也。聖人亦猶行古之道者，安得而枉哉？且夫君子所以勸懲天下者，獨此好惡兩端。由吾心而達之天下，無二情也；由上古而迄於今日，無改念也；是故三代嘗行直道矣。自毀譽之行於天下也，則古之所無者，爲今之所有，而明王之澤久衰。然天下所以敢行毀譽者，則謂今之民非古之民，而榮辱之權可枉也，（如此提明，上下方成一片。）若以吾而待天下之人，則獨執其是非之柄，而共由於大道之公。有所惡也，吾與人同一非心也，誰可得而容其毀者？（如此講，方是『誰』字本旨。）有所好也，吾與人共一是心也，誰可得而容其譽者？毋論毀以損人之眞，吾不敢肆其厚誣，而片言靡當；即譽爲誘人之術，亦必驗其端緒，而語語皆眞。（試不是古之於將來，乃是驗其小而知其大也。若論未來之善，則懸空臆說矣，豈得爲試？）時當東周之季，而明王賞罰之典久不行於朝廷矣，然心含靈覺，千古不磨，而今此之民，即禹湯文武所以賞善罰惡，而獨擅其熙洽之隆者也。世當澆漓之後，而明時彰

癉之風久不行於天下矣，然性秉靈明，萬世不毀，而今此之民，即皋伊周召所以彰善癉惡，而弼成其正直之治者也，總總群黎，其一念隱衷，有當熙皞而稱隆、入衰微而不泯者，吾雖欲行其毀也，果於誰而毀之？熙熙赤子，其本來眞性，有遇聖人而向化、處末俗而不衰者，吾雖欲行其譽也，將於誰而譽之？故不但有志於三代之英，而秉直維風，不敢肆其愛憎之口；兼亦有感於斯民之直，而守公畏法，何所容其枉道之私？然則吾非自謂無毀無譽，正以斯民之不可毀、不可譽耳。不然，徒自枉其好惡之眞，而於人心竟難枉也，豈不惕哉？』相題下筆，頗竭鄙思，識者試虛心閱之，自有定評也」。「『修身則道立』一節，李廷機先起二比，中敘作六段，末繳二比，格新詞雅，眞元作也。鄒德溥九段平敘，無起無繳，而詞調皆工。此題依《或問》，則重『修身』、『尊賢』、『親親』，皆自身而推者；『敬大臣』、『體群臣』，則自『尊賢之等』而推之，『子庶民』、『來百工』、『柔遠人』、『懷諸侯』，皆自『親親之殺』而推之。正德丁丑會試出『敬大臣』六句，魯鐸云：『《中庸》論九經之效，有自尊賢之等而推之者，有自親親之殺而推之者。』與程文相合，遂中會元。汪應軫之文極精極確，然不合書旨，遂中第二。予作此題，全依《或問》，並考經文輕重敘講，其詞云：『聖人進君圖治，而歷陳其可致之功焉。蓋爲其事者，必有其功也。隨事以考其所致，而容可自諉乎？且談治者類不欲計功矣。然己與人一心也，事與效一理也，外之景從皆內之實驗，而可不考哉？所謂九經者，豈不以吾身爲重哉？始也以道而修身，既也身修而道立，可以刑九族而式官聯，可以範臣民而儀百辟，必如是而後愼修爲無歉也。由是而求身之輔，則義以尊賢爲宜者，正資其啓沃，而理可不惑焉；由是而求身之本，則仁以親親爲大者，正篤其情義，而族可不怨焉。於尊賢而推其等，則敬大臣而廟謨有成算，事幾奚眩乎？體群臣而百僚效忠藎，報禮奚輕乎？此其樞不在臣工，而在密勿者也。於親親而推其殺，則庶民子之，而競勸於野焉；百工來之，而足用於國焉。以柔遠人，而賓旅如歸矣；以懷諸侯，而萬國同欽矣。此其機不在遠近，而在廟堂者也。故行此於天下國家而效以類臻，則不敢謂偉績之無前，惟念夫太平之難恃，而無虞盛治，盡爲儆戒之危機；考此於天下國家而化猶未洽，則不敢求治功之速效，惟憂夫王道之尙虧，而邦國未孚，總屬一腔之未粹。一日行乎其事，即當一日稽乎其效，而用以自警者，公其念之。』」「『孔子有見行可之仕』三句，李廷機不雕不琢，不求奇，不刻苦，而色相渾成，氣脈雅厚。自昆湖『使禹治之』後僅見此文。但昆湖

得《詩經》旨趣，有溫柔敦厚之風，九我純是蘇家口吻，有圓轉流麗之習，較是輸他一著耳。其文曰：『夫孔子聖人，曷嘗一日不爲道哉？然以行道之故而示天下以徇，聖人固有所不爲；以重道之故而示天下以峻，聖人尤有所不忍。（極平極明，先把『聖人不得已』心事提明，最像孟子擬孔子口氣，元卷自讓如此。）夷考其當年，（此句落得好。）蓋有見行可之仕矣。見行可云者，感君相之投，而睹會逢之適，（點『見』字明。）聖人以爲此吾之設施展布時也，（此句全不雕琢。）則起而仕焉。乘機而出，相時而動，蓋天下於是樂聖人之用，而聖人亦於是乎慶己之遭矣。（一發是蘇文。）然而不可必得也，不得已而又有際可之仕焉。夫際可何以仕哉？接遇之寅恭，亦世主之盛節，而彼猶知有此也。聖人曰：是未必非行可之一機也，吾仕焉而已矣。（此句是昆湖口氣。）然而又不可必得也，又不得已而有公養之仕焉。夫公養何以仕哉？饋問之殷勤，亦聖主之盛典，（通篇散做對，此句庶覺雅亮。）而彼猶知有此也。聖人曰：是亦未必非行可之一機也，吾仕焉而已矣。蓋聖人欲天下知其道之可行，（此句不對。）故苟可以大用其道者，聖人樂就焉，揆之以出處之正也；（是行可，亦是小試，不可以爲大用，略欠檢點。）苟可以小試其道者，聖人俯就焉，通之以出處之權也。不然，區區一際可、一公養，何足以縻聖人，而顧爲之屈哉？推是可以通於交際矣。』局勢旋轉，意興淋漓，最得大方氣味。此等文字熟之，極利場屋。鄒德溥亦大雅不群，轉折有法。其文云：『夫孔子之仕爲道也宜乎？道可大行而後仕也。（點得極有理。）然且有見行可之仕焉，視其君若足以建治，視其相若足以佐理，（用二『視』字點『見』字。）吾姑以其身周旋於君相之前。（此句古雅。）蓋天下方病吾以難，而吾則特示以易，固吾委曲之微權也，事道也。（此句鎖得緊，收得輕。）然非必行可而後仕也，則嘗有際可之仕焉。彼其禮遇之隆也，而能必其行吾道哉？（第一轉）顧所爲致敬於吾者，抑猶知隆吾道也。（第二轉）吾由此而仕，其或因晉接以啓道合之機乎？此固時事之未可知者。（第三轉）即不然，亦鑒其誠焉已矣，（第四轉）而鑒其誠者，固道也，（第五轉，又收歸道上。）是本乎事道之心而權之者也。（原以事道鎖之，有理。）又非必際可而後仕也，則嘗有公養之仕焉。彼其問饋之豐也，而能必其行吾道哉？顧其所爲致養於吾者，抑猶知重吾道也。吾由此而仕，其或因鼎養以啓道合之機乎？此又時事之未可知者。即不然，亦享其儀焉已矣，而享其儀者，亦道也，又因乎事道之窮而通之者也。（二比一句一意，字無虛設，如馬行曲徑，一步一轉，其血

脈皆從《左傳》而來。）然則以獵較爲非道，固非所以論孔子；而以交際爲必卻，夫亦未可以孔子權之歟？』呼吸轉折，歸之渾厚；紆曲變化，歸之謹嚴，亦元作也。孟養浩先不總提，講首句畢即云：『此其志在行道，而不爲虛拘，不爲就食』云云，將下『際可』、『公養』一齊羅起。及講完下二節，復繳云：『迎機方就，已慨乎明良，（此說『見行可』。）虛文何爲者？聖人猶戀戀也。感遇而留，已重傷乎機會，（此說『際可』。）鼎養何爲者？孔子亦棲棲也。上下不親，委曲以行其志；機緘可乘，宛轉以投其交。』一繳生氣流動，中間講話亦多逼眞，上乘之文也。錢士鼇此作以『事道』爲主，而說『際可』、『公養』皆有恭心，卻與本章血脈相承。以上諸公皆係元局。予看此題與眾頗異，不是說聖人之仕，必欲行道，而委曲以冀其通也，『際可』、『公養』，皆是道當如此，以此而仕，便是事道。夫子嘗曰：『鳥獸不可與同群。吾非斯人之徒與而誰與？』這便是仲尼心事。若道之不行，則已知之矣，何必委曲遷就爲哉？況此章書大旨原論交際，先以孔子證之，因萬章疑其非道，故從『行可』說到『公養』，正舉孔子之交際以明其致恭之本心，《注》明白說此『交際問饋而不卻之一驗』。予作大爲場中所賞，其文曰：『聖人仕必以道，而有不必於隆遇者焉。甚矣！聖人隨遇以盡道者也，故所就有三，而爲道惟一矣。宜孟子發之以曉萬章也。意曰：君子遇則隨時，而道則自盡，故其仕也，有屢遷之迹，而無已甚之心。吾謂孔子爲事道者，何哉？非謂人之莫容其道，而委曲以求通也，又非謂道之必期於行，而遷就以期合也。天地生人，合之皆吾一體，本道之所當聯屬者，而獨立宇內，非人孰與爲徒？又道之所當周旋者。夷考其時，因推轂之有人，而預見其用行之緒；感同升之在望，而親見其小試之端。見行可之仕，孔子有之：固不必考其禮文，而迎機即就，亦不必資其鼎養，而遇合即留矣。然見可則用，見不可則止，勢不得而久淹也，於是乎有際可之仕焉：道雖未必其可行，而遇隆晉接，任匪虛拘，吾仕焉而已矣。然際可則出，禮衰則去，勢又不得而終淹也，於是乎又有公養之仕焉：禮雖未必其致隆，而推食自公，廩庖相繼，吾仕焉而已矣。兆在端倪，已違心乎隆遇，而顧降而自屈，則道之聯屬甚殷，所謂交以道者，信惟孔子受之，而何必爲他辭之卻？機方偶合，已絕望乎大行，而顧屈而彌卑，則道之周旋甚廣，所謂接以禮者，亦惟孔子受之，而何必疑尊者之心？蓋獵較之從似過，而同心出治，固爲兆足以行之情，況交際之心曰恭，而隨遇可留，亦屬卻之不恭之意。是以迹有三就，而淹不三年，益以見其重道之心，而實

非有所枉也。不然，道之不行，已知之矣，而又何必俯就爲哉？噫！人咸謂夫子冀道之行，而姑爲是屈就也，然行可變爲際可，又變爲公養，而道卒不行，則向之屈者爲徒辱矣。知而爲之不義，不知而爲不明，聖人豈有是哉？然則三仕謂何？曰：道雖不行，而君臣之義不可廢也，爲行義也，爲鳥獸不可同群，而人不可避也。』」梁章鉅《制義叢話》卷二：「李文節公廷機《舉業瑣言》云：四書題目千變萬化，而行文者總不越規矩二字。今有後生小子，早掇巍科，雖未諳規矩，然未嘗不由於規矩之內，特其質美暗合，自不察耳，未可以僥倖之功，而廢制勝之術也。然規矩二字亦自有辨。今人只糊塗認成法爲規矩，不知規取其圓，矩取其方，故文藝中有著實精發、覈事切理者，此矩處也；有水月鏡花、渾融周匝、不露色相者，此規處也。今操觚家負奇者，大率矩多而規少，故文義方而不圓，此猶春夏秋冬各執一時，而終囿於太和元氣之內也。故魁文多矩，而元文多規，元文大都從鍛煉得來，不得糊塗看去，泛泛然以爲無奇也。」梁章鉅《制義叢話》卷五：「徐存庵曰：李廷機，字九我，又字爾張，福建晉江人。癸未會試第一，廷試第二，後以禮部尙書拜東閣大學士。前明祖制，閩人不相，相之自公始。在政府六月，疏凡四十餘上，俱不報，遂乞休。所作『事君數』一節文，評者曰：『作此題者，或迴護君友，或尙論時變，皆鱗爪耳，惟九我此文方得本題正面。』」「陳百史曰：李九我先生起於晉江，一時遊從者皆海內知名之士。其所爲文，大者及於千古，小者亦高出時體。先生立朝，丰采嚴毅，不可干以私。及觀其文，溫厚和平，有作者之風。太史公疑張子房爲壯夫，而有不然者，人可易知也哉？」「《四勿齋隨筆》云：李文節公文純從大處落墨，雖短篇而氣體寬博有餘。如『今天下車同軌』至『吾從周』題後二結比云：『蓋車書禮樂之大化方流，故舉域中之人，而莫不各安愚賤之分；文武成康之世澤未泯，故以素王之聖，而不敢有慕殷夏之心。』高華語能使全神振動，亦足以徵位業也。又『事君數』節後二結比云：『吾不謂事君可以無諫，獨惜夫諍臣受辱，則逆耳不進於前，徒爲諂諛者地耳；吾不謂朋友可以無規，獨惜夫直交既疏，則苦口不聆於耳，難免善柔之比矣。』如此蘊藉，方與聖言相稱，不知俞桐川《名家制義》中何以逸之？」「李文節『遇諸塗』題文云：『當其瞰亡而拜，夫子之權亦微矣，顧能瞰之於其家，而不能瞰之於其塗，意者君子之待小人常疏，而於陽貨之來，固無暇以其逆億之私心，爲之預避耶？當其拜而不遇，貨之計亦窮矣，顧不遇之於其家，而竟遇之於其塗，意者小人之伺君子常密，而

於夫子之出，得無以其瞰亡之故智，爲之揣摩耶？要之，與其爲及門之見，而使得從容於燕接之間，何如爲道塗之遇，而僅與交臂於倉卒之頃，此聖人所以終爲善遇小人也。』艾千子謂舒碣石全章文有云：『令貨遇於家，計所欲者當不止此。』即原本晉江『與其爲及門之見』數語，而顧瑞屏以賓道、主道衍成全篇，又不及碣石之蘊藉矣。」「何義門曰：錢繼山允元與李九我相善，九我既冠南宮，貽書論文，勸繼山脫盡陳言，務令發揮精透爲主。越三年，而繼山亦幾幾得元，九我眞益友也。」「俞桐川曰：余選萬曆癸未文，鄒泗山以沖夷，萬二愚以簡古，湯義仍以名雋，至於理解精醇、機法綿密，則葉永溪修爲最。當時稱『江西四雋，缺一不可』，至言哉！勝朝三百年，江右文風極盛，翰林多吉水，朝右滿江西，明初已誦之。及其季也，羅、陳、章、艾樹幟豫章，震動海內，然世知讀四家之文，未知讀四雋之文。四家人各爲科，四雋一榜並列，且面目各殊，有家無派，故明文莫盛於江西，而江西莫勝於癸未，亦制義中癸丘之會也。」「俞桐川又曰：張魯叟壽朋制義，搜抉微細，窮極窅渺，出入於《檀弓》、《考工記》而泯其迹，文章中曠境也。世之工揣摩者，率尙富麗，質之魯叟，背馳甚矣。而魯叟竟傳徒以終，宦途不遂，足迹遍天下，口授生徒，慨然以神仙自命，何其志之超也！古人文雖性成，亦有觸而發。少陵不奔竄，何以有紀行諸詩？子厚不貶逐，何以有柳州諸記？使魯叟優游廊廟，黼黻盛治，縱作述千古，亦不能盡發其幽奇瑰異之致於制義間。窮而後工，豈不信乎？」「又曰：盛集近王，中集近霸。王之道正大和平，霸之道幽深奇詭。隆、萬，中集也。然癸未以前，王之餘氣；己丑以後，霸之司權。蓋自太倉先生主試，力求峭刻之文，石簣因之，遂變風氣。是故丙戌者，王、霸陞降之會也。丙戌鮮有名家，獨錢季梁士龔精實簡貴，有承先啓後之功焉。」「吳和庭觀樂曰：少時肄業鼇峰書院，值課文日，孟瓶庵師以『鬼神之爲德』節命題，遍閱諸生所作，無一愜心者，師因舉隆、萬間方大美文相示，則莫不相悅以解。余之知用力明文，蓋自是始，因謹識之。如云：『溺於虛無者，不可以言鬼神，凡日星之所以著，江河之所以流，昭然於撫養之際者，皆是也；涉於怪異者，不可以言鬼神，凡萬彙之變蕃，人事之作止，紛然於日用之間者，皆是也。原其德之體，則根乎天地陰陽之性存焉，蓋至健至順之性，有自然而不容強者，夫是以無爲而成化也；究其德之用，則感於屈伸動靜之機乘焉，蓋一往一來之故，有相推而不能已者，夫是以錯出而有常也。使天地間一息無鬼神，則所爲疊而起、循而生者，孰爲之宰而

廢興成毀？何以有動而必應之機？是故君薨悽愴，其偶出為靈奇者，在眾人皆見為非常，而不知正此理之發著；震動恪恭，以致嚴於屋漏者，在聖人實見其情狀，而無時非天命之流行。其德之盛也，乃其理之實也。然則鬼神之德即中庸之道，而何容索之於隱哉？』寥寥三百字，而經子之奧旨、儒先之精言，悉具其中，真後學法程也。」

本科會試題。

本科會試題有《論語》：「吾之於人也，誰毀誰譽？如有所譽者，其有所試矣。」《中庸》：「修身則道立，尊賢則不惑，親親則諸父昆弟不怨，敬大臣則不眩，體群臣則士之報禮重，子庶民則百姓勸，來百工則財用足，柔遠人則四方歸之，懷諸侯則天下畏之。」《孟子》：「孔子有見行可之仕，有際可之仕，有公養之仕也。」

三　月

朱國祚、李廷機（？～1616）、劉應秋（？～1600）等三百四十一人進士及第、出身有差。

《明神宗實錄》卷一百三十五：萬曆十一年三月，「丁酉，上御皇極殿策試舉人李廷機等。制曰：『朕聞治本於道，道本於德，古今論治者，必折衷於孔子。孔子教魯君，為政在九經，而歸本於三達德。至宋臣司馬光言，人君大德有三，曰仁曰明曰武，果與孔子合歟？光歷事三朝，三以其言獻，自謂至精至要矣，然朕觀古記可異焉。曰其人（仁）如天，其智如神，曰明物察倫，繇仁義行，曰其仁可親，其言可信，皆未及武也。獨自商以下，有天錫勇智執競維烈之稱，豈至後王，始尚武歟？近世偉略隆基之主，或寬仁愛人，知人善任，或明明廟謨，赳赳雄斷，或迹比湯武，治幾成康，或仁孝友愛，聰明豁達，則洵美矣。而三德未純，然亦足以肇造洪緒，何也？其守成纘業者，似又弗如。或以仁稱，如漢文帝、宋仁宗；以明稱，如漢明帝、唐明皇。以武稱，如漢武帝、唐武宗。獨具一德，而亦增光宗祐，何也？彼所謂兼三者則治，闕一則衰，二則危，毋亦責人太備歟？又有疏六戒者，曰戒太察，戒無斷；陳九弊者，曰眩聰明，勵威強；上六事者，曰不喜兵刑，不用智數。其於三德，果有當否歟？朕秉乾御極，十有一年於茲，夕惕晨興，永懷至理。然紀綱飭而吏滋玩，田野墾而民滋困，學校肅而士滋偷，邊鄙寧而兵滋嘩，

督捕嚴而盜滋起，厥咎安在？豈朕仁未溥歟？明或蔽歟？當機而少斷歟？夫一切繩天下以三尺，則害仁。然專務尚德緩刑，恐非仁而流於姑息。一切納汙藏疾，則害明。然專務發奸摘伏，恐非明而傷於煩苛。一切寬柔因任，則害武。然專務用威克愛，恐非武而病於亢暴。是用詔所司，進多士，詳延於廷，諏以此道，諸士得不勉思而茂明之。其為朕闡典謨之旨，推帝王之憲，稽當世之務，悉陳勿諱，朕眷茲洽聞，將裁覽而采行焉。』」

據《明清進士題名碑錄索引》，萬曆十一年癸未科第一甲三名（朱國祚、李廷機、劉應秋），第二甲六十七名，第三甲二百七十一名。

湯顯祖（1550～1616）中三甲二百一十一名進士。其制義以名雋見稱。

鄒迪光《臨川湯先生傳》云：「至癸未舉進士，而江陵物故矣，諸所為席寵靈、附熏炙者，駸且漸沒矣。公乃自歎曰：假令予以依附起，不以依附敗乎？而時相蒲州（張四維）、蘇州（申時行）兩公，其子（甲徵、用懋）皆中進士，皆公同門友也。意欲要之入幕，酬以館選，而公卒不應，亦如其所以拒江陵時者。」梁章鉅《制義叢話》卷五：「俞桐川曰：余選萬曆癸未文，鄒泗山以沖夷，萬二愚以簡古，湯義仍以名雋，至於理解精醇，機法綿密，則葉永溪修為最。當時稱江西四雋，缺一不可。至言哉！勝朝三百年，江右文風極盛。翰林多吉水，朝右滿江西。明初已誦之。及其季也，羅、陳、章、艾，樹幟豫章，震動海內。然世知讀四家之文，未知讀四雋之文，四家人各為科，四雋一榜並列，且面目各殊，有家無派，故明文莫盛於江西，而江西莫盛於癸未，亦制義中葵邱之會也。」「俞桐川曰：曩時嗜萬二愚國欽之文，簡而又簡，一以當百，是慶曆名家中能自立門戶者。曾遺書張長史云：『二十年來，文運卑靡，名公巨卿矯以浩瀚，則又苦無繩尺。自今以後，當救浮滑以精深，返蔓延為簡練，如萬二愚者其選也。』長史答書曰：『子文骨力似二愚，惟氣局稍舒耳。』余不敢自信，後果為主司識拔。乃考二愚傳，則賢書第二，南宮第九，與余名次適符，若是乎余文真似二愚也。顧二愚官御史，日論時政，劾墨吏，風節重於舉朝，而余非言官，在館五年，居里十年，一無建白，徒以科名比之，每展卷輒爽然自失矣。」「（俞桐川）又曰：湯義仍顯祖《玉茗堂制義》，擇理精醇而出之以名雋，以六朝之佳麗，寫五子之邃奧，足以自名一家。登第以後，有所忤而出吏，忽黜忽陟，不竟其用，然而世高

其節,獨其填詞之作近於纖穠,取悅市人,貽譏識者,是可惜也。」「閻百詩曰:『父爲大夫』八句題,惟湯若士文足與傳注相輔而行,文云:『今夫葬用爵,生乎由是,死乎由是者,所以之死也;祭用祿,不及其生,猶逮其死者,所以之生也。是故諸侯而世其貴也,有諸侯之禮相世焉,必不肯降而自卑;庶人而世其賤也,有庶人之禮相世焉,必不敢引而自尊。然則周公之所以別嫌疑也,必於大夫、士矣。故葬以大夫,祭以大夫,父子世爲大夫者而後可也。使父爲大夫而子則士焉,爵隆則葬從而隆,大夫卒於其官有加禮焉,非故引而進之也;祿薄則祭從而薄,士得考其大夫有常食焉,非故襘而用之也。葬以士,祭以士,父子世爲士者而後可也。使父爲士而子則大夫焉,則葬以安士之常而難爲上矣,祭以安大夫之常而難爲下矣。何者?死者之爵命於君,君在斯爲之臣,而非敢以所賤事其親也;生者之祿出於子,父在斯爲之子,而非敢以所貴事其父也。』」「《書香堂筆記》云:湯若士『父爲大夫』八句文,盡用孫百川之意,獨補出諸侯、庶人二義,遂據百川之上,前人所謂絕好文字,只在本章白文中也。方望溪先生亦謂太史公增損《戰國策》有高出於本文者,非才氣能勝,以用心之細。湯文之過於孫作亦然,而余尤愛其小講云:『且禮以終始人道之節,而屈伸其無已之心,其分莫名於葬祭。葬者藏也,所以藏而安之也,不於其分則不安;祭者食也,所以食而享之也,不於其分則不享。忍親於不安、不享,非孝也,於是乎有制焉。』老幹無敵,而題之精蘊已該,非時手所能企及,亦當駕孫作而上之。」「徐存庵曰:湯臨川『不有祝鮀之佞』文後段云:『在朝廷而不佞,難以終寵,即儕黨之間,不佞不足以全其身;處怨敵而不佞,難以巧全,即骨肉之際,不佞不足以全其愛。』此數語,發揮末流情弊痛快極矣,然以代聖言,恐失之過也。」

《欽定四書文》隆萬文錄湯顯祖文七篇。

卷二錄其闈墨《論語》「吾未見好仁者」一章題文:「聖人慨成德者之難,因言棄德者之眾焉。夫好仁、惡不仁,非絕德也,特自棄者不用其力耳,聖人所以重有慨與?想其意曰:君子之學也以爲仁也,君子之成仁以其能自力也。有仁焉而無力以成之,吾能無慨然於今乎?於今觀之,仁可好也,而好仁者我未見也;不仁可惡也,而惡不仁者我未見也。夫好仁之名,夫人樂得之,而吾以爲未見者,以『好』非感發之好,乃無以尚之之好也;惡不仁之名,夫人亦樂得之,而吾以爲未見者,以『惡』非憤激之惡,乃不使加身之

惡也。惟其如是，是以難也。雖然，未嘗難也。有人焉奮然而起，深明乎仁不仁之分；惕然而思，實用乎好惡之力。吾知有弗好，好則仁必從之，蓋無以尚之之域，亦起於一念之好也，我未見好仁者，亦何嘗見好焉而力不足者乎？有弗惡，惡則不仁必去之，蓋不使加身之域，亦起於一念之惡也，我未見惡不仁者，亦何嘗見惡焉而力不足者乎？蓋天之生人不齊，人之受質非一，則力不足於用者或有其人；而有志於仁者恒少，無志於仁者恒多，則吾之於斯人也實未之見。夫力之足不足也，以用而見也，未有以用之，胡為而遽罪乎力？仁之成不成也，以力而決也，未有以力之，胡為而絕望於仁？然則吾之所見者，非天有所限，彼自限之而已矣；非仁遠於人，人自遠之而已矣。安得實用其力者一起焉而副吾之望哉！」評謂：「無事鉤章棘句，而題之層折神氣畢出。其文情閑逸、顧盼作態，固作者所擅場。」

　　卷四錄其《中庸》「父為大夫」八句題文：「葬祭之達於大夫士者，惟其分而已。蓋禮緣生死之情，而分以為節也，此周公所以定葬祭之法，而示天下之為士大夫者。且禮以終始人道之節，而屈伸其無已之心，其分莫明於葬祭。葬者藏也，所以藏而安之也，不於其分則不安；祭者食也，所以食而享之也，不於其分則不享。忍親於不安、不享者，非孝也，於是乎有制焉。今夫葬用爵，生乎由是、死乎由是者，所以之死也；祭用祿，不及其生、猶逮其死者，所以之生也。是故諸侯而世其貴也，有諸侯之禮相世焉，必不肯降而自卑；庶人而世其賤也，有庶人之禮相世焉，必不敢引而自尊。然則周公之所以別嫌疑也，必於大夫、士矣。故葬以大夫，祭以大夫，父子世為大夫者而後可也。使父為大夫而子則士焉，則葬以大夫之禮，而貴者無失其貴；祭以士之禮，而賤者無失其賤。何者？爵隆則葬從而隆，大夫卒於其官，有加禮焉，非故引而進之也；祿薄則祭從而薄，士得考其大夫，有常食焉，非故儉而用之也。若曰子以父貴而若世官然者，以舉非爵之祭，敢乎哉？葬以士，祭以士，父子世為士者而後可也。使父為士而子則大夫焉，則葬以安士之常，而難為上矣；祭以安大夫之常，而難為下矣。何也？死者之爵命於君，君在，斯為之臣，而非敢以賤事其親也；生者之祿出於子，父在，斯為之子，而非敢以所貴事其父也。若曰父以子貴而若追王然者，以舉非爵之葬，敢乎哉？由是觀之，則天下之為父子者定矣，天下之為大夫士者安矣。然後為法守而葬與祭皆得矣，然後為情盡而生與死皆無憾矣。」評謂：「盡用孫百川（樓）原文，獨補出諸侯庶人二義，遂據百川之上矣。可知絕好文意，只在本章白

文中也。」「太史公增損《戰國策》，有高出於本文者，非才氣能勝，以用心之細也。此文之過於孫作亦然。」

卷五錄其《孟子》「故太王事獯鬻」二句題文：「二君之事大也，智足觀矣。夫太王、句踐皆智於謀國者，其事狄、事吳，有以哉！且自古霸王之君，未始逞小忿而忘大計。非屈也，智也。智以事大，於太王、句踐見之。是故周自后稷以來，舊爲西諸侯之望矣，至於太王而獯鬻亂華焉。當其時，狄大而周小也，彼將環邠人之境而騁戎馬之足，意已無周矣。使太王懵於勢，暗於理，乃欲爭雄於一戰，周其不遂爲狄乎？於是屬而耆老，去而宗國，甘心事虜弗恤焉。此何爲哉？計以邠可亡、岐可徙，而先君后稷之祀必不可自我斬也，吾寧隱忍而俟未定之天也。蓋自西山垂統，而周且盡狄人而臣之，然後知太王之以屈爲伸也，智也。越自無余以來，常爲東諸侯之長矣，至於句踐而夫差報怨焉。當其時，吳大而越小也，彼既轉檇李之敗而爲夫椒之勝，目已無越矣。使句踐懵於勢，暗於理，乃欲爭雄於再戰，越其不遂爲吳乎？於是納大夫之謀，遣行成之使，反面事讎弗恤焉。此何爲哉？計以身可臣、妻可妾，而先君無余之祀必不可自我斬也，吾寧隱忍而俟再舉之日也。蓋自東海興師，而越且盡吳地而沼之，然後知句踐之以怯爲勇也，智也。小之事大，自古而然。今齊而有鄰如獯鬻耶，請爲太王；有鄰如吳耶，請爲句踐。不然，吾竊爲齊懼矣，智者不爲也。」評謂：「此先輩極風華文字。然字字精確，無一字無來歷，而氣又足以運之。以藻麗爲工者，宜用此爲標準。」

卷五錄其《孟子》「左右皆曰賢未可也」題文：「不以近臣之譽進賢，蓋其愼也。夫左右太信，則有與不肖論賢者矣，國君之所可，豈在是與？孟子箴齊王之疾，曰：人才首關於大政，君心每惑於小言。所貴乎進賢者，亦愼諸此而已。彼環在王所，有近於左右之臣者乎？得陳於王前，有先於左右之言者乎？固有相率而稱人之賢者矣。浸而不察，亦有因而可之者矣。不知好進之士，常以左右爲根柢之容；而近習之人，亦每以朝端爲外市之地。故『舉爾所知』，雖達之左右皆有聞也，而何可以遽然其賢；論所及知，雖時而左右先爲言也，亦未敢以輕用其可。左右雖卑也，與外臣之尊者常相低昂，如曰『某也賢，其尊之也』，則有借君側以威眾者，亦因而尊之乎，恐他日之卑踰尊亦如是矣，烏乎可也？左右非疏也，與外臣之親者常相比附，如皆曰『某也賢，其親之也』，則有事中人以迎幸者，亦因而親之乎，恐異日之疏踰戚又復然矣，如何可也？寧使左右謂我有賢而不用，無寧使天下謂我用賢而不公，

蓋明揚士類，本非所望於近幸之人，正使其所賢者賢，亦非左右所得而賢矣；寧知而不舉以傷左右之心，毋寧舉而不賢以傷朝廷之典，蓋推轂人才，本非可求於私昵之地，正使其所賢眞可，亦非左右得以制吾可矣。夫觀意察色、工辭善譽以移主心者，莫左右若也，而弗之可焉，則『如不得已』之心，自近者始矣。由是公聽並觀，尊賢不失，尚何賢知之士羞而世主之論悖乎？」評謂：「句句是『左右』，句句是左右分上之『未可』。用意深穩，而局陣層層變換，如神龍在空，噓氣成雲。後來奇縱之作，皆爲籠罩。」

卷五錄其《孟子》「昔者大王居邠」三句題文：「先王有不能懷其故居，而狄之爲患久矣。夫邠，大王之故居也，狄人來而大王去矣，然亦豈後世所得效哉？嘗謂今昔之變不同時，大小之敵不同勢。然時危同於感愴，而勢小易於圖存，此不可不計也。夫強大壓境，可爲寒心，豈惟今日君之事耶？昔者大王當之矣。自今觀之，居岐之陽，大王之孫也，而不知大王實始居岐也；乃眷西顧，大王之德也，而不知大王固先居邠也。觀其流泉，流泉無恙也，蓋民之初生，其土於斯也非一世矣，非不處且安也，如寇警何？度其夕陽，夕陽如故也，蓋君之有宗，其依於此也非一日矣，亦既庶且繁也，如戎心何？始也自竄於犬戎之間，而公劉啓其地；中也亦復中犬戎之患，而亶父遇其時。狄人可事也而不可弭也，國有三軍，已被之矣，安能久居此乎？自土可樂也而不可長也，地非一姓，已知之矣，何必懷此都乎？蓋天作高山，隱然周原之在望也，於是胥宇其下焉，雖不得終其皇澗之遊，而亦庶幾乎厥愠之無近矣；帝遷明德，俄然周道之有夷也，於此乎周爰其居焉，雖不得免於疆理之勞，而亦庶幾乎昔遷之無歎矣。由前而觀，居邠者此大王也，雖未有室家，何知有異日之居岐？由後而觀，居岐者亦此大王也，雖增其式廓，亦肇基於昔日之居邠。蓋古公雖欲尊生而讓王，狄人固以殷憂而啓聖。殆至王用享於岐山，而世乃歌夫邠風矣。滕固今之邠也，而齊則滕之狄也。何去何從，儻有岐山在耶？吾故曰：今昔之變不同時，大小之敵不同勢也。」評謂：「一丘一壑，自涵幽趣，令人徘徊而不能去。其鎔冶經籍，運以雋思，使三句題情上下渾成一片，尤極經營苦心。」

同卷錄其「其君子實玄黃於匪」四句題文：「商人備物以迎周師，亦可以慨世矣。夫周無君子、小人皆商有也，去之已可慨矣，況至以商迎周耶？且帝王代興，當揖遜之時天下已相迎也；當革命之時，天下尤相迎也。南河之謳、北狄之怨，有由來矣，商周新故之際亦然。武王之次商郊也，猶昔觀兵

之意也，使紂也雖無同好、有與同惡，則如林之眾猶未得前歌後舞而入也，事乃有不然者。商之君子，非士大夫耶？周師入，君子怒可也，何又匪厥玄黃迎周之君子也？父師奴，少師剖，幣聘之風斬然，彼雖君子，誠不若生於周者得以賢其賢而親其親也。今而後喜可知矣，得同君而臣之矣。不以拾矢為贄，而以好幣相先，何溫然堂戶之交賓也，豈其中無一忠臣哉？天命之矣。不億之親猶將往焉，而又何論於今日之君子也。蓋望周之將相來久矣。商之小人，非故百姓耶？周師入，小人戚可也，何又簞食壺漿迎周之小人也？老人刑，妲己笑，仇餉之思蕩然，吾儕小人，誠不若生於周者得以樂其樂而利其利也。今而後喜可知矣，得同君而氓之矣。不以餉己之師，而以迎人之師，何藹然田野之相餽也，豈其間無一義士哉？天命之矣。有二之眾皆先往焉，又何論於今日之小人也。蓋望周之卒旅來久矣。由是得意於群臣百姓因而為王者，新主也；得罪於群臣百姓不可復赦者，舊君也。今日之為君子小人者，此商人也；他日之為多士多方者，亦此商人也。由商周而後，人情向背又可勝道哉？」評謂：「局勢通博，一句一字，窮極工巧。感慨反覆，意味悠然。或疑『相迎』已見上文，本題語勢直趨末二句，只當凌空復衍，此作微似犯實。然篇中句句皆發商人望救之情，未嘗侵下『救民』正位也。」

卷六錄其《孟子》「民之歸仁也」二節題文：「大賢狀民之歸仁，皆其不容已者也。夫民之於仁固便也，加之以不仁之驅，則民之歸仁得已耶？且夫至德之世，民居其國，不相往來，若鳥獸之不亂群而魚水之相忘也。自世有仁人，又有不仁人，而天下之情勢百出矣。欲而之焉之謂情，迫而之焉之謂勢；欲之所在則歸也，歸之所在則仁也。以仁為下，民猶水也，水之惡逆而好順也，地道然矣；以仁為壙，民則其獸也，獸之去隘而就寬也，天性然矣。此何待於驅乎？而況又有以驅乎？蓋兩仁之國，民各有所歸也；兩不仁之國，民亦無所歸也。惟一仁一不仁形此，令民輕背其主而人易去其鄉矣。故獸走壙而爵走叢，類也，益之以鸇，而叢之得爵愈疾而愈多，鸇為叢驅也；水就下而魚就淵，類也，益之以獺，而淵之得魚愈疾而愈多，獺為淵驅也。鸇獺自厭其性，不知其為驅也，是桀紂之行也；淵叢能為庇依，不能必其驅也，是湯武之資也。吁！知民之歸仁情也，國君宜為仁以接民之情；知民之去不仁勢也，國君宜無為不仁以成人之勢。何以為仁？聚民欲爾；何以去不仁？無施民惡爾。得天下與失天下，其道何莫不由茲耶？」評謂：「雖用巧法，然大雅天成，而不傷於纖佻。由其書卷味深而筆姿天授也。」

萬國欽本年會試第九，廷試三甲六十一名。《欽定四書文》隆萬文卷三錄其《中庸》「舜其大孝也與」一章題文。

　　萬國欽，字二愚，江西新建人。萬曆十一年癸未（1583）進士。授婺源縣知縣，徵拜御史，言事慷慨，不避權貴，以彈劾申時行謫劍州判官，後歷南京刑部郎中，卒於官。萬國欽與湯顯祖、葉修、鄒德溥同科成進士，時稱「江西四儁」，《制義叢話》卷五引俞長城語，謂有明一代，文運江右獨盛，明初已有「翰林多吉水，朝右滿江西」之說，至明末，江西有羅萬藻、陳際泰、章世純、艾南英，號「四家」，「四家」之前，則有「四儁」，謂「四家人各為科，四儁一榜並列，且面目各殊，有家無派，故明文莫盛於江西，而江西莫盛於癸未，亦制義中葵丘之會也」。萬國欽有《萬二愚稿》，俞長城題識云：「二愚先生文，簡而又簡，一以當百。蓋輕捷如史公，凝煉如班掾，慶、曆名家中自立門戶者」。《欽定四書文》隆萬文卷四錄其《中庸》「舜其大孝也與」一章題文：「聖孝之大，一德之所致也。夫諸福咸備，事親如舜，至矣！非有聖德，孰能受命而臻此乎？且帝王之孝與士庶不同，人莫不以為天之所助，而不知聖人之事親，即其所以事天者。蓋亦有人道焉，何也？古今之言孝多矣，而以『大』稱者，其惟舜也與？繼往開來，既已躬上聖之德矣，而且貴為天子，尊莫尚焉，撫有四海，富莫加焉。以之追崇，享宗廟矣；以之垂裕，保子孫矣。此豈不塞乎天地，通乎神明，位與祿而並隆，名與壽而俱永耶？受命之符，可以見矣，然非天之私厚於舜也，亦非舜之私受於天也。栽培傾覆，天於凡物皆然，而況於人乎？且《詩》有徵焉。謂『假樂』而『宜民』、『宜人』，紀顯德也；謂『受祿』而『保佑』、『申之』，紀成命也。其承藉也厚，則其收效也必鉅；其凝聚也固，則其發祥也必長。大德受命往往如是，又何疑於舜乎？是故德之大者，所以成其孝之大也。彼不論其本末，而概謂舜以天下養也，天與之過矣。」評謂：「全用漢人筆意，直將題目作本傳，而以文為之論贊，遂於制義常格之外得此奇觀。」「章法之轉運，氣脈之灌輸，如子美七言古詩。開闔斷續，奇變無方，而使讀者口順心怡，莫識其經營之迹。」

鄒德溥本科會試第二，廷試二甲二十二名。《欽定四書文》隆萬文錄其文三篇。

　　德溥，字汝光，號泗山，江西安福人，正德六年會元、探花鄒守益之孫。官至司經局洗馬。鄒氏於《易》、《春秋》多所發明，著有《易會》八卷、《春

秋匡解》八卷、《畏聖錄》二卷、《鄒太史全集》五十卷等。精於制義，有《鄒泗山稿》，俞長城題識謂，德溥與晉江李廷機同科，李廷機爲會元，而「當是時，論泗山文者，駕於晉江，必曰鄒、李，不曰李、鄒」，又謂鄒守益之文「不緣飾，不雕刻，氣和而暢，情淡而深」，德溥之文「沖夷逸宕，克繩祖武」。

《欽定四書文》隆萬文卷三錄其《論語》「非禮勿視」四句題文：「聖人於大賢詳示以己之當克者焉。蓋視聽言動，本乎心者也，於其非禮者克之，而仁無遺蘊矣乎。夫子語顏淵以克復之目也，意曰：天下未嘗有心外之感也，爲仁者安能遺感以事心哉？隨其所感而無失其心之則焉，如是而已矣。蓋自物之感於心也，而所謂視聽言動者緣心而起矣，是心之所不能無也；自心之涉於感也，而所謂非禮者緣視聽言動而起矣，是心之所不可有也。心之神常聚於目，而使非禮之色入之，可乎，吾舉吾之視而歸於禮，毋使非禮者得而淆吾視也，以是養其所以視者也；心之虛常通於耳，而使非禮之聲入之，可乎，吾舉吾之聽而歸於禮，毋使非禮者得而淆吾聽也，以是養其所以聽者也。天下未有言而不出於思者，吾懼言之失而因累其所以言者也，則於言之非禮而禁焉，要使言與禮俱，斯已矣；天下未有動而不出於謀者，吾懼動之失而因累其所以動者也，則於動之非禮而禁焉，要使動與禮協，斯已矣。天下之物日與吾心交，而常以其心宰之，故物至而心不累；吾之心日與天下之物交，而常以其理御之，故物化而理自融。其斯以爲仁乎？蓋惟視聽言動之用在己，故可以決爲仁之機；惟視聽言動之感通乎天下，故可以必歸仁之效。回也，毋亦是務哉！」評謂：「清切簡質，隆萬中說理文字，難得如此明淨者。」

卷五錄其《孟子》「先王無流連之樂」二節題文：「齊臣進法古之規，其君悅而聲諸樂焉。蓋先王不徇欲而忘民也，景公以是庸晏子，宜其樂之稱盛也哉！孟子蓋述齊之故以諷宣王也，意謂：自古人臣之愛其君者，則無樂乎君之荒於佚也，蓋必以勤民詔焉。有明君者起而聽之，則相得益章，而其盛於是乎可傳，若景公是已。昔晏子者告君以先王之觀、當時之弊，復進而曰：吾君思比於先王觀也，而亦知先王之所以異於後世乎哉？先王非無樂也，而無若今之所謂流連之樂也，樂焉而澤在民矣；非無行也，而無若今之所謂荒亡之行也，行焉而頌在野矣。君將耕斂是省，而與先王比隆乎？抑將佚欲是徇，而與世主同事乎？顧君自擇何如耳。斯言也，豈不誠畜君乎哉？然而景公不之尤也，方且從而悅焉。於是而大戒於國，示民革也；出舍於郊，察民

隱也。而興發補助之政，慨然爲斯民計之矣。蓋易其所謂流連荒亡者，而進於先王之觀乎？當是時也，君鑒其誠，臣幸其遇，交動夫歡忻之情；而事治於朝，民安於野，式昭夫明良之盛。景公是以命太師，而作君臣相悅之樂。樂有以『徵招』名者，志事也，蓋曰是允釐之遺也；樂有以『角招』名者，志民也，蓋曰是風動之遺也；其詩曰『畜君何尤』，志好君也，蓋曰是謨明弼諧之遺也。晏子懷忠愛之素，故能進流連荒亡之規；景公諒忠讜之誠，故能修興發補助之政。此其盛載在樂章，可挹也。臣故欲君之法先王也，君其悅於臣言乎哉？」評謂：「順逆疾徐，應節合度，不必言法而法無不備。其氣息醇古，平淡中有極腴之味。」

卷六錄其《孟子》「孔子有見行可之仕」三句題文：「大賢歷舉聖人之仕，無非道之所在也。夫聖人進以道者也，而或以『行可』，或以『際可』、『公養』，則道固變通也哉？孟子語萬章曰：聖人之爲天下甚殷，而其待天下甚恕。故嘗委曲以冀道之行，即或道之未可行，而亦時就焉，乃其究卒歸於道。若孔子可睹已。夫孔子之仕爲道也，宜乎道可大行而後仕也，然且有見行可之仕焉。視其君若足以建治，視其相若足以佐理，吾姑以其身周旋於君相之前，蓋天下方病吾以難，而吾則時示以易，固吾委曲之微權也。事道也，然非必行可而後仕也，則嘗有際可之仕焉。彼其禮遇之隆也，而能必其行吾道哉？顧其所爲致敬於吾者，抑猶知隆吾道也。吾由此而仕，其或因晉接以啓道合之機乎？此固時事之未可知者。即不然亦鑒其誠焉已矣，而鑒其誠者固道也，是本乎事道之心而權之者也。又非必際可而後仕也，則嘗有公養之仕焉。彼其問饋之豐也，而能必其行吾道哉？顧其所爲致養於吾者，抑猶知重吾道也。吾由此而仕，其或因鼎養以啓道合之機乎？此又時事之未可知者。即不然亦享其儀焉已矣，而享其儀者固道也，是因乎事道之窮而通之者也。然則以獵較爲非道，固非所以論孔子；而以交際爲必卻，夫亦未以孔子權之與？」評謂：「三股蟬聯而下，清虛夷猶，婉轉可味。」

王堯封、馬懋本科《論語》「吾之於人也」一章題闈墨被錄入《欽定四書文》隆萬文卷三。

王堯封（1544～1613），字爾祝，號華崗，南直隸金壇人，王樵之侄。本年二甲六十三名進士，官至戶部尚書，著有《學惠齋稿》。其文謂：「聖人志盛王之道，而以公論自附焉。甚矣，聖人志在三代之英也，無毀譽而

自附於盛王之直道，蓋有用行之遐思哉。夫子意曰：直道在人，無古今一也。自代陞降而道汙隆，始謂民心不古，而所以行之者亦異矣。吾之於人也而敢然乎哉？彼稱人惡而損其眞謂之毀，毀非直也，吾誠不能隱人惡，然於誰而毀乎？揚人善而過其實謂之譽，譽非直也，吾誠不能掩人善，然於誰而譽乎？即一時之獨見，或褒善於未成；而逆異日之所臻，必盛名之能副。則譽且無之，而毀何有焉？若是者，吾誠不能枉斯民之是非而以不直行之矣。乃斯民之不可枉也，豈自今日始哉？夏后殷周以來，其撫世者非一君；而蕩平正直之道，其循行者如一日。賞不當善，雖聖王無以勵俗，而今此善善之民所不可枉，其公是者固即三代之世所以秉至公而爵賞之民也，吾方期與之追盛治焉，而敢以譽行與？罰不當惡，雖聖世無以服人，而今此惡惡之民所不可枉，其公非者固即三代之時所以奉無私而刑威之民也，吾方期與之躋大猷焉，而敢以毀行與？夫何三代行之，則直道見諸實事，而世方隆汋穆之風；吾今行之，則直道托諸空言，而人且滋毀譽之議？然吾終不敢謂斯民之不可以古治治也。」評謂：「空明澹宕，清深而味有餘，粉澤爲工者當用此以滌濯之。」

馬愨（1535～1606），字愼卿，河南鈞州（今禹州）人。本科三甲一百十八名進士，授臨淄知縣，陞任戶部主事。後被誣，家居數十年以卒。其文謂：「聖人以直道待天下，以民心之本直也。夫聖人之好惡，與天下爲公者也，而況民心之本直焉，又何以毀譽爲哉？宜其有感而言之也。且夫士君子生三代之後，嘗恨不得挽頹風、回古道，而幸有古之遺直在焉，則亦甚無樂乎枉而行之也。吾嘗思之：毀之名，古未有也，起於惡之不直也；譽之名，古未有也，起於好之不直也。是非失而爲愛憎，愛憎流而爲毀譽，吾方傷之，而又誰毀誰譽乎？然惡不可過，好亦不可過，故譽或有之，而試又先之矣。夫無毀無譽，豈不稱直道哉？而是道也，起於匹夫匹婦之獨覺，而天下爲公；成於累世聖王之培養，而萬古不易。朝廷之上，以直道爲政教而賞罰明，今非其時矣，而禹湯文武之遺化在焉，是斯民之所服而習者也，何可欺也？閭巷之間，以直道爲論議而美刺備，今非其時矣，而忠敬質文之餘俗在焉，是斯民之所淪而浹者也，何敢枉也？蓋生理本直，而挽人心以從古，難責待教之凡民；聖王不興，而執古道以御今，願俟從先之君子。此固吾所以無毀譽之意乎？」評謂：「遒古而波折自曲，簡練而規模自宏。」

郭正域成本年進士。《欽定四書文》隆萬文卷三錄其《論語》「樊遲問仁」一章題文。

郭正域（1554～1612），字美命，號明龍，湖北江夏（今武漢）人。萬曆十一年（1583）進士，選庶吉士，授編修，官至禮部侍郎，諡文毅。正域博通載籍，勇於任事，有經濟大略，有《東宮進講尚書義》一卷、《皇明典禮志》二十卷、《黃離草》十卷等。《欽定四書文》隆萬文卷三錄其《論語》「樊遲問仁」一章題文：「聖人發仁知合一之理，而帝王之道足徵矣。夫知之與愛，其用相須也。舉錯之化，帝王有行之者，而何疑於聖人之言乎？且夫以仁而言仁，一道也；以知而言知，一道也；合仁知而言仁知，共一道也，固有相為用而不相妨者。樊遲之問仁也，夫子以愛人告之，夫以愛言仁，似勿論其知與不知而皆在兼愛中矣，是言仁而難以言知也；遲之問知也，夫子以知人告之，夫以知言知，似勿論其愛與不愛而皆在甄別中矣，是言知而難以言仁也。宜遲之未達也。夫子復以舉錯之化告之，夫所舉在直，而舉世皆直道之民；所錯在枉，而舉世無枉者之行。此其所以當舉而當錯者，孰知之也？所以化枉而為直者，又孰使之也？夫子言知而仁已寓矣，乃遲之未達猶故也。故子夏因其問而歎曰：富哉言乎！夫子之言，帝王之道也。舜有天下，欲盡天下而仁之，而舉一皋陶，不如皋陶者遠矣，舜其有以使之乎，舜使天下為仁，而當時稱舜者不獨以其官人之知矣；湯有天下，欲盡天下而仁之，而舉一伊尹，不若伊尹者遠矣，湯其有以使之乎，湯使天下為仁，而當時稱湯者不獨以其敷求之知矣。此其合眾人而選之，擇一人而用之，若是其知人也，而何病於愛？為天下舉一人，而使天下皆為仁，若是其愛人也，而何病於知？信乎，仁、知之相為用也！」評謂：「因首節『仁』、『知』分舉，故開出『未達』以下半章。若將合一之理預透在先，則下文俱成贅語矣。循次合節，疏通開解，猶有先民之遺。」

萬曆癸未科在八股文風演變史上頗值得關注。

梁章鉅《制義叢話》卷十二：「錢吉士曰：萬曆癸未以前，會元墨卷多平淡之篇。平淡而兼深古，惟成、弘以上有之。正、嘉以來，或兼雄渾，或兼敏妙，或兼圓熟，各自成家，亦各有宗派，然皆有平淡之風。癸未以後，或太露筋骨，或太用識見，一時得之，似誠足以起衰懦、破雷同，然於平淡兩字相去已遠矣。久而厭之，復求平淡，則又以低腐為平，淺薄為淡，而三等

秀才之文，駸駸乎有會元之望矣。」梁章鉅《制義叢話》卷六：「徐存庵曰：
嘉靖以前，文以實勝；隆、萬以後，文以虛勝；嘉靖文轉處皆折，隆、萬始
圓，圓機，田（一儁）、鄧（以讚）開之也，後漸趨於薄矣；嘉靖文妙處皆生，
隆慶、萬曆始熟，熟調，湯（賓尹）、許（獬）開之也，後漸入於腐矣。」「徐
存庵曰：鄒泗山『修身則道立』一節萬曆癸未會墨，格法本董中峰玘『凡為
天下』一節程文。順治辛卯鄧元昭江西程文，又從泗山脫化而出。陸雯若謂：
『前輩文章必有所本，晚出愈工，後來居上，每每如此。但不可對題抄套，
買櫝還珠耳。』」

二甲十二名進士葉向高曾論及萬曆中後期科場風氣之變。

張萱《西園聞見錄》卷四十四《禮部》三《科場‧前言》：「葉向高曰：
儒學之盛，自漢置博士弟子員，專門授業，以通經補史，至躬臨白虎發難，
諸儒奮袂奪席，遞相矜詡，文治修矣。而其人亦務尊守傳授，不悖所聞。如
嚴彭祖謂儒當修行先王之道，何可委曲從俗，以苟富貴？篤哉言乎。博士雖
數家，上之人皆明示以淵源，稍或同異，輒見詆譏，有以輕改師法、擯廢終
身者。蓋漢人授經之嚴如此。當代求士於經，視漢隆矣，剪蕪辟穢，歸於一
家，遵軌赴的，進取之途明，而士無易向，非漢所敢望也。故通經之士，其
售於有司，可操券責耳。自近世毀蔑功令，徼捷於徑竇，新學小生，得肆其
輕儇之習，以獨創為高。而窮經學古之儒，拘守舊聞，不能委曲從俗，如嚴
彭祖所云者，反白首黌序，困抑青衿，無所顯庸於世，而經術厄矣。」

本　年

艾南英（1583～1646）生。艾南英為明代制義名家。

艾南英字千子，天啟甲子舉人。朱聿鍵建號於福建，以為監察御史，病
卒於延平。事迹具《明史‧文苑傳》。《明史‧藝文志》著錄艾南英《天傭子
集》六卷、《禹貢圖注》一卷。梁章鉅《制義叢話》卷六：「艾千子有『推惡
惡之心』題文，是入縣學試作也。自記云：『是年予入縣學，與府學同題，予
置第二，而評語珍賞，似勝於首卷。府學首名則吾友羅文止，次陳大士，次
章大力，次易白樓應昌，從來學使得人之盛，未有如駱台晉先生也。』」「王
巳山曰：天啟甲子科，艾東鄉先生誠中流一砥柱也，而鄉墨多不滿人意。其
首藝『君子坦蕩蕩』一句題文，於注中『循理故常舒泰』之旨尚欠切實研尋，

而清剛之氣游行自在。在萬曆末造,實有救纖醫俗之功,不可沒也。又起中疊用『而此心』,固已句調犯複,或矮屋中不暇自檢,而論者必從爲之辭,則好奇之過矣。其三藝『欲有謀焉則就之』,墨家謂其衹演得一齣《雪夜訪普》,與孟子當日語意全不合。然英傑之概,自不可廢也。」「《明史‧文苑傳》云:艾南英,字千子,東鄉人。好學無所不窺。萬曆末,場屋文腐爛,南英深嫉之,與同郡章世純、羅萬藻、陳際泰以興起斯文爲任,乃刻四人所作行之世,世人翕然歸之,稱爲張、羅、陳、艾。」「俞桐川曰:艾東鄉少負異才,倡其同志爲《四大家稿》,名動海內,而樸質堅辣,三家皆莫及之。蓋精嚴如錢吉士,猶遜一籌,而況霍琳、求仲之倫乎?遭時喪亂,跋履間關,同時名士狼籍載路,而公獨視死如歸,游說萬端,終莫之屈,不愧爲篤信好學、守死善道者矣。」「林暢園師曰:艾東鄉嘗言,近日作文,以『《關雎》樂而不淫』首爲第一。文後自跋云:『此依毛傳作也。所謂淑女,指三夫人、九嬪以下。后妃思賢求佐,而發爲詞氣又如此和平,可謂得性情之正,當時文王刑于之化可知。時人牽來扯去,衹是后妃得則許多宗廟、社稷、治平等語,以爲如此方是樂而不淫,不知文王何故專靠后妃做聖賢也?』案:經解不必盡然,而文則簡老端凝,不得不推爲作者。」

明神宗萬曆十三年乙酉（西元 1585 年）

正　月

詔毀天下私創庵院書院。以戶部尚書王遴議,從之。禮部恐激變,數日,復諭都察院停之。（據《國榷》卷七十三）

二　月

詔定科場事宜。如嘉靖七年例,遣朝臣主各省鄉試。

《明神宗實錄》卷一百五十八:萬曆十三年二月壬寅朔,「詔定科場事宜。先是各省鄉試,以巡按御史及二司充總裁官,內外無復譏防。又預自撰錄,有主者未入闈而文已傳於外矣。關節既易,大臣子弟多幸中,而中式舉人得自寫原卷送部,名曰公據。其朱墨卷不以解部,即有物議,無從磨勘,言者病之。科臣王繼先請照嘉靖七年例,用京朝官主考。科臣張棟請程式就中式

士卷稍爲刪潤，依制刊刻。科臣萬象春請將朱墨眞卷解部，本部會同該科辨驗。惟覆試一事，科臣張維新則概指大臣子弟，科臣王士性則專指京堂三品以上子弟，萬象春則謂無議而試，於事非雅，不若無分大臣及民間子弟，但有夤緣，實迹著聞，即行參奏，試經書論策各一篇，荒謬不堪者黜落，並罪主者。於是禮部集其議以覆，上曰：『科場事宜既有成議，各處考試官照嘉靖七年例差用。還酌地方遠近，先期奏請。監臨官不得干預簾以內事。餘並如議。』」《弇山堂別集》卷八十三《科試考三》：「萬曆十三年乙酉二月，禮部疏議復科場事宜祛積弊以光盛典事，該禮部等衙門萬象春、楊廷相等條議前事，大要於科場之弊各有所見，欲懲前慮後，稍有變通，以垂永久，其意甚善。臣等謹各據所陳，參互考訂，間附己意，蓋人言可采，不必其盡出於己，己見可施，不必其盡同於人。惟求鏟弊既往，貽法將來，以仰裨我國家掄才至意。其間有監臨主司可徑自施行與無關大體者，亦不敢概行議復。撮其切要數事列款議擬上請，伏候聖明裁定，敕下臣等轉行各該衙門一體欽遵施行。庶諸臣之所見必酬，而臣等之職分少衰矣。」「一、議京考令甲。兩京鄉試，府臣先期題請試官，上命詞臣二員往典厥事，一切分考充以四方文學之臣及辦事進士甲科有司等官，最善制也。乃各省則獨有不然者，豈京考之制，可行於畿甸，而不可行於各省耶？甚非聖世同文之治也。查得嘉靖六年本部題准各省鄉試比照兩京事例，遣京官二員前去主考，一時號爲得人。乃行之二科，輒以報罷，則以監臨主考禮節小嫌，遂使同文大典不無畿省之異。今科臣象春有見於此，議重內簾，廷議擇內簾之官，繼先議照嘉靖六年事例，用京官主考。其意相同，俱可依擬。合無仍照舊例，凡遇鄉試之年，各省巡按先期奏請，本部具題，於在廷諸臣，訪其學行兼優者疏名上請，每省分遣二員主考。至用何等衙門，臨期取自上裁，仍量道里遠近以爲點差先後。其他分考，不妨照舊，每經各聘教官一員。各該巡按及提學官，務要嚴加考選，限二科以下卓有文行方准應聘，不許濫取充數。仍於本省甲科有司監臨時揀選數員同充考試，簾以內一意校閱，不得徇私干犯，簾以外一意糾察，不得越俎侵事，有不然者，各所司參奏。至於禮節坐次之間，應照繼先所議，奉命典試諸臣，在監臨提調之上，不得仍前爭競，以傷大體，以致阻格。庶京省一體，文教同風，此試官之所當議也。」「一、議程式。夫士子中式，既籍其名以獻矣，並錄其文，以風四方，制也。後乃惟主司代爲之，所錄非所取，致使草茅自獻之意蕩然無遺，非以樹向往之的，明正始之義也。且先時預擬，

有泄漏之嫌，臨卷摘詞，妨校閱之務，緩其所急，而急其所緩，計莫有不便於此者。夫入彀之英，文必可采，而裒集即可成錄，縱風簷未盡所長，主司者一刪潤之足矣，奚必窮年累月躬自撰擬而後爲工哉？先是，科臣王士性曾有此議，今萬象春、張棟所陳俱爲有見。行令兩京各省考試官，今後場中不許撰文，就將中式文卷其純正典實足爲程式者，依制刊刻。其後場果學問該博洞悉時務者，即前場稍有未純，亦許甄拔登錄，以示崇重實學之意。中間有字句煩複文不甚安而才思充滿者，不妨稍爲修飾，但不許增損過多，致掩初意。仍候錄卷解部之日，本部即行比對，有仍前代撰者，參奏罰治。若謂場中之校閱甚煩，而瑣闈之時月有限，必候取定士子之文斟酌登錄，恐致稽遲。合無少破舊例，姑限次月初旬開榜，似亦無害。如此則庶乎事體從容，文皆實錄，而四方之士咸彬彬然求合於矩度矣。此試錄之所當議也。」「一、議進題。查得京闈鄉試會試進題御覽，一以見臣子執事之恪，一以慰聖明側席之懷，所來久矣。顧繕寫不正，則踏欺慢，進呈不早，則致稽遲，不得不預擇善書之人徹夜書寫，以圖早進，乃泄漏之弊，往往在此。夫以京闈近在輦轂之下而不以題聞，臣子所不敢也，以進題之故而時刻轉相泄漏，致辱盛典，尤臣子所不安也。合無擬題已定，先裝寫一通，向闕設案，捧至，其考試等官行一拜三叩頭禮，待士子散題已畢，然後進呈，大約不出辰卯二時。則庶乎不失臣子敬愼之忱，而亦可免先時泄漏之患，此進題之所當議也。」「一、議覆卷。爲照士子三試墨卷謄寫送部，名爲公據，朱卷猶未解部也，續經言官建議，朱墨二卷一併解部，不許謄寫，眞迹尚在，一有物議，即可取而評之，公私立辨，法甚當也。顧行之未久，旋復如故，殊失解卷初意。今科臣萬象春議要於各省直揭曉之後，即將朱墨眞卷解部，本部會同該科辨驗是否原卷，通行嚴閱，如有文理不通者，量行奏斥一二，以示戒懲，相應依擬。合無通行各該衙門，查照該科所議，即於揭榜三日之內發解試卷，仍以揭榜日期，容臣等會同參閱施行。至於閱過數卷，亦宜申飭所司盡數收貯，以備不時查覈。如有私自傳覽致有遺失者，責在典守。此覈卷之所當議也。」「一、議覆試。爲照朝廷設科取士，法嚴令行，且二百年來未聞有假公典以濟己利者，近因一二夤緣之徒犯科作奸，被論削籍，殊玷盛典。今科臣萬象春、張維新建議覆試，先是王士性議亦及此，誠爲革奸之法。顧諸臣所見不同，言亦稍異，在萬象春則泛指形迹著聞爲人指摘者，在張維新則概指大臣子弟，在王士性則直指京堂三品以上子弟。臣等反覆思維，覆試之說，緣實

迹者，不問大臣及民間子弟，即行參奏，敕下本部會同都察院該科，並原奏官瑣院覆試，關防搜檢，一切如故。若係南京科道官參奏者，不必會同。試題大要明白正大，經書論策四篇而止，比照中式卷不甚相遠，即准中式，其荒謬不堪者，請旨斥落爲民。被參舉人，或有當年丁憂與自揣不堪遷延規避不赴會試者，行原籍起送。如中途稱病及到部稱病不出或被參在逃者，即行除名，不必覆試，並咨到司，坐以應得之罪。夫待參奏而行覆試，則眞才不蒙謗而被疑，覆試而因參奏官員，則夤緣者難匿瑕而掩垢，凡參奏者即概行嚴試，則法令均一，人皆不敢有倖進之心。庶乎事制曲防，弊端永絕，得人之盛，恒必由之矣。此覆試之所當議也。」「一、議關防。爲照京闈欽差監試二員，非但防範糾察乃其專責，即場中事務孰非倚重而責成之者，其任亦重且鉅矣。查得往年監試御史被命之後，不即入院，雖稱往來監督，似非事體。且既奉有專責，亦宜自爲關防。合無今後監試御史即於欽遣次日入院。至於聘到考官，舊規順天安插，豈不稱便？臣等切謂，府門之啓閉無時，而從役之往來甚煩，務爲關防，實乃故事。查得三場考選，例有巡視御史二員，合無今後考官到京，送赴查院，嚴加扄鑰，多撥兵番巡察，或即同起居，尤爲愼密。候順天府會宴之日，即於是早伴行入朝，主考監試等官陛辭交割，監試御史方迴。南京鄉試，查照前例，一體遵行。庶可杜絕奸弊。此關防之所當議也。」「今據科臣所見，與臣等所議復者，雖大概有此數端，而內簾不許撰錄與外簾不許閱卷，似尤爲切要者。蓋主司不分心於試錄，則校閱精而去取必當；監臨不分心於試卷，則防檢密而奸弊不生。庶乎祖制可復，臣職可明，而弊習亦頓革。故臣等以是爲要，宜嚴行申飭者也。抑臣又有說焉，薦賢爲國者，蓋臣之上務也，明罰敕法者，哲后之大機也，臣所議數事，亦有經言官條議部臣題復者，豈不班班可考。然有視爲冗談，漫不加意，彼其敢於抗明詔而樂因循者，何也？則罰之輕而人易犯之也，況未必罰乎！今科臣張棟欲請陛下復嚴禁之罰，其見良是。合無自後各省直考校監試等官，敢有沿襲舊套，故違明禁者，即重行議處，則法嚴而人心知畏，弊有不盡釐，遴選有不盡公者，臣等所不信也。如兩京監試，不許與聞編號，布按二司不許仍充總裁，減外簾以省奔命之煩，扄各房以杜通同之弊，禁積役以屛傳遞之奸。與夫文格之當辨也，士習之當正也，諸臣所議，纖悉具備，均於重典有裨，是在監試主試督學諸臣一加意焉，可無俟臣等喋喋矣。伏候聖裁。奉聖旨：『科場事宜既酌議停當，各處試官準照嘉靖七年例善用，還酌量地方遠近

先期奏請，監臨等官不許干預內簾事務，其餘俱依擬著實遵行，有故違的，你部裏及該科參奏重治。』」

今年鄉試有「夫婦之愚」十句等題。

《遊藝塾文規》卷三《起講》：「有懸空立說，竟作問難而起者，如乙酉浙江『夫婦之愚』十句，袁茂英云：『君子之道，費而隱之道也。夫其費也，必造化而始顯，神聖而始備，則道果猶有遺乎？必知之而可悉，行之而可盡，則道果猶有御乎？』輕虛活潑，筆端如畫。」「南京『大戒於國』十句，李大武云：『古忠良之世留心民事者，誰不動稱先王之故憲？而不有明君者舉而亟行之，則其事多湮滅而弗彰，吾不意齊有進言之晏子，而又有能悅之景公也。』今人作文多苦思極鍛以求工，而此數語祇憑胸流出，筆端可愛。故有意求工者，類無嘉調；而無意吐出者，常有至奇。學者所當深辨也。」「福建『見善如不及』全，丘憲周云：『古今人豈甚相遠哉？而以其所見驗之所聞，或有所欣豔而遇之，或有慨然想見其為人而無從焉，論古者所以有遐思也，而今如何哉？』奇宕之極，琢削俱融。『孔子嘗為委』二節，黃葵陽擬程云：『王人詔祿以養廉，君子敬事而後食。故仕者為道，非為祿也；即不得已而仕者，雖為祿，亦為道也。』最得題旨」。

明神宗萬曆十四年丙戌（西元 1586 年）

正　月

禮部請廣會試制額。上特命取三百五十人，著為例。會試《易》經卷多，增一房。

《明神宗實錄》卷一百七十：萬曆十四年正月「壬戌，禮部題會試事宜，請廣會試制額。上特命取三百五十人，著為例。又議試錄程文，宜照鄉試例刪潤原卷，不宜盡掩初意。至於經房額設一十七員，《書》、《易》經舊例各有四房，《易》經卷多，合增一房。從之。」

二　月

王錫爵、周子義為今年會試主考官。錄取袁宗道等三百五十人。（據

《弇山堂別集》卷八十四）

今年會試，有《論語》「故君子名之必可言也，言之必可行也。君子於其言，無所苟而已矣」、《中庸》「執其兩端，用其中於民」、《孟子》「事孰為大？事親為大」等題。

《遊藝塾文規》卷三《起講》：「丙戌『執其兩端』二句，羅大紘云：『天之降衷於民，何擇聖凡？故愚夫愚婦之所懷知而獨處者，亦聖人之所不棄也，此其道在有虞矣。』句句著力。薛三才云：『聖人之智，固未嘗自恃其聰明，而亦豈概徇夫眾庶哉？合眾善所以成其大也，而酌眾善所以執厥中也。』亦自大雅。小講有從前說來，而議論出於題目之外者，如癸未『吾之於人』全，俞士章云：『太古之世，有操行而無議論，是非何緣而起乎？不得已而有是非，亦君子勸懲天下之一機也。』本文祇說三代，渠卻說『太古』，是超前起法。有從後說來，而竟反題以起者，如嚴貞度此題云：『古之待民也常公，今之待民也常私。自私心起、直道微，而毀者譽者爭以其說行天下矣，彼蓋以古一民也，今又一民也。』題說『三代直道』，渠說『今日常私』，分明與題相反，此是從後說起，而其妙處全在『古一民也』二句，喚得通章大旨醒。」「『修身則道立』一節，此題小講最難說到效驗，全無佳思。李廷機云：『九經之事可以為天下國家，法程至明也，而卒莫之行者，得毋曰行之而未必效耶？臣試以傚言之。』如此說，方見傚之當陳，最得夫子口氣。陳良軸云：『有天下國家之責者，最不可有計功之心，而苟得其道則效即隨焉，此願治者所必考也。』說當自考，尤有識見。」「小講貴直截，儻題有微意，亦貴曲折以發之。如『孔子有見行可』三句，鄒德溥云：『聖人之為天下甚殷，而其待天下甚恕，故嘗委曲以異道之行。即或道之未可行，而亦時就焉，其究卒歸於道，若孔子可睹已。』何等曲折，蓋婉而有法者也。孟養浩云：『聖人為道之心至切矣，縱迹之所托疑於非道，而為道之意亦有潛而寓於其中者。』此覺簡直，而意亦甚明。」《遊藝塾文規》卷七《正講四》：「丙戌『故君子名之』一節，袁宗道墨已刻程，文甚典雅。後二比云：『思內庭廣眾，其耳目最難掩，而兢兢乎擬之後言，惟恐名與實違，或上乖乎國紀；思天下後世，其聽睹為最公，而惕惕乎慮然後發，惟恐實因名紊，或下拂乎人心。』雄秀有采色，『名實』二句得題旨。薛三才此作甚得肯綮，起講先從『名不正』說來，即虛做四句云：『故君子為國家正體統，必致意於其始；為朝廷辨名分，已深慮乎其終。（四

句渾融説意，後二比流水説下。）其制此名也，必其足以告宗廟、示臣民，顯然形之稱謂而不諱者也，未有不可言者也；而其言此名也，（此句聯絡得好。）必其足以扶三綱、正九法，（原在『名』上講，有理。）昭然見諸行事而無弊者也，未有不可行者也。然則君子之於名也，而豈徒提空名以飾觀聽矣乎？（單重『名』字過下，甚是。）名一不正，必且假借於其言，假借而不已，遂將至於陵夷而不可行矣，此終苟道也。君子之稱名而或易乎，則綱常奚賴焉？』又對一比，純重『正名』發揮，有神有骨。周著講『可言』、『可行』，皆根『名』來，亦自有見。過下云：『君子知行不越乎言之外，則兼舉之易；而言已在於名之中，則致慎之難。』此四句亦得題意，後面皆重『名』上講。繳云：『蓋所急者，在君臣父子之倫；而所關者，在乾坤尊卑之等；所謹者，在唯諾傳宣之頃；而所慮者，在民物經綸之大。君子之不苟於言也，豈其愛區區名哉？』又進一步。黃道月先以『禮樂崩壞』、『刑政廢弛』起二比，以見名之當重，後講『可言』、『可行』處，皆點出『苟』字，講末句皆從『為政』上說，飄逸跌宕，有鳳凰翔於千仞之上之趣。」「『執其兩端』二句，袁宗道起云：『是故以天下視舜，則千慮之一得，似無當聖心之中；而以舜視天下，則群言寓至理，皆可裨執中之用者。於是取諮詢之所及，辯之幾微之分；而即合采擇之所得，運為方寸之矩。（流水説去，又不説盡。）其折節而求所為當聖裁者，靡匪讜論，而就讜論之中，亦自有異同，其辨在纖細間也，則出其朗照以辨之纖細間而協於中，即用之我也，無問其出愚賤口矣。』又對一比，後總繳二比。從來元卷皆貴獨造，不貴沿襲，然亦有襲之而佳者，如『舜其大知也與』，傅夏器窗稿起云：『自舜之聖而觀之，天下固難乎其為智也；自舜之心而觀之，視天下之人皆智也。』田一儁墨卷全用此話，金玉蟠亦全用此意。『其辨在纖細間』等句，亦從馮具區丁丑『回之為人也』一節講『擇乎中庸』處來。大率文雖貴出自胸臆，而一脈相承，亦有的傳。會元文字不可不熟看，看熟則率然而成，偶有相符，不足忌也。薛三才亦佳。黃之俊絕無蹈襲，句句出自胸臆。起云：『眾庶之口，人一其指歸，善而未必同也，此兩端所以雜陳也；盈庭之議，人一其見解，善而不皆中也，此兩端所以待擇也。舜也，語識則濬哲超乎物表，故能朗觀眾善而獨折其精；語量則同人包乎宇宙，故能見執大中而咸用其極。』次將『執』、『用』聯作二大比，後單承『用』字收二比。黃汝良先提大意明白，次入講云：『理介於可從可違之際，姑兩存而互參之，得其所謂渾然中者，然後以茹納為體驗，而盈庭之議

始決也；見淆於一彼一此之間，（前説『理』，此説『見』。）先兩持而獨斷之，得其所謂粹然中者，然後以延攬爲推行，而先入之聽弗主也。（前説『盈庭之議』，此説『先入之聽』，各是一意。）本聖心之惟精者以折異同之見，而執之也若持衡時，蓋眾言輻輳，即以其中仰合於聖人，而卒不見聖人之有成心；本聖心之惟一者以定取捨之極，而用之也若發機（以『惟精』説『執』，以『唯一』説『用』，挪易不動。）時，蓋輿論畫一，即以其中俯合乎天下，卒不見聖人之有偏聽。』」「『事孰爲大』二句，袁宗道神氣俱爽，可稱絕唱矣。其至妙之詞，則在後二比中四句，云：『未出庭闈，則顧覆之愛尤眞；念始孩提，則瞻依之情獨切。』王老師極喜此語，以爲深得人子事親之情。薛三才起云：『自吾有生以來，顧其具夫形骸肢體，而得肖貌於天地間者，非親也耶？（句逸。）是有吾親，斯有吾生，竭吾生之所自盡，舉不足以事之，而以是論於倫理，事孰大焉？自吾有身以來，顧其爲之撫摩鞠育，而得稱人於覆載間者，非親也耶？是有吾親，斯有吾身，竭吾身之所可自致，舉不足以事之，而以是論於日用，事孰大焉？』詞切情懇。王一鳴後二比云：『自事者而言，盡心非以酬恩，竭力非以植行，有時捐軀非以明節義，彼不自知其事之大也，惟見天下無復有加於所事之親而已；自見事者而言，彼盡心而我不知感，彼竭力而我不知勞，彼有時捐軀而我不難其慷慨，亦不知其事之者以爲大也，惟見天下之事我者，無以加於此而已。』憑空構奇，出人意表。」

三　月

唐文獻、楊道賓（？～1609）、舒弘志等三百五十一人進士及第、出身有差。

《明神宗實錄》卷一百七十二：萬曆十四年三月，「庚戌，上策天下貢士於廷。制曰：『蓋聞上古無爲而治，不賞而民勸，不怒而威於鈇鉞，何甚盛也。而儒者之論治曰：有功不賞，有罪不罰，雖唐虞不能化天下。又謂夏后氏先賞而後罰，殷人先罰而後賞，周人修而兼用之。則二帝三王所由，固與上古殊路歟？何同歸於治也？又有言賞宜從予罰宜從去者，有言寧僭無濫者，有言仁可過義不可過者，以爲古昔帝王，皆以君子長者之道待天下，然則先罰後賞者非歟？抑賞罰者帝王致治之具而非其所以治歟？我聖祖繼天立極，垂憲萬世，恩威莫測，其用賞罰，務協於中，其揭諸《祖訓》首章及載諸《聖政記》者，同符治古，可得而陳其概歟？朕以寡昧托於臣民之上，十有四年

矣，夙夜兢兢，惟古訓是式，成憲是遵，不愛爵祿賜予，以待功能之士，而不法者以三尺重繩之，明示好惡，以與天下更始。然德澤壅而不究，法令泥而不行。任老成獎恬退以教讓也，而浮競之風益甚，革苞苴罪貪墨以訓廉也，而澄清之效罕聞。習俗奢侈，示之以儉，而人心尤溺於紛華。刑獄冤濫，示之以寬，而吏議多工於鍛煉。蠲租賑窮，詔常數下矣，胡閭閻之困未蘇？振旅詰戎，令亦屢申矣，胡牗戶之防未密？無乃勸懲之法，闕而未備歟？抑所謂修職任事者漏賞，而欺謾避課者佚罰歟？殆朕之不敏不明，所以風勵之者非其本，而督率之者非其實也？茲欲賞信罰必，以昭明聖祖之法，而追古帝王之治，何修而可？爾多士，居則稱先王，譚當世之務，其尚究晰古今，根極體要，詳著於篇，勿泛勿隱，朕將親覽焉。』《弇山堂別集》卷八十四：「十四年丙戌，命禮部尚書文淵閣大學士王錫爵、掌詹事府吏部左侍郎兼翰林院侍讀學士周子義充考試官，取中袁宗道（1560～1600）等。是歲以言官請，取三百五十人，著為令。廷試，賜唐文獻、楊道賓、舒弘志及第。先是，內閣大臣申時行等擬袁宗道第二人，道賓第三人，而宗道卷屬大學士許國讀，音楚，上意不懌，置之二甲第一，而拔進呈最末卷弘志第三。弘志，巡撫廣西右副都御史應龍子，年十九，策奇麗甚，而語多刺譏時政，且侵言官之橫者，大臣惜而不敢顯置之前，上忽拔之，中外驚異稱服，以上神明且得人也。」李調元《制義科瑣記》卷二《憤言官之橫》：「萬曆十四年丙戌科殿試，閣臣申時行等擬袁宗道第二，楊道賓第三。宗道卷屬大學士許國讀，土音不清楚，署二甲第一，移道賓一甲第二，而拔進呈最末卷舒宏志為一甲第三。宏志，巡撫應龍之子，年少，策最奇麗，多規諷時事，且憤言官之橫。閣臣不敢置前列，上親賞拔，中外驚異，以為神明。」

據《明清進士題名碑錄索引》，萬曆十四年丙戌科第一甲三名（唐文獻、楊道賓、舒弘志），第二甲六十七名，第三甲二百八十一名。

袁宗道舉會試第一，殿試二甲第一。選庶吉士。

《萬曆野獲編》卷十六《癸未丙戌會元》：「丙戌，王太倉主試，立意以簡勁風世，故首袁公安。榜初出，人望不甚歸。太倉公岸然不屑，急以試錄魁卷寄辰玉。是年錄文大半出王手筆，其父子最相知信，自謂此錄冠絕前後，乃子必驚賞無疑。及報書至，更無他言，但云此錄此卷行世之後，吾父勿復談文可也。太倉得書大怒。次科戊子（1588）辰玉舉京兆第一，其卷乃翁亦

不甚愜意。及辛丑（1601）舉第二，太倉公批卷云：此子久困場屋，作此以
逢世眼，即此一念，便不可與入堯舜之道矣。文字一道，家庭間意見迴別若
此，況朋友乎？……辰玉辛丑授官後，即奉差歸里，日惟課子。每命一題，
輒自作一首。乃孫晚謁大父，必問云：今日何題？乃父文云何？其孫出以呈
覽，輒云不佳。即呼紙走筆，不構一思，頃刻而成。今所刻《課孫草》是也。
友人沈湛源應奎時爲彼中廣文，親見，每爲余言，歎服以爲天人。然辰玉高
才，正如大令之於右軍，所謂外人那得知者。是父是子，斷不可再得也。」
王太倉，指王錫爵。其子王衡，字辰玉。袁公安，袁宗道，字伯修，公安人。
袁宏道之兄。李調元《制義科瑣記》卷二《改名黃》：「袁了凡初名表，萬曆
丁丑下第，夢袁黃作會元，因改名黃。比下科，榜發，則會元袁宗道，黃汝
良次焉。」袁黃（1533～1606），萬曆十四年（1586）三甲一百九十三名進士。
江蘇吳江人，一作浙江嘉善人，字坤義，一字了凡。知寶坻縣，有善政，擢
兵部主事。日本侵朝鮮，佐經略宋應昌軍往征，爲其策劃。中察典，免歸。
博學尚奇，凡河洛、象緯、律呂、水利、戎政莫不究涉。有《兩行齋集》、《曆
法新書》、《皇都水利》、《評注八代文宗》、《群書備考》、《勸農書》、《遊藝塾
文規》等。

方苞高祖方大美本年成進士。《欽定四書文》隆萬文卷四錄其《中庸》「鬼神之爲德」一節題文。

方大美，安徽桐城人，曾任御史、大僕寺少卿等職。《欽定四書文》隆萬
文卷四錄其《中庸》「鬼神之爲德」一節題文：「以鬼神言道，而知其非隱也。
夫莫幽於鬼神，而觀其爲德之盛如此，則索隱者可以息矣。《中庸》引夫子之
言，謂夫自有天地以來，塊然太虛未嘗止息，而彌綸乎宇宙者孰爲之乎？鬼
神爲之也。是故溺於虛無者不可以言鬼神，凡日星之所以著，江河之所以流，
昭然於俯仰之際者皆是也；涉於怪異者不可以言鬼神，凡萬類之變蕃，一事
之作止，紛然於日用之間者皆是也。盛矣哉，其爲德乎！原其德之體，則根
乎天地，陰陽之性存焉，陽之氣一至，而生育長養者不知其所以然，陰之氣
一至，而斂藏退息者不知其所以然，蓋至健至順之性，有自然而不容強者，
夫是以無爲而成化也；究其德之用，則感於屈伸，動靜之機乘焉，當其氣之
伸，而富有日新者其發不可窮，及其氣之屈，而空虛無用者其積不可竭，蓋
一往一來之機，有相推而不能已者，夫是以錯出而有常也。使天地間一息無

鬼神，則所爲鼓其出、鼓其入者孰效其功，而覆載生成何以無偏而不舉之處；使人事中一息無鬼神，則所謂疊而起、循而生者孰爲之宰，而廢興成毀何以有動而必應之機？是故君蒿悽愴，其偶出爲靈奇者，在眾人皆見爲非常，而不知止此理之發著；震動恪恭，以致嚴於屋漏者，在聖人實見其情狀，而無時非天命之流行。其德之盛也，乃其理之實也。然則鬼神之德，即中庸之道，而何容索之於隱哉？」評謂：「經、子之奧旨，儒先之精言，皆具其中。尤難者，實發『德之盛』而不犯下文。」

萬曆十四年，庶吉士出館，選留八人。其後數年，庶吉士選留數量較以往爲多。

《神廟留中奏疏會要·吏部》卷八翁憲祥《館選鉅典懇乞聖明特敕閣部大臣遵行舊制力挽人情以防末流以重詞林》：「臣以爲，當事大臣矢心天日，務於至公，考時嚴加防範，取捨一憑尺幅，俾夤緣者抑而恬靜者伸，虛聲者退而實學者進，然後鉅典有光也。翰林、坊局雖然無定員，亦當稍有限制。而欲爲限制，即當愼重於考選之時。誠查近來壬辰、乙未二科，俱二十八人止耳。自己未到今又經幾番考選，從茲以後，益難數計，若不限有常額，隨意加增，安所底極？合無及今定議，必以十八人爲率。其直省所選人數亦查照往例，勿得偏枯，然後人心可服也。國家用人，入而儲養，出而經歷，隨地自效，寧分低昂？查得《會典》所載，每科留數甚嚴，即聖上歷科如甲戌停考，丁丑選二十八人，然先後僅留十一人。庚辰停考，癸未選二十八人，然先後僅留十二人。丙戌選二十七人，僅留八人。比時各安分，無敢囂競。惟自丙戌以來，概至多留。留者愈多，孰甘居後，於是奔趨徑竇，同類擠排，世道人心，皆堪扼腕。謂宜自今以後，查照《會典》，止留三分之一。即有濬補者，亦將一科留數總爲計算，勿使逾額，其授科、道及各部司屬，悉遵祖制。若如近年變例，部曹一概不行，則嘉靖年間常有外除者，未必盡無建豎，何至以部署爲劣處，皆薄之而不屑也。大抵詞章之高下，未足以概人品，一時之官職，未可以定勳名。當事者盡捐曲顧體面之心，與選者勿操越次營求之念，然後士習可端也。臣職在筆箚，三年考較，例不容曠，且散館之時，必一齊在任，方可分別授職。是以向來除憂制外，絕少託疾引避者。查丙戌之前，間有請告，必係眞病，又或以會試榜首，例在必留，或該省原止一人，考序已定，非有所規避也。若近年考較未幾，每即引疾，其強健無恙，人人

知之，其慮同省人數相妨，幾幸日後，亦人人知之，則真巧於擇官矣。謂宜自今以後，各臣與教習大臣力為主持，三年之間不許託疾。有託病者，起補之日不妨明白示裁，庶僥倖可抑也。」

丙戌在八股文演變史上被視為風會轉移之關鍵。

梁章鉅《制義叢話》卷五：「盛集近王，中集近霸。王之道，正大和平，霸之道，幽深奇詭。隆、萬中集也。然癸未以前，王之餘氣，己丑以後，霸之司權。蓋自太倉先生主試，力求峭刻之文，石簣因之，遂變風氣。是故丙戌者王霸陞降之會也。丙戌鮮有名家，獨錢季梁士矗精實簡貴，有承先啟後之功焉。」

丙戌以後，館閣文章風氣漸變。

《列朝詩集小傳》丁集中《馮尚書琦》：「隆、萬之間，東阿于文定公博通端雅，表儀詞垣，臨朐于文定為年家子，繼入史館，聲實相望。臨朐早世，未及爰立。歿後五年，而東阿始大拜，一登政事堂，未遑秉筆，奄忽不起，人之云亡，君子於二公，有深恫焉。于有《穀城集》，馮有《北海集》，並行於世。當時士大夫入史館者，服習舊學，猶以讀書汲古為能事，學有根柢，詞知典要，二公其卓然者也。丙戌己丑，館選最盛，公安、南充、會稽，標新豎義，一掃煩蕪之習，而風氣則已變矣。自時厥後，詞林之學，日就舛駁，修飾枝葉者，以肥皮厚肉相誇；剝換面目者，以牛鬼蛇神自喜。東里西涯，前輩台閣之體，於是乎漸滅殆盡，而氣運亦滔滔不可復反矣。吾於近代館閣之文，有名章徹者，皆抑置而不錄，錄于、馮兩公集，為之三歎，聊引其端如此。」

丙戌大廷對策，顧允成（1554～1607）指切時事不少諱。允成癸未（1583）舉會試，今年始與廷試。

高攀龍《顧季時行狀》：「萬曆己卯（1579）舉鄉試，癸未舉會試，丙戌大廷對策，指切時事不少諱。其略曰：『陛下所以策臣者，無慮數十百言，究其指歸，賞罰二科而已。夫賞者勸天下之法，然有不倚於賞者，所以勸天下之意也；罰者懲天下之法，然有不倚於罰者，所以懲天下之意也。今賞罰之法甚具，然而德澤不究，法令不行，此無異故，則聖製言之矣，所以風屬之者非其本，督率之者非其實也。本也實也，即臣愚所謂意也。竊觀當今之勢，而

根極其體要，所以累皇上之意者，大凡有二：明以好示天下而此二者恒陰移其所好，明以惡示天下而此二者恒陰移其所惡。二者何也？曰內寵之將盛也，曰群小之將逞也。夫人主崇高富有，無一不足以厭其欲，昏其志，而惟色爲甚，聖王之所亟遠也。昨者皇上以鄭妃奉侍勤勞，特冊封爲皇貴妃，大小臣工不勝其私憂過計，因而請冊立皇太子，因而請加封王恭妃，皇上不溫旨報罷，則峻旨譴逐矣。夫皇太子國之本也，忠言嘉謨國之輔也，兩者天下之公也。鄭貴妃即奉侍勤勞，以視天下猶爲皇上一己之私也。以私而掩公，以一己而掩天下，亦已偏矣。偏則皇貴妃或得以愛憎弄威福於內，其戚屬或得以愛憎弄威福於外，閹人侍妾又或將乘其偏而得以愛憎弄威福於內外之間。若然，則賞罰云者，將不爲皇上之好惡用，而爲內寵之好惡用，欲其信且必，未可也。人主雖甚神聖，其聰明不足以遍天下，將必有所寄之。寄之得其人則安，不得其人則危，非細故也。邇年以來，皇上明習政務，聽覽若神，蓋辨及左高，察及淵魚，幾於遍矣。竊聞之道路，往往二三群小伺察而得之，此可謂寄得其人耶？皇上非不知，不得其人而姑寄之者，其亦有不得已也。蓋曰朕向以天下事付張居正，而居正罔上行私，一時公卿臺省從風而靡，外廷之不足信明甚，故寄耳目於此輩，示天下莫能欺也。臣以爲不然。善爲治者以全而收其偏，不聞以偏而益其偏。皇上懲居正之專，散而公之於九卿可也，若聚而寄之於此輩，則居正之專尚與皇上爲二，此輩之專且與皇上爲一，救之難爲力也，不更倍乎？且此輩之始用事，適皇上銳精求治之初，彼方見小信以自結，其所指陳類依公義，猶若未害。久則陽公而陰私矣，又久則純出於私矣。若然，則賞罰云者，將不爲皇上之好惡用，而爲群小之好惡用，欲其信且必，未可也。德澤之壅，法令之尼，有由也。臣愚以爲，欲效忠於皇上，當自今日始，欲效忠於今日，當自兩者始。』時讀卷官大理何心泉者，詘於眾曰：『此生作何語耶？眞堪鎖榜矣。』大學士婁江王公取閱之，稍易置二百十三名。季時退自傷，以爲不幸不達皇上，即達，死不恨矣。適南京都御史剛峰海公屢爲房御史所詆，季時憤曰：『臣下皆自處於私，奈何望皇上無私也。』於是與彭公旦陽、諸公景陽合疏言之，數其欺妄之罪凡七，且曰：……疏奏，得削籍歸。」李調元《制義科瑣記》卷二《置末第》：「顧允成字季時，無錫人，憲成之弟……丙戌殿試，對策有曰：『張居正罔上行私，陛下以爲不足信，而付之一二匪人。恐居正之專，尚與陛下二，此屬之專，遂與陛下一。二則易間，一則難圖也。』且極言鄭貴妃事。執政大駭且恚，置末第。」

《欽定四書文》隆萬文錄顧允成制義二篇。

卷一錄其《大學》「是以君子有絜矩之道也……忠信以得之」題文：「傳者詳絜矩之道，而推本於心焉。夫道不外乎心也，以忠信之心行絜矩之道，天下之平也，固其所矣。且天下何為而平也，其平之以道乎？道何為而得也，其得之以心乎？心與道合，道與天下合，治平之業可一舉而定矣。君子觀天下於家國之間，而知其無二心，是以有絜矩之道焉。本然之矩在己，絜而公之於人；同然之矩在物，反而絜之於己。此何謂也？所惡於上下而勿施，所惡於前後左右而勿施之謂也，得之將為民父母，而得眾得國者由是；失之將為天下僇，而失眾失國者由是。湯之所以興，紂之所以亡，皆是物也。甚矣，《詩》之善言絜矩也。故明此以理財，則慎德之君子、絜矩之君子也，人土之所由歸，財用之所由具也，不然，而聚之也悖入，散之也悖出，不惟戾於《周誥》之格言，抑且慚於晉楚之方志矣；明此以用人，則能好惡之仁人、絜矩之仁人也，容賢之人所由進，妨賢之人所由遠也，不然，而以不斷掩明，以不明災身，不惟昧於仁人之大義，抑且慚於霸國之誓詞矣。吾於是知道者，治法也，君子固必以大道為出治之端；心者，治本也，君子尤必以一誠為行道之要。絜矩之道，公乎己而不私之道也，故惟主於忠者得之，為其盡己之心者，斯能公乎己也；絜矩之道，公乎物而不私之道也，故惟主於信者得之，為其循物之心者，必能公乎物也。理財者有是心，則為君子之慎德；用人者有是心，則為仁人之好惡。於平天下何有哉？」評謂：「題緒雖繁，無一節可脫略。文能馭繁以簡，毫髮不遺，而出以自然，由其理得而氣清也。」卷三錄其闈墨《論語》「舜亦以命禹」句文：「帝之所授於王者，一『中』焉盡之矣。夫道不外於『中』也，則舜之命禹何以易此哉！《魯論》記此，所以明道統也。曰：帝王之授受也以位，而其所以授受也以道。道者，中而已矣。堯之命舜，固命之以『允執厥中』也。至舜所授於禹之天下，即堯所授於舜之天下也，其責同也；舜可以中而治堯之天下，則禹亦可以中而治舜之天下也，其理同也。故舜也為天下計，則不容一日而無禹，而總師之任，既公之而有所不私；為禹之治天下計，則不容一日而無中，而執中之訓，自因之而有所不變。『人心道心』之命，似乎堯之所未發，而要之，言人心，以言中之雜乎形氣者也，言道心，以言中之純乎義理者也，當堯命舜之時，危微之旨已隱然於『允執厥中』之內，舜特為之闡其秘而已矣；『惟精惟一』之命，似乎堯之所未及，而要之，言惟精，以言中之無所於蔽也，言惟一，以言中之

無所於湑也，當堯命舜之時，精一之理已昭然於『允執厥中』之內，舜特爲之泄其蘊而已矣。上以天祿而畀之，則亦並其所以凝承天祿者而命之，蓋紀綱之舉廢，其隨時而易者誠不能以預定，而惟此中之原於天，固亘萬古而不磨者也，安得而加益也，少有益焉則爲太過矣，夫太過，何以治天下哉？下以四海而畀之，則亦並其所以撫安四海者而命之，蓋制度之沿革，其與世而更者誠不能以預擬，而惟此中之具於人，固俟後聖而不易者也，安得而加損也，少有損焉則爲不及矣，夫不及，何以治天下哉？吁，自舜一命而上紹有唐，下開商周。道統之傳，所從來遠矣！」評謂：「題位甚虛，但於虛處著筆則易入浮滑一路。文獨確疏實義，而虛神更爲醒露。石昆玉作以法勝，此以理勝也。」

明神宗萬曆十五年丁亥（西元 1587 年）

二　月

禮部尚書兼翰林院學士沈鯉等題奏「為士風隨文體一壞懇乞聖明嚴禁約以正人心事」。從之。（據《明神宗實錄》卷一百八十三）

　　《弇山堂別集》卷八十四《科試考四》：「十六年，禮部參浙江提學僉事蘇濬、江西提學副使沈九疇取優等卷怪詭，濬等各罰俸兩月，諸生發充社。題『爲士風隨文體一壞懇乞聖明嚴禁約以正人心事：儀制清吏司案呈，照得近年以來，科場文字漸趨奇詭，而坊間所刻及各處士子之所肄習者，更益怪異不經，致誤初學，轉相視傚，及今不爲嚴禁，恐益灌漬人心，浸尋世道，其害甚於洪水，甚於異端。蓋人惟一心，方其科舉之時，既可用之以詭遇獲禽，逮其機括已熟，服役在官，苟可得志，何所不爲？是其所壞者不止文體一節，而亦於世道人心大有關係。相應提請申飭以遏狂瀾等因。案呈到部，臣等所得，言者心之聲，而文者言之華也。其心坦夷者，其文必平正曲（典）實，其心光明者，其文必通達爽暢，其不然者反是，是文章之有驗於性術也如此。唐初尙靡麗，而士趨浮薄，宋初尙鉤棘，而人習險譎，是文章之有關於世教也又如此。洪武三年詔頒取士條格，《五經》義限五百字以上，《四書》義限三百字以上，論亦如之。策限一千字以上，惟務直述，不尙文藻。仁宗朝俞廷輔奏准，科目取士，務求文辭典雅議論切實者進之。憲宗諭詹事黎淳

曰：『出題刊文，務依經按傳，文理純正者爲式。』故今鄉會試進呈錄，文必
曰中式，則典雅切實文理純正者，祖宗之式也。今士之爲文，式乎不式乎？
自臣等初習舉業，見有用六經語者，其後以六經爲濫套，而引用《左傳》、《國
語》矣，又數年以《左》、《國》爲常談，而引用《史記》、《漢書》矣，《史》、
《漢》窮而用六子，六子窮而用百家，甚至取佛經道藏，摘其句法口語而用
之。鑿樸散淳，離經叛道，文章之流弊，至是極矣。乃文體則恥循矩矱，喜
創新格，以清虛不實講爲妙，以艱澀不可讀爲工，用眼底不常見之字謂爲博
聞，道人間不必有之言謂爲玄解。苟奇矣，理不必通，苟新矣，題不必合，
斷聖賢語脈以就己之鋪敍，出自己意見以亂道之經常，及一一細與解明，則
語語都無深識。白日青天之下，爲杳冥魍魎之談，此世間一怪異事也。夫出
險僻奇怪之言，而謂其爲正大光明之士，作玄虛浮蔓之語，而謂其爲典雅篤
實之人也，可乎？如謂人自人而言自言也，則以文取士者，獨以其文而已乎？
抑孟子之所謂『生於其心，害於其政』者，豈無稽之言乎？臣等不以文爲
重，而爲世道人心計，心竊憂之。嘗謂古今書籍有益於身心治道，如《四
書》、《五經》、性理、司馬光《通鑑》、眞德秀《大學衍義》、丘濬《衍義
補》、《大明律》、《會典》、《文獻通考》諸書，已經頒行學宮及著在令甲，皆
諸生所宜講誦。其間寒素之士不能遍讀者，臣等不能強，博雅之士涉獵群書
者，臣等不敢禁，但使官師所訓迪，提學所課試，鄉會試所舉進士，非是不
得旁及焉。仍乞容臣等會同翰林院掌院官，將弘治、正德及嘉靖初年一二三
場中式文字取其純正典雅者，或百餘篇，或十數篇，刊佈學宮，以爲準則，
使官師所訓迪，提學所課試，鄉會試所舉進者，非是不得濫取焉。除鄉會試
已經臣等題奉欽依，遇場屋揭曉後，各該提調官即將中式朱卷盡數解部，逐
一參閱，有犯前項禁約者，隨時指名參閱外，其各省直提學官，各持一方文
衡，手所高下，人皆向風，轉移士習，尤爲緊切。如使膠庠之所作養者，皆
務爲險僻奇怪之文，而開科舉士之時，欲合乎平正通達之式，臣等竊知其無
是理也。乃往時止於科舉年分稍一申飭，其各省直小考，則任其變化程式，
置之不問，是謂濁以源而求其流之清也，不可得已。合無恭候命下，容臣等
咨都察院行兩直隸提學御史及各省巡按御史，轉行各該提學憲臣，務仰體朝
廷德意，相率以正文體、端士習、轉移世道爲己任，而不以厭常喜新標奇攬
異取快於口耳聲名爲諸士倡始。平時訓諭師生，惟將前項經書史籍隨其所
習，考覈講究，務令貫通，至於臨場校閱，品題高下，則一以見今頒行文體

爲式。如復有前項險僻奇怪決裂繩尺，及於經義之中引用《莊》、《列》、《釋》、《老》等書句語者，即使文采可觀，亦不得甄錄，且摘其甚者，痛加懲抑，以示法程。仍將考過所屬府州縣衛運司儒學生員，原取優卷前五名或三名以上者，歲終解部，科舉年場屋畢解部，臣等逐一考驗，不許另有謄改，如有故違明旨沿襲前弊壞亂文體者，定將提學官分別卷數多寡題請罰治，本生行提學道黜退除名。仍乞敕下吏部，今後考課，提調學校官員，一視其能正文體與否，以爲殿最，其解部考卷，容臣等閱畢，咨送吏部，一體考驗施行。伏乞聖裁等因。萬曆十五年二月初六日，本部尚書兼翰林院學士沈鯉等具題。』初九日奉聖旨：『是。近來文體輕浮險怪，大壞士習，依擬著各該提學官痛革前弊，仍將考取優卷送部稽查，如有故違的，你部裏摘出，開送內閣，從重參治。科場後參閱朱墨卷，節年題有定例，今後也要著實舉行，毋事空言。欽此。』」《明史·選舉志》：「諸生應試之文，通謂之舉業。《四書》義一道，二百字以上。經義一道，三百字以上。取書旨明晰而已，不尙華采也。其後標新領異，益漓厥初。萬曆十五年，禮部言：唐文初尙靡麗而士趨浮薄，宋文初尙鈎棘而人尙陰譎。國初舉業有用六經語者，其後引《左傳》、《國語》矣，又引《史記》、《漢書》矣。《史記》窮而用六子，六子窮而用百家，甚至佛經、道藏摘而用之，流弊安窮。弘治、正德、嘉靖初年，中式文字純正典雅。宜選其尤者，刊佈學宮，俾知趨向。因取中式文字一百十餘篇，奏請刊佈，以爲準則。時方崇尙新奇，厭薄先民矩矱，以士子所好爲趨，不遵上指也。啓、禎之間，文體益變，以出入經史百氏爲高，而恣軼者亦多矣。雖數申詭異險僻之禁，勢重難返，卒不能從。論者以明舉業文字比唐人之詩，國初比初唐，成、弘、正、嘉比盛唐，隆、萬比中唐，啓、禎比晚唐云。」

五　月

禮部題覆南京御史陳邦科疏開崇實學以羅真才，言士必學古而後可以入官，故初試經、書義七篇，而參之二、三場，以驗其博雅與時務。本末先後，亦自有不可易者。乞敕以後鄉、會試卷，務要三場勻稱，方許中式。如後場馳聘該博，而初場不過平平者，拔置前列，以示激勸。上然之。（據《明神宗實錄》卷一百八十六）

八　月

命禮部會同翰林院取定開國至嘉靖初年中式文字一百十餘篇，刊佈學宮，以為準則。（據《明神宗實錄》卷一八九）

明神宗萬曆十六年戊子（西元 1588 年）

二　月

馮夢禎作《題門人稿》。

題序云：「眞實居士之門人曰李日華者，奇才也，從遊五年矣。其文每變每奇，近則粹然一出於正，所謂望之似木雞者，德全而神藏矣，不可識矣。其次曰戴灝，其人短小若不勝衣，而其文則奔流懸瀑，不可挽截，未識面者，豈不謂魁梧奇偉人哉！然蹇於遇，猶難一青衿也。餘士楚楚，隻羽片鱗，往往不乏。今歲復得三衢諸生六七輩，俱異品也。乃括其文若干首，題曰《馮開之門人稿》，以附《聽雨草》之後。蓋余不欲掩諸生之美，而非諸生自暴。於是乎書。戊子二月晦夜，眞實居士題。」（《快雪堂集》卷三）眞實居士，馮夢禎自號。

四　月

以文體險怪，奪浙江提學僉事等俸各二月。（據《國榷》卷七十四）

五　月

禮部鑒監生劉垣等之弊，疏請自今監生科舉，務求文字疏通者方許入試，不得拘數取盈，以滋冒濫。時以其言為切中時弊。（據黃儒炳《續南雍志》卷五《事紀》）

六　月

禮部復禮科都給事中苗朝陽疏，論科場事宜。

《弇山堂別集》卷八十四《科試考四》：「（十六年）六月內，禮部復禮科都給事中苗朝陽疏：『查得各省直同考，先該南京禮部尙書姜寶議欲盡用有

司，已經本部題奉欽依酌量兼用。今該科猶恐試卷數多，各經同考僅有數員，窮日校閱，易得潦草，欲以本省甲科有司，選其學行俱優者，《易》、《書》各增二員，《春秋》、《禮記》各增一員，使得從容校閱，相應依議。但計各省應試人數多寡不等，又或偶有一經，於彼獨多，於此獨少，亦難局定員數，惟應總計場中五經試卷，酌量增添增取，其適用而止。如或偏遠省分，偶乏科甲有司，即於鄉試中出身者一體選用，但不可逐次增加，啓濫觴之端。閱卷完日，主考二員即將各房落卷盡數取出，會同各經房考互相搜檢，拔其所遺，呈之主考，當面裁定。定已畢，通將取中試卷，均分各經房考加以印記，互相評品。先是，同考官員雖有去取，止用浮帖開具批語，不可直書卷上，令人先有成心也。前次題差，京考之時，亦令酌量道里遠近，稍加餘日，以備陰雨計。今各赴凶荒，道路梗塞，似應更早數日，以寬靡及之懷。冒籍生儒，先年累奉明旨，屬行禁革，今該大比之年，本部已曾通行申飭去後，茲籍來歷不明之人，一概不准送考，已在取中者，即據實申報，不准入試。如有疏略容隱，或被人報訐，或中後事發，本生照例黜退，教官並保勘生員鄰里人等坐贓究問如律，有司及提調官參奏罰治。各該監臨御史先曾題奉欽依科場已畢，即查中式人等中間有無冒籍人等，具奏一次。今宜限定本年十二月以前通行奏到，如有場屋前後交代接管者，俱宜一體遵行。本部於次年正月內通行各省巡按已未奏到緣由類題一次。兩畿額設三十名，以待國學四方之士。今該科欲照會試事例分南北卷，兼收人才，不欲有所偏重，其意甚善。但既分南北，必有中卷，分析太多，恐屬煩瑣。且歲貢入監者少，而北方納粟人等多有意外於科名，萬一塡榜之時，不能取盈額數，反爲難處，不如仍舊爲便。京考，外官相見禮節，本部前次已曾題准，考官一至地方，止許監臨御史一與相見，以避嫌疑，此於初到禮儀，已無可議矣。鹿鳴盛典，禮讓相先，益無可議。從此以後，館寓隔別，不但六科吏部原有相見陳規，即在翰林各部，平日亦有使於外者矣。今既同奉差遣，共事一方，爲地主者，不欲過有分別，以傷雅道，亦以尊君命而重朝廷也。及查會試入簾出簾二次宴，主考官員雖有秩在尙書之下者，坐次亦居其上所據，鹿鳴等宴，亦宜正考居中、副考居左、監臨居右，乃見巡按御史爲其地方題聘主考初意。伏乞聖明裁定，敕下臣等遵奉施行。』奉聖旨，依擬行。」黃儒炳《續南雍志》卷五《事紀》：「（萬曆十六年）五月己酉，禮科給事中苗朝陽言：『兩京鄉試，例有監生三十五名，歷考累科中試者，南人十之九，北人十之一，蓋風流人文，原自不

同。臣等以爲亦照會試例，分別南北，量名數以取中，不使北方質直之士至於擯落，而南方爲偏勝。』閱一月丁巳，禮部上疏言：『既分南北，必有中卷，分析太多，事屬煩瑣。且歲貢入監者少，而納粟之子率無意於科名。萬一塡榜之時額數不足，反爲難處，不如仍舊便。』科臣議遂寢。」

禮部題「爲科場伊邇乞飭典試諸臣嚴斥違式試卷以正文體以羅真才事」。從之。

《弇山堂別集》卷八十四《科試考四》：「（十六年六月內）禮部題『爲科場伊邇乞飭典試諸臣嚴斥違式試卷以正文體羅真才事：先該臣等見得近年舉業崇尚奇詭，大壞士風，已經題奉欽依嚴行禁約，仍頒舉業正式，以示標準，俱通欽遵去後。今訪得遠近士子，猶多膠守固習，崇尚浮詭，殊未舍舊圖新朗然一變者，蓋緣此項禁約，先年每遇大比，亦曾預行申飭，及至臨場校閱，則近入彀中式者，未必皆屬平正，所以士心狎玩至於今日，雖奉明旨，猶復徘徊觀望，未有轉移，蓋亦主司之過也。適今典試諸臣，親奉臨遣，綸音有嚴，如揭日月，孰敢不遵？且朱卷解部之日，臣該會同本科，逐一復校，果有故違明禁僥倖中式者，將本生參斥，考試等官亦分別卷數多寡題請降罰，孰敢曲庇？所慮應試諸生習見往年事，或仍有不信之心，而首鼠兩端，不盡所長，堅守迷途，自甘淪落，中有高才，不無可惜。用是不避煩瀆，再請申飭。合候命下，移咨都察院轉行兩京監試及各省監察御史，除通行禁約外，仍於考試官入簾之日，大書簡明告示，張掛貢院左右人煙湊集之處，使各應試生儒，的知上意所向，堅如金石，典試諸臣，共承休德，必不取違式試卷苟且完責自取不逭之罰，即諸生有懷奇韞異欲見所長者，第能於理致之中發揮旨趣，如先年進士王鏊，近日唐順之、瞿景淳等，盡可馳聲藝苑，擅長一代，何必湊泊難字，如番文鳥篆，譯而後知，餖飣浮詞，如步虛傳偈，迥然戾俗而後快哉？且近日小考，優卷間有一二浮詞，已經臣等參斥，然尤俱存其一線之路者，則以法禁初行，情在可原也。今明旨已不啻三令五申，而士方被褐挾策之日，乃輒忍距違君命，詭遇獲禽，若以服役在官，亦何所望，國家亦何取於此人而進用之耶？儻僥倖中式，雖欲原之，不可得矣。臣等明掌風教，自知庸菲，無可效其轉移之力，獨仰藉綸音，申告多士及諸有校士之責者，共遵軌轍，以裹盛典。伏候聖明裁定，敕下臣等遵奉施行。』奉聖旨：『是。該考試官務遵屢旨取士，其違式卷，你部裏及該科著實參治，亦不

許姑息。』」

八　月

劉元震、劉楚先、黃洪憲、盛訥等任鄉試主考。黃洪憲上「衡文重任
聞命惕衷」疏。

《弇山堂別集》卷八十四《科試考四》:「七月,命左春坊左庶子兼翰林
院侍讀劉元震、司經局洗馬兼修撰劉楚先主應天試。」「八月,命右春坊右庶
子兼翰林院侍讀黃洪憲、盛訥主順天試。同試有中書舍人文運熙、行人司正
沈璟及各部辦事進士。第一名王衡,大學士錫爵子也。五魁皆出太學,而第
二人張文柱,第三人董其昌,第四人鄭國望,皆一時同會名士。」「浙江用翰
林院修撰蕭良有,江西用侍讀陸可教,湖廣用侍講馮琦,福建用修撰楊起元。」
「右庶子黃洪憲等疏,『爲文衡重任簡名惕衷懇乞聖明申飭責成以重大典事:
臣等行能淺薄,學術迂疏,蒙皇上過聽,命主順天鄉試,臣等兢兢業業,惟
不稱任使是懼。且今士風薄惡,人心險危,或未事而憚主司之嚴明,先爲浮
言而計阻,或既事而憤主司之擯斥,肆爲誣揭,以中傷考官。臨期題請,甲
乙未定也,而即爲如鬼如蜮之計,場中糊名易書,鬼神莫測也,而先有避親
避仇之疑。簸弄百端,險燄萬狀。故今以文場爲懼府,而謂主試爲厲階。臣
等聞命驚危,誓天相戒,所憑者試卷,所取者文章,固不敢營私而罔上,亦
不敢引嫌而棄才,此則所自盟於心,以圖報稱者也。然語有之,前車覆,後
車誡,臣等深懲往事,重慮後艱者,方受命而飲冰,敢先期而吐露?臣等所
受命者主考也,主考之嫌疑有二:一則先期撰文,恐防漏泄。今程文既用士
卷,已無所疑先泄之嫌,且臨時揭書,出題必由同考官擬定,然後臣等錯綜,
緣手探策而決之,自謂可以無私,一也;一則文字之中,疑有關節。今閱卷
去取,先由同考,同考所取,臣等乃得寓目焉,同考所棄,臣等無由見之,
近經部議,搜求落卷,然亦俟同考官互相檢閱,反覆詳校,而後臣等因而裁
決,自謂可以無私,二也。顧其間有臣等所不能知者,請言其略:如往年冒
籍之禁未伸,普天之下,莫非王土,容有冒昧而進者,不足怪也。今三令五
申,搜伏已甚,萬一猶有漏網,混薦鄉書,後或發覺,臣所不能知也。或游
冶之子,平生不習本業,臨期賄屬同號,襲取他長,希圖僥倖,一時失察,
致有後言,臣等所不能知也。內簾止閱朱卷,其墨卷在外,當謄錄對讀時,
若有夤緣改竄,朦朧謄入,幸而得雋,不協輿情,臣等所不能知也。或彼此

相仇而互揭，或才名相忌而謗生，臣等所不能知也。諸如此類，各有攸司。今監試臣風裁素著，防範加嚴，已經告示曉諭，諒無他虞。但臣等懲前慮後，過議搜伏，不得不預鳴於皇上之前耳。今且陛辭入院，約同考諸臣，申明約束，愨飭從事，校閱務使其細，批評寧過於詳，有如目力不竭、品騭不審，臣等之罪也，或明珠暗棄，魚目濫收，臣等之罪也。至於所不能知者，則有司存，非臣所能與也。請申飭各衙門執事官員，遵照節奉明旨，愈加嚴密，無一滲漏，則不惟弊竇可塞，真才可得，而足以明主司之心，亦重賓興之大典。至於揭曉之後，中式文卷，如例送科校勘，仍乞命順天府官將落卷送國子監及提學御史，分散下第諸生，使各閱批抹，以服其心，歸與父兄師友無後言，且示之向往，以圖後進。如是，則雖諸生之好事者，亦無容其喙，而閱卷諸臣，將益矢公矢明，不敢潦草塞責，於盛典有光，於風俗人心亦有裨矣。臣等不勝戰慄懇款之至。』奉聖旨：『科場事宜，該部已題明申飭，考試官祇秉公閱卷，遵照行事，監試提調官還用心關防。如有匿名投揭挾私害人的，廠衛及五城御史嚴拿究治。禮部知道。』」《國榷》卷七十四：「各京省考官：順天右庶子黃洪憲、盛訥，應天左庶子劉元震、洗馬劉楚先，浙江翰林修撰蕭良有、兵科左給事中胡汝寧，江西翰林侍講陸可教、刑科左給事中陳燁，福建翰林修撰楊起元、吏部主事劉學曾，湖廣翰林侍讀馮琦、禮科右給事中白希繡，河南吏科給事中張養蒙、大理寺評事張國璽，山東刑科左給事中邵庶、刑部員外郎趙祖壽，山西吏科給事中楊其休、禮部主事陳應芳，陝西吏部主事朱來遠、禮部主事向東，四川禮科給事中王士性、戶部主事劉奕，廣東禮科給事中陸懋龍、兵部主事朱維京，廣西吏科給事中舒弘緒、刑部主事朱熙，雲南戶科給事中李廷謨、工部主事陳所學，貴州工科給事中洪有復、兵部主事梁雲龍。時應天分考，當塗知縣章嘉禎，中曹祖正四十九名。《詩經》荒字十號，誤填《春秋》荒字十號，曹祖正尋檢舉。應天府尹張槚等遂未進試錄，奏祖正除名，嘉禎奪俸五月，左庶子劉元震等奪俸三月。《詩經》卷解部覆閱。」

王衡舉順天鄉試第一名。

《萬曆野獲編》卷十六《國師閱文偶誤》：「猶憶戊子春，婁上王辰玉、松江董元（玄）宰入都，名噪一時。士人皆以前茅讓元，無一異詞也。」文秉《定陵注略》卷一《科場夤緣》：「萬曆十六年八月，命右庶子黃洪憲為順

天鄉試考試官，取中王衡等。衡，太倉相公子。先是，洪憲奉主試之命，突上「衡文重任聞命惕衷」一疏，人頗疑之。及榜出，而王衡爲解元，墨卷《中庸》篇，外簾官袁黃有潤色二比，親筆在內，爲禮部主事于孔兼親筆標出，揭送該科。比出闈，又有搶失朱卷之事。順天監試御史毛在題：「八月二十八日，臣等同提調二臣，將墨卷扛入內簾查對，主試二臣先定字型大小草榜，比對朱卷，拆號填名字畢，將朱、墨卷各一百三十五號，付該府查收。臣等一同出闈見朝。其掌收試卷者，順天治中張汝紀也。當因禮部司官入闈封鎖房舍，棍徒混進，搶失朱卷五十餘卷，相應查究。」有旨：「張汝紀罰俸三個月。」案：拆號填榜，必朱、墨二卷比對相同，拆號畢，必束二卷爲一，以付收掌試卷官，朱去墨存，而名爲搶失，事理甚不足信也。」《列朝詩集小傳》丁集下：「萬曆戊子，（王衡）舉順天鄉試第一。少傅方執政，言者攻之急，少傅陳辯亦甚厲，而天下不以譏少傅者，以辰玉眞才子，不愧舉首，都人士皆耳而目之也。」《明史·選舉志》：「十六年，右庶子黃洪憲主順天試，王錫爵子衡爲榜首。禮部郎中高桂論劾舉人李鴻等，並及衡，言：「自故相子一時並進，而大臣之子遂無見信於天下者。今輔臣錫爵子衡，素號多才，青雲不難自致，而人猶疑信相半，宜一體覆試，以明大臣之迹。」錫爵怒甚，且奏申辨，語過激。刑部主事饒伸復抗疏論之。帝爲謫桂於外，下伸獄，削其官。覆試所劾舉人，仍以衡第一，且無一人黜者。」

今年鄉試，有「季文子三思」一節等題。

《遊藝塾文規》卷三《起講》：「戊子順天『季文子三思』一節，黃葵陽改程云：『古今得失之故，皆起於人心之思。顧其得也，以沈幾亦以果斷；其失也，以輕發亦以遲疑。』句句切題。王蒙亨云：『人心之有思也，理所通也，顧以有主之心善用其思，則思常徹於理之中；以無主之心過用其思，則思常眩於理之外。』亦朗然可誦。」「應天『如有博施』二節，周應秋云：『天下至大者惟仁，至約者亦惟仁，故有上聖爲之而不足，一念存之而有餘者，則心與勢殊，而論仁者貴識體也。』亦切題，無一閑字。『君子之道淡』合下四節，云：『至聖之德，未有不自至誠之心入之者。自人以外弛之私，眩其反觀之哲，將表暴於觀聞，粉飾於治具，而德斯漓。』包孕章旨，詳盡明徹。『吾爲此懼閑先聖』一節，云：『世道所以不墜者，恃有聖人爲之維。不幸先聖既往，後聖未起，而有異端肆害乎其間，有感時憂道之君子，不得不深信而力

排之矣。』『先聖』、『後聖』，只就題中拈出，便成宏論。」「浙江『夫人不言』
二句，蔡應龍云：『經國有訏謨，時爲大，故爲於可爲之日，則利言革也；爲
於不可爲之日，則利言因也。』雖是常調，卻係名言。『故凡同類者』一節，
朱國禎云：『人之不逮聖人者，何也？始焉忽其同而自流於異，既焉執其異而
並疑其同，則未嘗觀性於類也，則亦未嘗比類於物也。』此二起皆作程，皆
有理趣。」「應天『伐柯伐柯』二節，此題最難聯絡。劉純仁云：『道無一日
不具於人之心，因性而誘之，道固在也；平情而施之，道亦在也。』括盡題
旨。」

明神宗萬曆十七年己丑（西元 1589 年）

二 月

壬午，以少傅兼太子太傅禮部尚書建極殿大學士許國，太子賓客吏部
左侍郎兼翰林院侍讀學士掌詹事府事王弘誨為會試主考官。錄取陶望
齡等三百五十人。（據《明神宗實錄》卷二百八）

許國《許文穆公集》卷四《己丑會試錄序》：「萬曆十七年己丑春，天下
士待試禮部者四千四百有奇。尚書臣朱賡、侍郎臣于慎行、臣田一儁以請，
上命大學士臣國、學士臣弘誨典試事。……臣蓋嘗三與校士矣，始禮闈分經，
次鄉論秀，最後副禮闈，皆受成事而折衷於主者。今總全經，校天下士，士
得與不得皆在臣，無所他諉。臣為此懼，始入闈，即與諸執事約：所取士，
文不得滅質，巧不得斲樸，奇不得掩正，百家二氏不得用以緣飾六經。令既
具，罔敢不共。比竣事，歷二十有一日，錄士雋者三百五十人，文優者二十
篇以獻。」朱國禎《湧幢小品》卷九《訓士》：「許文穆公典己丑試，余得登
榜。約日聚射所，戒厲之。及至拜謁，余切欲親承其教，從諸魁元後，挨近
前列傾聽。文穆大言曰：『中後，索賞賜者必多，分毫皆不可與，即如我轎上、
門上，一切拒之。從我言者為好門生，不從者反是。』聞者謂平平無奇。由
今思之，即是宋舉主問生事之說。生事足，則取與明，進退輕，賞賜節，則
一切飲食、衣服皆可類推。文穆獨挈出，俟人領悟。當是時，余等安然，不
聞有座主一役一錢之費。其慮長，其憂切，不下帶而道存矣。』」

本科會試題。

本科會試題有《論語》：「出門如見大賓，使民如承大祭。己所不欲，勿施於人。」《大學》：「孟獻子曰：『畜馬乘不察於雞豚，伐冰之家不畜牛羊，百乘之家不畜聚斂之臣，與其有聚斂之臣，寧有盜臣。』此謂國不以利為利，以義為利也。」《孟子》：「聖人之行不同也，或遠或近，或去或不去，歸潔其身而已矣。吾聞其以堯舜之道要湯，未聞以割烹也。」

陶望齡（1562～1609）舉會試第一人。

《明神宗實錄》卷二百八：萬曆十七年二月，「丙午，禮部取中會試舉人陶望齡等三百五十名。」《列朝詩集小傳》丁集上：「望齡字周望，會稽人。禮部尚書承學之子。萬曆己丑會試第一人，廷試第三人，授翰林院編修，歷中允諭德，起國子祭酒。以母老乞終養，母喪，邁疾而卒。謚文簡。周望年九歲，即匡坐，終日與其兄問答，皆世外語。在詞垣，與同官焦竑、袁宗道、黃輝，講性命之學，精研內典。悅慈湖、陽明、龍溪、近溪之書，曰：『慈湖師陸，文成之所自出，餘子文成之裔也。』閱歷清華，多引身家食，遊覽吳越名勝，一登洞庭，兩遊白嶽。楚人袁宏道謝吳令，偕遊東中，陟天目，窮五泄，詩記為時所傳。周望於詩，好其鄉人徐渭。作《洞庭山遊記》，規摹柳州，近倣蔡羽。萬曆中年，汰除王、李結習，以清新自持者，館閣中平倩、周望為眉目云。有《歇庵集》行世。」《遊藝塾文規》卷二《破題》：「己丑『畜馬乘』一節，陶望齡破云：『利國者不言利，徵之訓有家者焉。』丙戌『故君子名之必可言』一節，袁宗道破云：『君子知名之為重，所以謹稱名也。』癸未『吾之於人也』全，李廷機破云：『聖人無毀譽，而援民心之直以自信也。』庚辰『如有王者』一節，蕭良有破云：『聖人尚論夫王道，無近功者也。』大率皆冠冕妥貼，春容蘊藉，並不鑽研小巧，祇是口頭語，令人無處覓，此便是會元家數也。但善戰者不鶩奇功，善賈者不圖厚利，善中者不必皆元。如會元文字定是大雅，定是平正，然刻意模倣而力量未到，便不能動人，往往坐消歲月而終身蹉過。且要平淡亦須從奇特處做起，做得純熟自然，斂奇為平矣。蘇長公所謂『非平淡也，乃絢爛之極也』。今學文不可先學平淡，場中除元外，其餘中式破題皆極奇極新。舊刻《墨卷大觀》，一題凡百餘篇，遍覽諸破，皆各出意見，可喜可愕。今集文散佚，不得盡錄，止錄其現在者為式。」《遊藝塾文規》卷三《起講》：「己丑『畜馬乘』一節，會元純矣。董其昌云：

『人君操平治之權,豈無利國之大道哉?而徒論利於貨財聚散之間者,此非惟不仁也,亦不義已;非惟不義也,亦不利已。』說到『不利』,題意始完。朱鳳翔云:『人主不諱理財之事,而慎無操聚財之心。』此是的確議論。周家棟云:『良臣不操奇贏以困民生,聖主不言有無以傷主德。』雖無大議論,而詞氣鏗鏘,筆力不弱。」『出門如見大賓』四句,陶望齡云:『人惟一心,不可令一日不在我,又不可令一念知有我。惟以吾心與天下相操持,而以我心與天下相流貫,則仁矣。』此起字字用意,神光陸離。劉日寧云:『吾心之仁,其體則一物不容,其用則萬物咸備。』焦竑云:『人之為仁,非於心有所益也,去其累吾心者而已。』此皆見理之言。」『聖人之行不同』二節,陶望齡云:『世俗自好之士,猶然能以一節表見,乃至聖如尹,而割烹之說紛紛焉,則以論潔身於常人易知,論潔身於聖人難知也。』『論潔身』二句極中竅。劉日寧云:『士君子出處動以聖人為度,顧聖人自信以心,而天下之信聖人亦惟心,迹非所拘也。』殊有姿態。周兆聖云:『聖人之正天下,必先論其身,故不局於一定之途,亦不持於兩可之境,惟其變化不膠,進止有概,為足述焉。』意高而詞古。」《遊藝塾文規》卷七《正講四》:「己丑『畜馬乘』一節,陶望齡布帛菽粟之文,妥貼蘊藉,最耐咀嚼。眾人起處,或依題平敘,或先作二比,然後入題。渠起云:『昔孟獻子戒專利而揭官箴,故謂畜馬乘之不察雞豚也,伐冰之不畜牛羊也,(直頭唱出,不加粉黛,便是會元聲口。)此猶其小者也。乃聚斂之臣操術之巧以成貪,其言利者甚悉;朘民之膏以附上,在好利者必庸。(上二句不講,單講『聚斂之臣』,便知輕重,且字字不合掌,又從虛而實,極有次序。)而百乘之家,無利於畜此臣也,甚且不得與盜臣等,(句法極高,又三句不為對偶,祇散做,章法亦高。)何也?蓋人臣奉公守職,即錙銖不得下侵;而欲保世宜家,則封殖豈為完策?(凡文字於整齊中須出幾句參差語方不板,參差中須出幾句整齊語方正大。前既散做,此處定當用偶語,局面纏整,亦字字不合掌。)又況於人君,家四海以為富者哉?(此句落得捷,過得健。)故皇皇求利,世主見為長策,而國之利不在焉;皇皇求義,明主見為勤民,而國之利實附焉。(二比平平敷衍,到此田地,只宜如此,然後文勢明白、正大。凡作文,最要濃淡相間,該濃即濃,該淡即淡,乃是大方。文字若一味求腴,便是小家數矣。)利端一開,則積之者無用,而供之者無已,(推本之言。)此以斂之怨耳,何利乎?固不若散財以聚民,而自得乎守富之術也。利源既竭,則供者難繼其求,而積者必至於散,

此以階之禍耳，何利乎？固不若聚民守財，而坐收夫藏富之效也。彼所稱不察不畜者，其此謂哉？有國家者，繹獻子之說，察義利之幾，無令天下言利之徒有以窺其隙而中之，使謂天子有聚斂臣，則平天下易易矣。』焦竑先起四句，即輕述三段，過下云：『此豈謂國為不必利哉？（點出『謂』字。）蓋舉雞豚牛羊聚斂之類，凡可以自殖者，皆利也。見在利則利重，彼獨從而後之者，誠以為利不在此也；舉雞豚牛羊聚斂之類，凡有所不為者，皆義也，（『義』、『利』眾皆虛說，此獨紐在『雞豚』等上講，最為切題，最為有見。）見在義則義重，彼獨從而先之者，誠以為利在於此也。知利源不能以兩盈而導之於下，是以不貪為寶，而風尚自此正矣，即無論事之有終，而風尚一正，謂非有國之利不可也，（眾皆知『事之有終，為國之利』，此獨言不論有終，祇『風尚一正』便是利。此是窮源之論，意出蹊徑之外。）此以損之之道益之也；知利權不能以兩重而藏之於民，是以不畜為富，而寵賂從此清矣，即無論財之常守，而寵賂一清，謂非有國之利不可也，此以散之之道聚之也。（此二比從『利源』、『利權』說起，中間祇講『義之為利』，並不牽扯『利』來，輕重得體。）吾於此而知利之為害也，所以速官謗，亦所以亂朝常；吾又於此而知義之為利也，可以警官邪，亦可以昭王度。』此處卻平結，立意高，格局煉，亦是會元文字。陳幼學過文云：『夫畜馬乘而上貴不過百乘，而猶惡其驪也，矧大君而計及錙銖，大道之謂何？蓋家規也，亦國體矣。察雞豚而上富不過聚斂，而猶病其專也，矧天王而折及秋毫，仁者之謂何？蓋官箴也，亦王道矣。』出色之談，有魁氣。李向袞後半篇云：『蓋其所謂利者，不以利而以義也。（點出『謂』字，下皆從此句論去。）利之利可以侈豐盈，而審計者詘焉，不欲以富國之私戕吾阜民之德也；義之利可以聯兆庶，而崇本者先焉，不敢以誼主之猷後於計臣之略也。無論侵之下而始戒，即多寡亦不敢言，蓋國家莫大之福，在人主無欲之公，而生殖為末矣。無論聚之上而始懲，即有無亦非所較，蓋國祚無疆之休，在人君不殖之念，而貨財非策矣。辨義於利之中，而公私之介甚嚴；言利於利之外，而治平之樞已握。』老成沈毅，亦有元氣。眾皆依題敷衍，劉日寧獨反起云：『使專之而可，則雞豚牛羊豈非利資？聚斂之臣，操盈縮而實內府，豈不賢於盜臣？乃有不察不畜，如孟獻子者，何謂哉？』祇此數句，遂將『謂』字點出，下略提入講，分明是元作。後二比云：『位在具瞻，而言有無、計多寡，豈其利哉？惟散利以歸之閭閻，俾各饜其願，即無論守財，而於君子絜矩之心固無拂也，是有國者之所宜留

意也。民懷父母，而操奇贏、較損益，豈其利哉？惟公利以同之百姓，俾各遂所欲，即無論發身，而於人君好惡之公固無違也，是有國者之所宜亟圖也。』二比亦不論『守財』，專論『發身』，其見亦卓。周家棟繳云：『古之善經國者損上益下，一切開利之資盡推與民：薄斂厚施，四方言利之謀悉爲報罷。（境外設奇，切中時弊。）如使利之可以利國，而無庸義爲也，則凡察之畜之之類奚不可者，而獻子必戒之哉？』繳得有力。郝敬亦好，首四句有理，後二比云：『上誠不爲暴征以寬民之力，是不殖之風自上行之義也，雖不言利，而凡征之所不盡，與民力之所有餘，（得此二句，便覺文有姿態。）孰非軍國之需？而百室即九府矣。』收得緊而雅。『上誠不爲苛取以失民之心，（前說『力』，此說『心』。）是廉靖之節自上行之義也，雖不言利，而凡取之所不竭，與民心之所樂輸者，（前言『力』，則曰『民力有餘』；此言『心』，則曰『民心樂輸』。）孰非軍國之需？而私藏即公帑矣。』「『出門如見大賓』四句，陶望齡獨創之格，獨造之語，且詞氣和平，有先輩昆湖之風。其文云：『恒情處之以非常，即怠者皆能自飭，及常行而習見鮮不易慮焉；投之以非願，即愚者皆知自謀，及物交而私隔鮮不易施焉。（二比平提，意精語煉。）夫仁者純心，而可以敬肆人己二之耶？（提得有力。）故見大賓至肅也，起居燕閒，最心志所不及檢，而儼然玉帛在陳，介紹在列，（句句煉，字字雅。）置一身於禮法森嚴之中，而惟恐失墜者，則不以一出門而失祗肅之常也。（此比『也』字起，『也』字止，昆湖『使禹治之』墨卷，連用八個『也』字，不見其弱，祗是養得和平，故有悠揚之趣。）承大祭至嚴也，臨馭號令，尤耳目之所易玩，而恍然明神臨之，祝史相之，措一身於陟降昭格之地，而惟懼渝斁者，則不以一使民而忘精嚴之體也。（近來後生作文，並不欲用字眼，不知文字要骨肉停勻，而骨又要在肉內。此文講『出門』則曰『起居燕閒』，『使民』則曰『臨御號令』，『大賓』則曰『玉帛』、『介紹』，『大祭』則曰『明神』、『祝史』，全用字眼裝裹，而詞采爛然。凡文字枯槁及露骨者，皆不利中，由其不知煉字之法耳。）至欲惡施受本無兩心，則合宇宙之分願酌之於我，而推一人之意欲遍置之於人，有不願即勿施焉。蓋形體漸撤，故元氣旁通，斯又所稱強恕之術也。（此題平對者多，凡欲不對而一直講下，此處須排列對偶，不敢散做，公卻不拘不束，另作一段，老成雅煉，所謂獨創之格也。）心本內斂，必戒其外馳，合大小而一於敬者，所以防此心之出入而聯其無間之眞純；心本外通，必袪其內蔽，合施受而行以恕者，所以平此心之應感而融其有間之物累。』

二比渾融接上，並不用一字相承。『內斂戒其外馳』，『外通祛其內蔽』，皆見道之語。又『敬』、『恕』二字原非本文，若提起用之，則『敬』、『恕』反爲主，而本文反爲客矣。此作起處全不用『敬』、『恕』，祇於束處略點，最爲得體。黃輝作格奇語新，起云：『斯須不敬則雜矣，故當攝持之初無入可怠；形骸稍隔則私矣，故在酬酢之境有觸必平。是心也，誠顧諟不忘，則群與獨何擇焉？即出門如見大賓也，豈誠見哉？心爲嚴賓，罔敢不斂。』但就其適無所對，則曰『儼有所臨云爾』，語不繁而意獨到，後面用兩個『是心也』接去，講完『不欲勿施』，繳云：『此其持己接物之間，孰非見賓承祭之推哉？』此文亦是獨構之作。王肯堂沈細有針線，亦可擅元魁之選。先平提二比，即講云：『恒情見大賓，靡不惕然者，而出門則懈矣，是心與遇移，即其惕然承迎時亦非也。（深一步法。）仁者應感萬殊，而不起大小之見，固無地而敢懈也已。恒情承大祭，靡不肅然者，而使民則慢矣，是心爲遇役，即其肅然對越時亦非也。仁者酬酢萬變，而不萌眾寡之念，固無人而敢慢也已。處微之心即處顯之心，固存之而不容間；一人之情即萬人之情，亦公之而不容私。』二比接得極化，機圓而意聯。講完『勿施』句，繳云：『則不特出門敬也，而上下四旁亦均之，各足其願矣；不特使民敬也，而親疏遠邇亦聯之，而各稱其情矣。斂而入之爲一物不容之天，而全體常具；擴而充之爲萬物一體之境，而妙用常流。』前二比聯絡有法，此二比更覺入細，眞元作也。」「『聖人之行不同也』二節，陶望齡格高調古，可稱絕唱。其文云：『蓋聖人之行不同矣。機適逢世，則不必遠託山林以逃之；道足致君，則不必塵視軒冕而避之。（著此二比，便見輕重，且文體春容。）或遠而又或近，或去而又或不去。（二句直述，不添一詞，眞元格也。）身遊廟堂巖廊之中，而心超功名爵祿之外；跡與王公大人伍，而志與天地萬物遊；（四句各自作對，是合時處，而風度飄逸，機括甚圓。）要歸潔其身而已。即伊尹一身，俄而有莘，俄而阿衡，抑何遠近去就頓殊而操行潔白惟一哉？蓋尹惟遇湯，故尹不得不出，是以三聘爲招，爲天下而要尹者，湯也；尹惟樂堯舜之道，故湯不得不求，是以二帝爲招，以道而要湯者，尹也。以疏逖之士一朝而位師保，非尹近湯，湯近之也，亦道固致之耳；易畎畝之樂一旦而立本朝，非尹就湯，湯就之也，亦道固來之耳。如曰割烹必非聖人而後可也，尹而聖人，潔身之謂何而爲之哉？（四比祇講『以道要湯』，『割烹』句輕遞在後，並不著詞，便是元體。）蓋行無轍迹，聖人所以成其大；道有要歸，聖人所以全其高。徇迹則議生，識

歸則論定，此可以知伊尹矣。』祇就上節翻弄，要言不煩，清氣絕俗，澹語入微，誦之有『清風徐來，水波不興』之景，細玩之，自得其趣。董其昌此文亦是元局。起云：『乃吾以爲巖廊之上，不必皆失節之階也；清修之操，不必皆遺世之士也。（提得更高。）夫聖人者，其行甚圓，其天甚定，可遠可近，而不可使處不廉也；可去可不去，而不可使處不義也。（以議論幹旋，尤覺出色。）抱其道，不忍私諸身，間嘗自試於時；而愛吾身，所以重吾道，未嘗受浣於俗，若此乎，其惟潔之歸者。是故以尹之左右乎厥辟，而視諸蕭然莘野之時，於行爲近矣，乃聖人之近有潔者在焉，則奚事要君也？以尹之阿衡乎商室，而視諸囂然卻聘之日，於行爲不去矣，乃聖人之不去有潔者在焉，則奚至若他人之要也？（鄧定宇『先進於禮樂』全章，講完上節，另作二比，黃葵陽亦然。此文得此二比，便覺與眾不同，分明元格也。）當其時，湯不得尹，孰與沛天民之澤？尹不樂堯舜之道，孰自畎畝而結明主之知？湯不得尹，孰與建伐夏之功？尹不樂舜之道，孰以匹夫而動師臣之想？（得此二比，勢如破竹矣。）蓋求其所以感湯者而不可得，謂之要也亦宜；又求其所以要湯者而不可得，謂之以堯舜之道也亦宜。（翩翩若舞）而顧曰割烹爲則伊尹非聖人，而聖人固不潔者哉？吾未之前聞矣。』如舞者應節以投袂，如歌者按弦而遣聲，隨意成文，各中其節。《學》、《論》二首亦佳，但不及此篇爲勝耳。劉日寧亦奇亦高，其文云：『執遠者以議近者，則近疑於要；執去者以議不去者，則不去疑於要，無兩是也。不知聖人此身固將以維持名教，亦將以轉移世運，非與之以自私者。（散做數語，便覺流動。）勳華不可作，吾因之以勵百世之高風；唐虞而可爲，吾因之以成千載之知遇。彼其無瑕之衷可對天地，不染之操爭光日月，曷嘗不以潔身稱哉，而何獨疑於尹也？無乃謂殷勤而致幣聘，諒非無因至前；疏逖而蒙主知，必有所以自結者乎？（神光陸離，逸態可掬。）求其說而不得，故遂以割烹當之也。不知明主不能無所資，而聽遇合之士，故格天之業必藉於上；臣士不能無所負，而取僥倖之知，故先資之道恒得於誦讀。（圓如圓轉，活如龍躍。）堯舜之資在湯，而堯舜之道在尹，兩相求也；三聘之禮薦加，而五就之願終畢，兩相遇也。世豈有挾堯舜之道而不足以語聖人者乎？世豈有負聖人之望而以割烹進者乎？（忽然點轉，不嚴雕琢。）吾由千駟之不視者觀尹，尹固疑於遠、疑於去，其潔已易知也；吾以居民之親見者觀尹，尹又疑於近、疑於不去，其潔已難知也。（吳因之『憲章文武』後二比從此翻出。）然而道固在也，不然，士必巖穴而後語好修，

是置其身爲無用之身，於君民何賴焉？』此作亦可元。焦竑起云：『目聖人之行觀之，遠與近異，而其嶷然不淬者同也，不得負隴畝之高，而謂巖廊者之爲徇也；去與不去異，而其介然無染者同也，不得慕嘉遯之貞，而疑涉世者之爲汙也。清風高節，非必盡歸之隱約，而虞喜起者，亦足以維時；廉頑立懦，非必盡屬之山林，而際唐虞者，亦足以樹軌。（爭奇鬭辨，高華絕倫。）苟以在野則潔之，在朝則汙之，是執巖處爲奇士之行，鄙當官爲要結之資矣，而可乎？（熔裁得法，氣逸調雅。）』末繳云：『蓋勇智之主，非治庖者之所能要，易知也；格天之功，非辱身者之所能辨，又易知也。儻必以遠者去者爲清修之節，而近者不去者盡被之不潔之名，非惟聖人之行不白於天下，將令曲謹自全者，得口實於聖而不復能任天下事矣。』自發己意，所以爲高。劉文卿將『遠』、『近』、『潔身』羅起在前，另講云：『當道消之時，誰不以長往爲標？而名節無常形，或以幽隱而反得之者，是以聖人有所依焉於其間，安在夫高節之必往也？當道汨之時，誰復以久滯爲度？而善守無定主，或以恬退而反遇之者，是以聖人有所止焉於其間，安在夫人節之不詘也？（此二比卻有元氣。）蓋身由道隱，則畎畝優游皆其時，而因晦其用；身由道顯，則擴光當世行其志，而不變其貞。』束云：『蓋遇合之深意已微，而傳聞者徒得其迹；躬耕之恬操已泯，而信耳者竟泥其粗，則聖人無由白矣。』萬建崑講上節，先發二小比云：『遠與近不同，寄迹朝市，信不能與韜光巖穴者一轍矣，而其志將以樹懿猷，非以取世資，則遊於爵祿中，與遊於爵祿外，不淄等耳；去與不去不同，進列縉紳，信不能與遇甘肥遯者一軌矣，而其道將以躋盛美，非以獵寵榮，則赴於勢利中，與逃於勢利表，不染均耳。』清華逼人，風標可挹。下節先把『以道要湯』及『非割烹』意提明，然後講云：『亳都地隔於有莘，胡然相契深也？則唐虞精神，不介紹而通也，而遠於囂囂之初，近於幡然之後，惟是道焉以神其交矣；大君勢懸於匹夫，胡然相求亟也？則勳華謨略，不贄幣而邇也，而去於五就之前，不去於五就之後，惟是道焉以作其合矣。』祇用上文『遠』、『近』、『去』、『不去』襯貼，便成佳境。上文云：『吾未聞枉己而正人者也，況辱己以正天下者乎？』此題宜就『正天下』上發揮。予乙酉有舊作，亦似近理。其文云：『大賢究聖行之所歸，而諒其無辱行焉。蓋人皆知伊尹之任，而不知伊尹之清也。觀其行歸於潔，而知其以清爲任矣，何辱之有？孟子意曰：譚經世者，類謂經綸在實用，而不思感召在隱衷。使身而潔也，則清即所以爲任之基；苟不潔，則未有能圖任於清之

外者也。彼聖人之身何身哉？隱則思養之以正天下，固不可有所辱也；出則思措之以正天下，尤不容有所辱也。故行有遠近、去不去，而其歸一於潔身焉。蓋本其粹白之衷，而顯之為隨時之道則有行，其行也，道可展舒，何必於避世？時當獨善，何必於徇人？固未嘗有所執一矣。約其應世之迹，而返之念慮之微則有歸，其歸也，世或可避，而此心必不可汙；人或可徇，而此志必不可染，一主於潔其身而已矣。夫以聖人之行而歸於潔身，則尹之樂道有莘也，疑於遠且去矣，而非以隱為高也，惟養吾正天下之本，而憂世之思固在也；其伐夏救民也，疑於近且不去矣，而非以仕為通也，惟行其正天下之道，而潔己之思更切也。故論其正天下之志，則尹固不敢自辱其身，而湯亦不敢辱尹之身；論其正天下之遇，則尹固以道而感湯，湯亦以道而聘尹。謂其要以堯舜之道則可耳，若以割烹焉，則不惟不識聖人之歸，而坐昧其潔己之蘊；亦且不識聖人之行，而妄疑其不同之迹矣，豈吾之所聞者哉？」梁章鉅《制義叢話》卷六：「梁省吾（葆慶）曰：陶石簣評湯霍林文云：『世之評文者，類言好醜而莫言內外，予獨以內外分好醜。』可謂發千古未發之秘。蓋外膏內枯，文之下也，外枯內膏，文之上也。昔坡老好淵明之詩，以為質而實綺，癯而實腴，且曰佛言食蜜中邊皆甜。人能分別其中邊者，百無一也，文之內外，其能辨之者寡矣。湯君之文，所謂外枯而內膏，似淡而實美者。嗚呼，此不但評霍林文，直石簣先生自述其文矣。王巳山曰：自萬曆己丑，石簣以奇矯得元，而壬辰（1592）踵之，遂以凌駕之習，首咎因之。其實文章之變，隨人心而日開，於順題成局，相沿已久之後，變而低昂其勢，疾徐其節，亦何不可。」梁章鉅《制義叢話》卷十二：「陶篁村元藻《全浙詩話》云：陶文簡（陶望齡）應萬曆丙戌禮部試被黜，主司題其卷曰：『七藝平平。』公遂發憤，於門戶牆垣悉題『七藝平平』四字，刻意求警拔，以變其初。己丑闈作，遂極卓煉崚嶒，以會元自命。榜前赴正陽門關帝廟卜之，旁有人聞其禱語大驚，乃華亭董思白也，亦以會元自許者，索觀公文，乃歎服，自謂不如。及榜發，公果第一，董第二。」「儲同人欣曰：前朝會元，自王太倉來，奄奄不振，雖盛名如鄧、馮，能跳出昆吾派圈子乎？石簣先生獨奮其風氣，一拳捶碎，一腳踢翻，抗手太倉而欲出其上，何其勇也。」「《寄園寄所寄》云：明朝制義，確有分兩，作文、閱文者皆可操券而取。一人出闈，得意甚，自以為會元矣，偶夜散步，聞有誤墮泥中者，大呼曰『誰來救會元』，其人急往挽之起，抵其寓閱文，果高一籌。曰：『真恨事，我第二矣。』已而榜發果

然。又董宗伯思白將赴南宮，往辭其尊公，公歎曰：『兒入場須加意，我向決汝爲元，今不穩矣，以吾前閱陶孝廉望齡文出汝上也。』宗伯謹受教，及入闈，『畜馬乘』題聚斂句已重頓矣，憶其尊公言，欲駕陶上，復改之，已而場中定元，以董平發不及陶，遂置第二。又馮公夢禎會試年，有貴介子弟預購闈題，聞某公與某公議，但曰：『斗筲字，要之何用？』貴介子遂知爲『行己有恥』章矣。馮亦知之，遂邀一契友入西山靜養，半月得一破曰：『聖人與賢者論士，而其所重者可知矣。』得意甚，曰：『我會元矣。』已而出闈，遍訊同袍文，但聞其破，曰不及我也。榜發，果魁多士。又湯宣城賓尹讀書山寺，有上科某會元來訪傳衣鉢者，偶過其地，見湯方徘徊於寺廊下，忽疾走狂笑，大擊寺鍾無數，某公問之，則曰：『我適作一元文，樂甚也。』索觀之，曰：『是矣，但未盡善。』因指其隙。湯大服，請教，遂以元脈授之，已而果得元。」

《欽定四書文》隆萬文錄陶望齡之作六篇。

卷一錄其本科闈墨《大學》「孟獻子曰」一節題文：「利國者不言利，徵之訓有家者焉。蓋國家之利在義，而利非利也。獻子直爲有家訓哉？通於國矣！且夫平天下者不諱言利，而顧嘗主散不主聚者，非以義遺利也，亦察乎義之利耳。昔孟獻子戒專利而揭官箴，故謂：畜馬乘之不察雞豚也，伐冰之不畜牛羊也。此猶其小者也，乃聚斂之臣操術之巧以成貪，其言利者甚悉；腴民之膏以附上，在好利者必庸。而百乘之家無利於畜此臣也，甚且不得與盜臣等。何也？蓋人臣奉公守職，即錙銖不得下侵；而欲保世承家，則封殖豈爲完策？又況於人君，家四海以爲富者哉？故皇皇求利，世主以爲善計，而國之利不在焉；皇皇求義，明主所爲勤民，而國之利實附焉。利端一開，則積之者無用，而供之者無已，此以斂之怨耳，何利乎，固不若散財以聚民，而自得夫守富之術也；利源既竭，則供者難繼其求，而積者必至於散，此以階之禍耳，何利乎，固不若聚民以守財，而坐收夫藏富之效也。彼所稱『不察』、『不畜』者，其此謂哉？有國家者，繹獻子之說，察義利之幾，無令天下言利之徒有以窺其隙而中之，使謂天子有聚斂臣，則平天下易易矣。」評謂：「獻子言與引獻子言，俱重戒聚斂臣耳。文會意合發，打成一片，沈渾嚴緊，力引千鈞。若敘過引言，另起『此謂』，局便散矣。要知爭關奪隘，俱在前半，後祇收束完密。」

卷三錄其《論語》「子問公叔文子」一章題文:「時人之擬大夫皆過,聖人終於不信也。夫不言、不笑、不取,非人情也,而如賈之所稱,則又過矣,夫子安得而信之?且夫論人於春秋之世,或可以幾廉靜,而未可以語時中;可以邀世俗之虛稱,而未可以逃聖人之藻鑒。公叔文子,衛之良也,吾觀其大概,蓋沈靜廉潔士哉?何世之人迹其沈靜而遂以為不言不笑也,迹其廉潔而遂以為不取也。夫子以為過,而問之公明賈;公明賈亦已知告者之過,而其言之過也乃彌甚。人曰不言,賈則曰『夫子時然後言,而人不厭其言』,視不言抑又難矣;人曰不笑,賈則曰『樂然後笑,而人不厭其笑』,視不笑抑又難矣;人曰不取,賈則曰『義然後取,而人不厭其取』,視不取又難之難矣。夫言笑辭受之間,人情皆不能無,文子而人乎,吾固知其不免也;言笑辭受之節,非聖人皆不能中,文子而猶夫人乎,吾又知其不盡然也。充積未盛者,難與隨時,故談『時中』於曲謹之士,則大而無當;發見非時者,易以起厭,故稱『不厭』於清修之士,則誣而失真。夫子心知其過也,乃曰『其然豈其然乎』,蓋溢美之言不敢輒信,而為善之文子,又未敢輕訾而直議之也。此以知天下惟時措為最難,論人者未可以易而許人,學道者不可以難而自阻。」評謂:「點化題面,手法靈絕,更有峭勁之氣遊蕩行間。」

卷三錄其《論語》「君子無眾寡」一段題文:「君子心純乎敬,斯其泰美矣。夫泰而實驕者,慢也。君子無敢慢,則泰從敬生,而何驕之有哉!且夫王者之敷政甚逸,而其為逸也無逸,此泰之說也。有心於泰,或失則驕矣。君子何以泰而不驕哉?蓋君子以主敬為常心者也,運此心之常兢者以待人,非因人之交而始求兢惕,何問眾寡焉?本此心之常謹者以宰事,非緣事之至而方起戒謹,何問大小焉?遇匹夫若億兆之環伺,殆無可忽之人矣;臨細務若艱鉅之難勝,殆非得肆之地矣。寧有一之敢慢哉?夫人而有所慢,故一時雖或忽略,中心必多餘歉而未寧;即外貌強托安舒,實則為恣睢而長傲。惟敬也,則怠荒泯而心不生愧怍,於人順,於事安,常有悠然其日休者,蓋檢束之餘,自能優裕,泰也,而非以適己也;惟無所不敬也,則離合泯而心不勞操攝,應物而物不擾,處事而事不膠,且有怡然其自適者,蓋存養之密,並忘矜持,泰也,而豈以輕世也。斯不亦泰而不驕乎?人徒見君子之寬舒者,名之為泰;而不知君子之憂惕者,所以成其泰。其不指驕而以為泰者幾希,張也審之!」評謂:「抉題之堅,理精詞卓,其中有物,故簡而彌足。」

卷五錄其《孟子》「告子曰不得於言……勿暴其氣」題文:「時人『不求』

之非，即氣之當求而益見也。夫氣以輔志，而心當求，氣亦不可暴也。告子之說，無一可矣。且夫善事心者，聞養之，不聞制之。養者，交養而徐俟其自定；制，則驟持之而非棄之，若告子矣。觀其言曰『不得於言，勿求於心；不得於心，勿求於氣』，夫欲免於求，而且不免有制其求之心，已非寂然不動之體；不能無失，而徒欲禁其求於既失之後，終為悍焉自恣之私。故較而言之，則『不求於氣』者，視之『不求於心』者稍為僅可，而亦豈通論哉？蓋氣非甚輕而可緩者也。心王乎氣而實附於氣，氣聽於心而能輔乎心。神明之官，握役使群動之柄，而作則奮、倡則從者，志帥氣也；然精神所布，實充滿百體之中，而作而能奮、倡而能從者，則氣輔志也。帥有常尊，尤得佐而後尊；志雖獨至，氣亦次乎其至。志當持矣，氣可暴乎？故守之宥密淵微，以端出令之府；而又當養之流行布濩，以鼓從令之機。有欽承敬事之道以祗若性靈，而又當有涵養優游之方以保合元氣。蓋志不持，則本原一乖而內外遂已兩失，故知告子『勿求於心』之說妄也，不待辯也；氣無暴，則存主愈湛而本末可以相資，故知告子『勿求於氣』之說亦妄也，豈誠可乎？吁！養心者無若告子可矣。」評謂：「『夫志』六句，止辯『勿求於氣』之失，至『勿求於心』不待言矣。理解既徹，故就題成文，方圓自合。」

　　卷五錄其《孟子》「民事不可緩也」三節題文：「民事甚重，知其重者賢君也。夫一民事而教養公私胥賴之，顧可緩哉？而賢君誠重之矣。且人君攬君師之責，當臣民之寄，而有意為國也，胡可不擇一事焉為先圖，而吾以為莫如民事矣。人第知上之授田經野，實有切於民依；而不知民之戮力身家，即上關乎國脈。計產而耕之，則衣食出焉，風俗興焉，一日少緩，民且受其弊矣；計產而賦之，則小人供焉，君子養焉，一夫不耕，上亦受其弊矣。況斯民日夕而唯播穀是圖，其艱難疾苦，《詩》可狀也，而上烏得緩之哉？緩之，是無恒產也。無恒產而驅之善，能得之凡民乎？無恒產而隨之刑，將得為仁人乎？而賢君不然也。賢君則必恭，恭者之於臣僚也且將有殊禮焉，而忍使其奉養薄耶，獨計常祿皆民脂，而吾謀其入，不得不慮及於出者矣；賢君則必儉，儉者之於財用也且有常經焉，而何至取民多耶，獨計常賦皆民力，而吾責之出，不得不預圖其入者矣。故教化未興，刑罰未中，而吾不問，唯曰何以重農；賦稅未定，世祿未講，而吾不問，唯曰何以授產。則以民事舉而國無餘務也，君而為國亦於此急之。」評謂：「打疊一片，處處緊密而勢寬氣沛，故為難及。」

卷六錄其《孟子》「聖人之行不同也」合下節題文:「聖道歸於潔身,故『要君』不足以汙元聖也。夫行歸於潔身,則無論異矣,割烹至汙,而以誣樂道之尹哉?且世俗自好之士,猶能以一節表見,乃至聖如尹,而割烹之說紛紛焉。則以論潔身於常人易知,論潔身於聖人難知也。蓋聖人之行不同矣。機適逢世,則不必遠托山林以逃之;道足致君,則不必塵視軒冕以避之。或遠而又或近也,或去而又或不去也。身遊於廟堂巖廊之中,而心超於功名爵祿之外;迹與王公大人伍,而志與天地萬物遊。要歸潔其身而已。即伊尹一人,俄而有莘,俄而阿衡,抑何遠近去就頓殊,而操行潔白惟一哉!蓋尹惟遇湯,故尹不得不出,是以三聘為招,為天下而要尹者,湯也;尹惟樂堯舜之道,故湯不得不求,是以二帝為招,以道而要湯者,尹也。以疏逖之士,一朝而晉位師保,非尹近湯,湯近之也,亦道固致之耳;易畎畝之樂,一旦而立人本朝,非尹就湯,湯就之也,亦道固來之耳。吾所聞要湯者如此。如曰割烹,必非聖人而後可,而尹聖人也,潔身之謂何,而為之哉?蓋行無轍迹,聖人所以成其大;道有要歸,聖人所以全其高。徇迹則議生,識歸則論定。此可以知伊尹矣。」評謂:「煉局甚緊,運題甚活。全於入脈處、過渡處、結束處著精神。」

三　月

焦竑(1540～1620)、吳道南(1562～?)、陶望齡等三百四十七人進士及第、出身有差。

《明神宗實錄》卷二百九:「壬戌,策試禮部貢士三百四十七名。制曰:『朕惟自古帝王,立綱陳紀,移風易俗,一稟於禮法。使尊卑有等,上下相承,然後體統正於朝廷,教化行於邦國,所以長久安寧,有此具也。當周之隆,天子總六官,六官總百執事,分職率屬,而萬國理。朕甚嘉之,甚慕之。是操何術而臻此?迨其叔季,先王之遺澤固在也,何以陵夷若是?其興衰得失之故,可指而言歟?至漢文時,有以棄禮義捐廉恥長太息者。神爵中,有以述舊禮明王制為本務者。宋嘉祐間,有論審勢稱殷之先罰者,有疏謹習比唐之季世者。或謂西漢貴刑名而闊於禮文,宋盛聲容而疏於法制,然則諸臣之言,果皆應古誼合時宜者歟?我太祖高皇帝,用夏變夷,敷政立教,嘗論侍臣曰:禮法明,則人志定上下安。又曰:制禮立法非難,遵禮守法為難。乃集為禮制,著為定式,頒律令大誥於天下,洋洋聖謨,佈在方策,可得而揚厲歟?朕以沖昧嗣守鴻業,十有七年,夙夜兢兢,惟成憲舊章是鑒是率。

間者深詔儒臣進講禮經，重輯《會典》，使諸司有所遵守，庶幾紹休聖緒，以興太平。乃世教寖衰，物情滋玩，習尚亦少敝焉。其甚者，士伍辱將帥，豪右凌有司，宗庶訐親藩，屬吏傲官長，陵替若此，何以消其悖慢，使就約束歟？貪黷敗節，奢侈逾制，讒說殄行，虛聲貿實，詭異壞心術，傾危亂國是，澆漓若此，何以救其頹靡，使還雅道歟？今詔書數下，申令既嚴，而簾陛之間，輦轂之下，猶有壅閼不行者，無乃禮教不修，法度不飭歟？抑風會日流而不返，積習已成而難變歟？將朕暗於大道，無能率作省成而示之極也？茲欲禮達而分定，法舉而令行，綱維振肅，習俗淳美，以覲揚聖祖之光烈，而遠追成周之隆，何施而可？爾多士其悉抒所蘊，詳著於篇，稱朕意焉，毋有所諱。』」《弇山堂別集》卷八十四《科試考四》：「二月，命少傅兼太子太傅禮部尚書建極殿大學士許國、詹事府掌府事太子賓客吏部左侍郎兼侍讀學士王弘誨主會試，取中舉人陶望齡等。廷試，賜焦竑、吳道南、陶望齡（1562～1609）及第。」

據《明清進士題名碑錄索引》，萬曆十七年己丑科第一甲三名（焦竑、吳道南、陶望齡），第二甲六十七名，第三甲二百七十七名。

馮夢禎作《皇明四書文紀序》。《四書文紀》，項庭堅選，錄正德以前試文窗課千餘篇。

序云：「我國家以經義取士，士非此，雖才擅八斗，學窮五車，未免有操瑟齊門之歎。故雄俊之士，不憚降格為之，而委瑣虛庸之輩，亦囂囂然飾薄伎以托一時之幸，才而得者什五，不才而得者什一。語云：窗下休言命，場中莫論文。又云：不願文章中天下，祇願文章中試官。快哉斯論！豈祖宗睿算，將假此以磨礱豪傑，銷其觔髒不平之氣而用之乎？而為士者，亦遂比之為敲門磚，門一關即棄不用，故其視舉業也甚輕，而其與世推移也甚速。余自燥髮習舉業，迨成名，至今不及三十年，而天下之文凡幾變矣。一變而為嘉靖晚年之華靡，再變而為隆萬間之刻畫，三變而為今日之吊詭繆悠。歲化月遷，一唱百和，東下之流，既倒之瀾，雖詔旨日下而不能禁也。吾友項庭堅氏憂之，搜羅正德以前先輩試文窗課若干，加選焉，得千餘首，名之曰《皇明四書文紀》，而示余曰：『士熟此，庶幾可以挽頹風乎？子盍序而傳諸？』廷堅與余素以筆研相磨切，至彼此遇合，各修其業不衰，課子授徒，與經生無異，不以敲門磚棄之。而當其執管時，嘔心凝神，務求作者之意，以適於

甘苦疾徐之節，神情寧厚，聲態寧薄，要以不愧先輩典刑而止。吾兩人之文，其不與世推移，亦略相似也。余闇且劣，不敢雁行事廷堅。廷堅之才名方奔走天下，此編一出，家傳人誦，險棘者平夷，淺陋者精深，一洗近代之習而登之成弘已前，此可以旋至而立有效者。廷堅之嘉惠後學，其無窮也哉！雖然，此可為智者道耳。聽古樂惟恐臥，聽鄭衛之音則不知倦，大聲不入於里耳，折楊皇華則啞然而笑，世故如此，豈敢謂斯編之必有合也？然廷堅之用心則已勤矣。萬曆己丑上巳日序。」（《快雪堂集》卷三）

董其昌會試第二，廷試二甲一名。《欽定四書文》錄其文四篇。

隆萬文卷二錄其《論語》「子使漆雕開仕」一節題文：「聖人以仕命賢者，而嘉其見之大焉。夫君子之志者大，故其試之不輕也。賢者見及此矣，聖人之說有以哉！且夫經世之學，愈養則愈深，寧有量哉？是故不必不仕，亦不必仕，顧人所志何如耳。夫子未嘗使人仕也，而獨以命漆雕開，其亦有信之者在乎？乃開則復於夫子曰：出處之道，內斷於斯而已。議論可以虛稱而至，不可誣者分量；動猷可以浮慕而至，不可昧者隱衷。以開而仕也，果一出而不負所舉者乎，斯重抱之士所預信於平居，而開弗能也；果一出而不負所學者乎，斯厚積之士所獨信於方寸，而開未能也。疑事無功，疑行無名，而驟焉取天下國家以試所疑，則謂之何？開也何敢言仕也！斯言也，與夫子使之之意不亦異乎，而夫子何以說哉？蓋仕以成信，而信隨人殊。期月而可、三年而成者，聖人之信也，使必如聖人之信而仕，則天下之仕者亦寡矣，而開將進取焉；或以果藝、或以禮樂者，諸子之信也，使如諸子之信而仕，則開之於仕也亦可矣。而曾不得以滿願焉，乃知濟世以仕為大，而尤有大於仕者；仕以信為急，而又有不害於未信者：夫子所為說開意也。以夫子之所以使，合於夫子之所以說，而聖賢明體達用之學幾矣。」評謂：「切近的實，發此題未發之蒙。夫子使仕，開曰：『吾斯之未能信。』《注》：『斯，指此理而言。』明明是仕之理，本無可疑。程子『已見大意』，謝氏『不安小成』，則又於開未信處推原其蘊如此。後人因當日未嘗明指出『大意』謂何，『小成』謂何，妄謂妙在不直說破，其於『斯』字之旨，竟似禪語機鋒矣。文能實實指出，卻即在人人共讀《四書》中，何等直捷顯易。評者乃謂理即性也，『斯』字不可專指仕言。不知聖賢之學體用一原，豈仕之理外，又別有性之理耶？詖辭害義，迷惑後生，不可不辨。」

　　卷二錄其「智者樂水」一節題文：「聖人發仁、知之蘊，觀其深矣。蓋仁、知之樂不同，由其體有動靜也，而效其徵於樂、壽矣乎？夫子意曰：人之於道也，苟其中有眞得，則其蘊無盡藏，吾於知者仁者見之矣。彼其觀化於天地之間，而情以境生，不能無所樂也；然觸象於吾心之內，而境與情遇，則各從其類也。知者其樂水乎，仁者其樂山乎？何也？一元之氣，水得以流，山得以止，動靜之象也；而一元之理，知得以應，仁得以寂，動靜之道也。以靜觀知，靜亦知之淵源，而其體則主於變通，神而明之，有圓機矣，宜其樂於水乎？以動觀仁，動亦仁之有覺，而其體則主於凝定，默而存之，有眞宰矣，宜其樂於山乎？吾以此知知者之樂矣，吾以此知仁者之壽矣。蓋知之動也，非紛擾之動而無得於心者也，心與理順，理與事順，百慮皆通，莫得而困之，即迹有不齊而休休者自在也；仁之靜也，非寂滅之靜而無與於身者也，心與氣合，氣與形合，元神常聚，莫得而搖之，即數有不齊而生生者自在也。乃知道而有得於心，則微而爲觀物適情，而全體呈露；極而爲身心性命，而實用流行。學者動而能知，靜而能仁，道無餘蘊矣。」評謂：「左縈右拂，官止神行，內堅栗而外圓潤。凡虛實、分合、斷續之法，無不備矣。處處歸重『動』、『靜』，仍於題位毫無陵亂。」

　　卷六錄其《孟子》「聖人之行不同也」合下節題文：「觀聖人制行之極，而知其進以道也。夫聖人異行而同潔者，爲道存也。割烹非所以明潔矣，而元聖爲之哉？且夫出處之際，立身之大節也，賢者守之，聖人達焉。而謂其節之可變，則甚非知聖者。夫伊尹而有割烹要君之議乎？乃吾以爲，巖廊之上，不必皆失節之階也；清修之操，不必皆遺世之士也。夫聖人者，其行甚圓，其天甚定。可遠可近，而不可使處不廉也；可去可不去，而不可使處不義也。抱其道，不忍私諸身，間嘗自試於時；而愛吾身，所以重吾道，未嘗受浼於俗。若此乎其唯潔之歸者。是故以尹之左右乎厥辟，而視諸蕭然耕野之時，於行爲近矣，乃聖人之近，有潔者在焉，則奚事要君也；以尹之阿衡乎商室，而視諸囂然卻聘之日，於行爲不去矣，乃聖人之不去，有潔者在焉，則奚至若他人之要也？當其時，湯不得尹，孰與沛天民之澤；尹不樂堯之道，孰自畎畝而結明主之知？湯不得尹，孰與建伐夏之功；尹不樂舜之道，孰與匹夫而動師臣之想？蓋求其所以感湯者而不可得，謂之要也亦宜；又求其所以要湯者而不可得，謂之以堯舜之道也亦宜。而顧曰割烹焉，則伊尹非聖人，而聖人固不潔者哉？吾未之前聞矣。吁！如以行則聖人之行，非割烹之行也；

如以道則堯舜之道，非割烹之道也。而重爲尹誣，非好事者不至此矣。」評謂：「縮結自然，起伏迴應，融化無迹。惟入手處不及元（案，謂陶望齡）作之渾成耳。」

卷六錄其「由孔子而來」一節題文：「大賢任聖道，而深有感於繼統之人焉。蓋無見知則無聞知，孔子之道，當不若是之遽絕也。非大賢，其誰任之？且夫道之由傳，則賴見知之聖矣，不幸無聖人，而有聖人之徒以維之，則其統亦不中絕。吾茲有慨於孔子之道焉，何也？凡道之所謂見而知者，其精神心術之默契，誠不在時與地之間；其遺風餘韻之漸濡，亦樂於世與居之近。故苟在五世以內，猶同時也；苟非千里而遙，猶一堂也。於此而有心聖人之心者，必舉而屬之曰『見知其人矣』，乃孔子以及於予，其時何時而其地何地哉？感哲人而興懷，則遺澤未艾矣，天苟無意於見知，必不虛當此世也；憑中國而仰止，則宮牆可即矣，天果不欲於見知，必不虛近此居也。謂宜有私淑之士爲孔子之禹、皋者出焉，而今且誰與歸乎？豈其莫爲之前，而亦莫爲之後乎？謂宜有願學之選爲孔子之伊、萊者出焉，而今且誰其人乎？豈其當年無人，而曠世尚有人乎？孔子之道與世無終，與天無極，其必有聞於五百歲之後也，吾誠可以預信，惟求所以見知者而不得也，則淵源喪而後來之考信者安承？孔子之道或聞以君，或聞以師，其必不泯於五百歲之遠也，吾固可以預籌，唯求所謂見知者而無其人也，則羽翼孤而後賢之繼述者奚據？蓋稽之往事，聞、見之相待若彼，而何獨限於孔子；驗之今日，時、地之相近若此，而何獨嗇於見知？則予何敢讓焉！」評謂：「提起見知，幹入時、地，題前數語極有精采，中後循次頓折，亦興往而情來。」

郝敬成進士。《欽定四書文》隆萬文卷六錄郝敬之作二篇。

郝敬（1558～1639），字仲輿，號楚望，湖廣（今湖北）京山人。萬曆十七年（1589）進士，出爲知縣，後官禮科、戶科給事中，以「浮躁」謫知江陰縣，復以不爲要人所喜，掛冠歸里。築園著書，不通賓客，有《周易正解》二十卷、《尚書辨解》十卷、《毛詩原解》三十六卷等，黃宗羲謂「明代窮經之士，先生實爲巨擘」。制義有《郝楚望稿》，俞長城題識云：「京山先生負其實學，凡遇一題，抉精神，窮要領，鑿鑿無所隱護。言所不能言，先生足當之。」《欽定四書文》隆萬文卷六錄郝敬之作 2 篇。一爲《孟子》「仕非爲貧也」一章題文：「君子爲祿而仕，亦不苟於仕也。夫貧而仕，非君子之得已也，

猶必委曲以稱職，豈苟焉以得祿而已哉？且君子之仕，行其言也，行其道也。是故居高位而不讓、受厚祿而不辭者，有言高之責而當大行之會也。乃君子胡爲而有爲貧之仕哉？蓋方其道與時違，言不用，道不行，已非仕可之日；而朝不食，夕不食，不無免死之憂。故君子而有爲貧之仕也，非得已也，亦猶娶妻者之爲養耳。然以其貧也，而侈焉以糜君之祿乎？不敢也。一命之寄，儋石之需，聊取之以自給。以其仕於貧也，而苟焉以曠己之官乎？不敢也。抱關之役，擊柝之司，必報之以微勞。何也？食人之祿者敬人之事，祿薄則事簡；居君之位者供君之職，職卑則易稱。故孔子一仕爲委吏，而會計之外無餘事矣；再仕爲乘田，而牛羊之外無餘職矣。責之以盡言，則身未廁於高位之尊，含默自守而不謂之固寵；望之以行道，則身未立於朝廷之上，醇謹無爲而不謂之負君。不然，責委吏乘田之賤而譚君國子民之猷，是居下議上，罪之招耳；鄙抱關擊柝之卑而希尊位重祿之榮，將道與時違，恥之媒耳。然則居卑貧者，其免於罪乎？辭尊富者，其免於恥乎？此爲貧而仕者所當知也。不然，貧亦非君子之所去者，而肯苟且以得君之祿哉？」評謂：「自首至尾，渾然一片。題之節次俱融，理解更晰，其營度可謂盡善。」

明神宗萬曆十八年庚寅（西元 1590 年）

八　月

馮夢禎爲何世選輯《皇明文憲》作序。《皇明文憲》收嘉靖間舉業文字一千餘篇。

序曰：「我世宗肅皇帝壽考作人，其一時人文之盛，可謂斌斌矣。而回視弘、正以前，不無朱弦疏越之歎，況近世乎！何子所輯公車義，自袁胥臺先生而下，凡四十七人，俱嘉靖作者，得文千餘首，題曰《皇明文憲》，而梓以廣之。上略成弘之樸，下抑隆萬之華，而懸斌斌者以示公車法，儻亦有荀卿子法後王之意乎？讀是集者，以嘉靖追成弘，以成弘追六經，挽衰靡而登雅道，豈非今日之幸哉？何子名世選，字用夫，方以是業張赤幟於東越云。庚寅秋八月二十一日。」（《快雪堂集》卷三）

明神宗萬曆十九年辛卯（西元 1591 年）

八　月

今年鄉試，汪元極、沈演等考生墨卷頗為出色。

《遊藝塾文規》卷二《承題》：「湖廣辛卯『丘也幸』一節，程文云：『聖人所自幸者，而意可諒矣。夫聖人何過？即有過，亦何至令人不可知者？此其引以自幸也歟？』此篇文全用解元汪元極卷，而此承不但較破進一格，直就題外別生意見，讀之令人躍然。」「承起句包涵一題之意者，正格也；反言引起者，其變也。己丑會試『聖人之行不同』二節，周懋相云：『即聖行之同歸，而知誣聖之非矣。蓋割烹非潔己事也，聖人之潔其身者，何如而屑爲之哉？』將『割烹』反起，而題意了然。辛卯順天『東面而征』五句，沈演云：『觀商師於所未及，而其望殷矣。夫兵，民之殘也，然且望之，惟恐後焉，其斯爲王師乎？』以兵爲殘，分明與題相反，得此一反，而益見王師之順，借賓形主，題意轉明，雖反亦正也。』」「辛卯應天『君子成人之美』一節，汪鳴鸞云：『君子小人之用心，於其成人見之也。夫美惡不同，在所成耳，此天之賴有君子，而無樂乎有小人歟？』不說君子、小人之是非，而但就天下形容之，一曰『賴有』，一曰『無樂乎有』，亦是借賓形主之法。」「承有議論最難，語不多而忽生意見，所謂寸山吐霧，尺水興波也。辛卯福建『居則曰』四節，魏濬云：『聖人探用世，而獨與夫藏用者焉。夫均之用也，而有意者不若無意者之大，此聖人之與獨有歸歟？』『有意不若無意』，是大議論。」《遊藝塾文規》卷三《起講》：「辛卯應天『君子成人之美』一節，汪鳴鸞云：『君子有餘美，小人有餘惡。非必其身爲之也，懸於一念之相反，而動關人才，其成就往往殊焉。』風調自是不凡。『事前定則不困』，張君卿云：『人君欲以其心而制天下之事，不若舉事之理而豫定於其心，何者？理固在事先也。』語語刺心，令人擊節。」「小講貴說意，亦貴煉詞。如福建『居則曰』四節，李仲元云：『君子立志期爲知己用耳，顧人知有用之用，而不知無用之用。有用之用，才士蓄而有待；無用之用，達人乘而無心。』大意亦平，末二語雅煉，便覺可觀。」「湖廣『國君進賢』三節，鄧士亮云：『人君宰制國家，元老之臣不居外輔，則體統易褻；總攬之柄不從中制，則用舍相淆。』詞氣嚴整，自是作家。」「福建『滄浪之水』二節，王邦俊云：『國家興亡之故，眾人見其形，聖人見其理。見其形者，屬之天運；見其理者，屬之人事，故誠有憂危之意，豈必鄉士勤誨，大夫獻箴？即一邇言亦當世得失之鏡也。』

以虛形實，獨勝諸魁。」

歸子慕中舉。《欽定四書文》隆萬文錄其作五篇。

歸子慕（1563～1606），字季思，昆山人，歸有光之少子。幼有文行，舉萬曆十九年（1591）鄉試，再試禮部不第，遂屏居江村，與無錫高攀龍等爲友，歌詩爲樂，學者稱清遠先生。歿後，巡按御史祁彪佳請於朝，贈翰林待詔。著有《陶園集》四卷，亦工制義。《欽定四書文》隆萬文錄其作 5 篇。卷二錄其《論語》「晏平仲善與人交」一節題文：「聖人與齊大夫之善交，惟其有恒敬也。夫與人交而敬，善始善終之道也。齊大夫雖久持之，謂之善交，非耶？夫子稱之，以風天下之與人交者。意曰：大倫有五，而友居其一，人始重交矣；友以義合，而敬爲之維，交始重敬矣。然而道有時隆，亦有時汙，則世運古今之變也，久矣夫交道之難言也！靡不有初，鮮克有終，則又人事終始之變也，甚矣夫交態之無常也！以吾所見，如晏平仲者其善與人交者乎？當其交之乍合也，彼此兩不相習，則彼此皆生畏憚之心，如是而敬也，平仲亦猶夫人耳矣，至於久而益熟，新者成故，易與之心且交起，而平仲之敬也獨不衰；當其交之始密也，彼此方恨其晚，則彼此皆存致一之志，如是而敬也，平仲亦猶夫人耳矣，至於久而漸弛，專者成泛，既倦之情不復作，而平仲之敬也爲益篤。形迹未始不忘也，而形迹之忘不至於疏略，朋友攸攝，攝以威儀，亦何分於久近，而世盡失之，惟平仲爲能不失此意矣；情意未嘗不洽也，而情意之洽不至於比昵，伸於知己，詘於不知己，稍失檢於微細，而士將非之，惟平仲爲能永貞此戒矣。論交於叔世，若平仲者豈可多得乎哉？而擇交於今日，若平仲者吾寧無取乎哉！吁，以此見與人交之道，而當時之所以論交亦可知矣！」評謂：「文之愈遠而彌存者，其所發明皆人情物理之極，而爲他人所不能道。此文佳處，須以是觀之。」

卷二錄其「公西華曰正唯弟子不能學也」題文：「賢者觀聖之深，而即得之於自道者焉。蓋聖學不必遠求也，即其所自道者，弟子學焉而未能乎，適足以明其爲聖仁耳。且昔夫子進不敢以聖仁自居，退而以爲不厭、誨不倦自許，以爲無可稱述者，如是焉而已矣。乃公西華作而言曰：安行者不知勉行者之多阻也，成功者不知用力者之甚艱也。終身莫竟之事，正不在於多言；舉世難圖之功，正不在於奇行。『爲』不與『厭』期，而厭自至。當其厭也，一前一卻，徬徨顧望，殆將有無可奈何者耶，而何夫子之卒不厭也？所謂師不能

傳之弟子者，其惟是也。『誨』不與『倦』期，而倦日至。當其倦也，一此一彼，離志解體，殆將有不能自主者耶，而何夫子之卒不倦也？所謂弟子不能得之師者，其惟是也。若論『聖』也，所不敢知，而即此『為』與『誨』之間，則弟子之所身試者蓋已有年矣，而迫於今銳志者退、先傳者倦，獨夫子一人常如是焉。然後知聖愚之不相及，果不離日用也。意者夫子其真聖不可知，渾化而不覺矣乎？若論『仁』也，所不敢知，而即此不『厭』且『倦』之間，則弟子之所通患者已見於前事矣，而就其中雖至於步亦步、趨亦趨，而末由之歎猶不免焉。然後知天之不可階而升，其卑如地者也。意者夫子其中心安仁，融一而不見矣乎？吁，若聖與仁，非夫子，其誰與歸？」評謂：「公西華非備嘗甘苦不能為此言。作者體認真切，故語淡而意深，如脫於古賢之口。」

卷二錄其「四十五十而無聞焉」二句題文：「即失時者之無可為，而後生可惕矣。夫可為而不為，至於時之既去也亦晚矣，此後生所以有時而不足畏也與？夫子曰：甚哉，時之當惜也！未來者逆計之則有餘，而已往者潛消焉則不覺。是故少而壯，壯而老，古今人往往奄忽於此而卒為人所料也。吾向之所畏於後生者，亦以為是後生也，積日而累功，積歲而程行，蓋至四十、五十也而聞道已久矣，故足畏也。如其緩情便己，偷取於今日，而明日復然；恣意養安，有待於來年，而來年更甚。如是也而四十，甚易耳，而四十猶夫故也，於道茫乎未之聞也，追思四十年內，何事不可為而失之於交臂，今而四十也，為無望矣；如是也而五十，倏然耳，而五十猶夫故也，於道概乎未有聞也，上下五十年間，何其日之長而曾不以一瞬，今而五十也，蓋無幾矣。昔之少壯，猶不如人，顧此暮年，詎堪策勵，長為鄉人以沒世已耳；四十、五十而業已上達，不為蚤，四十、五十而甫議下學，則已老，長懷後生以齎恨焉耳。後生之時不可知，四十、五十之時已可知也，其一生所為具在也；後生以後則難知，四十、五十以後則易知也，其一事無成具見也。斯亦不足畏也已。夫始於可畏而終於不足畏，非人情之至變，而後生之不變也。嗟乎！誰非後生者，日復一日，後生如昨而四十、五十已在前矣。可懼哉！可哀哉！」評謂：「情真語切，足令人怠心昏氣悚然而振。」

卷三錄其「直道而事人」四句題文：「聖人以事人者論去就，見其無一可去焉。夫直道既以其必黜也而不可去，而枉道又不必去，去何為哉？想其對或人曰：夫見黜於人與見容於人也，其所自持者有兩端，而去不與焉，曰直道，曰枉道。直道則以道為主而以人就之，道伸而情在所必屈矣，此其不便

於人爲何如者？枉道則以人爲主而以道就之，道屈而情在所必伸矣，此其便於人爲何如者？故欲免於三黜，而取必於一去，非完策也，所患在直道耳；求容身之地而必去父母之邦，非便計也，特患不枉道耳。如其直道而事人乎，今之人情已可見矣，黜則皆黜，父母之邦固黜也，他邦亦黜也，雖使迹遍天下，難乎免矣，吾棲棲將安之？不然而枉道而事人乎，今之人情不甚相遠也，容則皆容，他邦固容也，父母之邦亦容也，向也一爲士師，人其舍諸，又何必望望然去之？本爲黜也而去，而持之以必黜之道，何如勿去，寧於父母之邦黜爾；以爲一去也而必不黜，而投之以必不黜之道，何煩於去，亦即於父母之邦不黜爾。父母之邦我所不忍舍也，輕去父母之邦，於我未有益也，即不去父母之邦，亦未嘗不可以取容也。特以直道不可枉而枉道不可爲耳。然則去父母之邦，欲何爲哉？」評謂：「股法極變化，情詞極婉轉，後來佳作皆不能出其右。」

卷六錄其《孟子》「無政事則財用不足」句文：「觀國計之所繫，則政事要矣。夫財用，國之大計也，乃以無政事則不足，而政事顧可忽與？且夫善爲國者，未有不言政事者矣。政事非所以割制天下，乃所以均調其有餘、不足，使天下饒裕相安樂者也。何以言之？蓋天地之生財，任其自然，賴人事爲之蓄泄；國家之制用，因乎物力，有常道使之流通。則政事即不爲財用設也，而財用亦政事之所經理也。朝廷之區畫得宜，則一舉一動，皆樽節愛養之道；廟廊之調度失策，則一出一入，皆濫觴虛耗之端。末作之交鶩，淫巧之並售，而禁不行，徒使窮極功力，無益於用，非所以濬泉貨之源者也；膏脂之浚削，溪壑之填委，而法不立，雖使計析秋毫，何補於事，非所以塞江河之流者也。恣其出不量其入，豐其予不顧其取，蔑經常之制，競錐刀之末，其於大體傷而國計亦已匱矣；缺於前支吾於後，虧於此取盈於彼，先王之道廢，言利之臣進，其於民生病而財力亦已殫矣。蓋政事修舉，不獨其理財用，財用乃足也，彼天下大勢，煩簡疏密相均相制，無非財用之腠理；政事廢弛，不待其費財用，財用乃不足也，彼天下大勢煩簡疏密偏重偏輕，無非財用之漏巵。則政事之繫於人國也有如是矣。」評謂：「上溯周官之法制，下極漢唐之末流，窮盡事理，恰與題之窾郤相入。兼成化至嘉靖作者之能事而有之。」

自乙酉年（萬曆十三年）改遣京官主各省鄉試，至今年已三舉。

《國榷》卷七十五：「（萬曆十九年八月）各京省主考：順天□諭德曾朝

楫、馮琦，應天□諭德陸可教、中允余繼登，浙江翰林編修李庭機、刑科右給事中梅國樓，江西修撰朱國祚、戶科右給事中葉初春，福建禮科右給事中孟養浩、禮部主事姜鏡，湖廣兵科左給事中張應登、禮部主事唐伯元，河南禮科左給事中丁懋遜、禮部主事陳泰來，山東刑科給事中劉爲楫、吏部主事蔡應麟，山西刑科左給事中李獻可、戶部主事梅守峻，陝西吏部主事麻溶、兵部主事于若瀛，四川戶科給事中陸尚賢、工部主事吳鴻洙，廣東吏部主事唐世堯、刑部主事葉修，廣西兵部主事胡桂芳、工部主事吳宗熹，雲南刑部員外郎莫睿、戶部主事李開藻，貴州刑部主事王命爵、大理寺評事黎芳。」沈德符《萬曆野獲編補遺》卷二《科場‧預傳考官》：「各省改遣京官主試，定於今上之乙酉，至辛卯則三舉矣。時山東鄉試，預傳爲吏科左給事李周策、戶部主事楊鳳二人爲正、副。於時巡按山東御史何出光貽書於同官李以唐，言其事，以唐未遽發。及差試官疏上，果係二臣。李始具疏云：『臣於六月初八日得何出光之揭，已云主考爲李、楊二臣，直至今七月十三日，禮部具題與向所傳聞不爽，此實尚書于愼行之罪。』蓋以于爲山東人，他有所私也。于具疏力辨，李、楊二人亦各上疏辭，乃改差刑科給事劉爲楫、吏部主事蔡應麟。俄何出光亦有參疏至，詆愼行抗違明旨，蒙蔽弄權。時于方負時望，旦夕且大拜，坐是事詰責之，未逾月即允致仕歸。于非行奸作弊者，第不密則有之。然被白簡，則難解釋矣。李周策次年壬辰會試，已升禮部都給事中，充同考官，蓋償其不赴山東之差也。又次年癸巳，以京察左官，稍遷兗州府判，又分考山東，時譏其辭主考而受分校，且俱在東省，似乎厚顏。於是外計再坐謫歸，遂不出。」今上，指明神宗萬曆皇帝。乙酉，即萬曆十三年（1585）。辛卯，即萬曆十九年（1591）。

明神宗萬曆二十年壬辰（西元 1592 年）

正 月

禮部以會試屆期，條議科場規則六事。從之。

《明神宗實錄》卷二百四十四：萬曆二十年正月，「丙子，禮部以會試屆期，條議科場規則六事。一、正文體。非純正典雅者不收。一、議程錄。悉用士子原文。一、專閱卷。房考必閱本經。一、別字號。五經卷號不得相混。

一、覈墨卷。眞草不全者不得中式。一、公塡榜。拆卷後毋引嫌輒更。上曰：『立考爲國掄才，須文理純正，經術通明，方許收錄。其有文詞險怪，背經離傳者，場後卷發，禮部戒飭。程文須用眞卷，勿得改擬示欺。餘如議行。』」

二　月

以會試天下舉人，命禮部右侍郎兼翰林院侍讀學士掌詹事府事陳于陛，詹事府詹事兼翰林院侍讀學士掌翰林院事盛訥充考試官。（據《明神宗實錄》卷二百四十五）

本科會試題。

本科會試題有《論語》：「知及之，仁不能守之；雖得之，必失之。知及之，仁能守之。不莊以蒞之，則民不敬。」《中庸》：「憲章文武；上律天時，下襲水土。辟如天地之無不持載，無不覆幬，辟如四時之錯行，如日月之代明。萬物並育而不相害，道並行而不相悖，小德川流，大德敦化，此天地之所以爲大也。」《孟子》：「舍己從人，樂取於人以爲善。」

會試取中式舉人吳默等三百名。（據《明神宗實錄》卷二百四十五）

《遊藝塾文規》卷二《破題》：「壬辰『知及之』全章，吳默破云：『聖人於知及者，而責以仁守之全功焉。』場中皆知重『仁守』，而不知以『知及』爲主。觀其承題、結句及文字末二比，乃知學問全功在『知及』中，一時俱盡了。惟其意見迥別，故此破衹是尋常說話，自不與衆雷同。」《遊藝塾文規》卷三《起講》：「壬辰『知及之』全，自會元外，小講無甚佳者。高克正云：『君子之學，合天下於吾身也，非外吾身以爲天下也，故修之身，其德乃眞；修之天下，其德乃全，甚不可分爲兩途也。』意高詞古。厲昌謨云：『吾儒之學，不徒涵養此心，而治身，而治世，則心之實際在焉，總之仁所貫也。』說『心之實際』有理。」「『憲章文武』，會元小講一氣說下，又是一格。陳懿典初刻云：『上有聖主，則先天下而立法；下有素王，則後天下而守法。立法者，制不得逾；守法者，道不能囿。』後刻云：『先王創法，後人守之，然創既遠而易湮，守因習而成玩，其中非有大聖人爲之修明，固不能無陵夷衰微也。』後改勝前。」「『舍己從人』二句，范應賓云：『天下之善，合之則大，分之則小。執形骸而起見則不能同，歧物我而二心則不能取，而舜之善與人同何哉？』

議論頗徹。楊廷筠云：『人無聖愚，皆從一善而分，故既以有己，因知有人。其取善也，善取人之有以益己之無者，而中始無弗樂矣。』意見亦能動人。汪鳴鸞云：『人一善而已，眾人泥於已分之後，聖人觀於未分之先。』此係舊語。項德禎『執其兩端』二句曾用之云：『天以一中分萬善，愚者判於已分之後，聖者執於未分之先。』雖是陳言，著題則不妨相襲也。」《遊藝塾文規》卷六《正講三》：「『知及之』全，吳默妙處全在不做本題，而於虛中點綴。其文云：『世有大智，固未有不兼乎仁者也；學有眞得，亦未有患其或失者也。（此四句就提起，就入講，句句是至理，然卻是反設，非正講也。）惟知而不繼以仁，則得而必終於失。（講本文祇此二句，作流水對，庶頭腦整齊。）入道者可以無實之虛見自謂已至哉，乃所謂仁守亦未易言矣。（此一句領下，最有力。）人之心，非必獨知之境所當操持，（『獨知』貼『知及』，『操持』貼『仁守』。）即一威儀、一振作，皆吾心出入存亡之會。人之學，非必本原之失乃爲人欲，（前比正說，此比須反對。）即失之威儀，失之振作，亦此心理欲消長之時。（陸機《文賦》云：『立片言以居要，乃一篇之警策。』此二比扼要爭奇，一篇精神，皆從此喚起。）天下有稱爲仁知合一者，而自弛其莊臨之度，則我實先天下慢，而期民之作敬弗得矣；天下又有稱爲內外兼修者，而闊略於動民之禮，則我實治天下疏，而以稱曰盡善弗得矣。（實講本文，祇此數語，束繁爲簡，化有爲無。）夫莊非故爲矜持也，是學問之中宜有此檢束也。此而不能守，則所貴於仁者之容謂何？而智及之時所究析於動容周旋之道，竟何爲也？（人多祇繳『仁』字，此獨不遺『知及』，不漏不雜。）禮非故過爲粉飾也，是學問之中宜有此節文也。此而不能守，則所貴於仁者之化謂何？而知及之時所研審於化民成俗之方者，竟何爲也？（得此一繳，便覺精神百倍。）專事於儀文度數之末，固爲徇迹而遺心；徒守其空虛無用之心，亦且以外而病內。（得此一轉，文始曲折，始有波瀾。）仁知相成者其知之！』空中佈景，卷舒自如，機鋒一發，節節流動，句有所不盡修，字有所不盡減，而完軸在膺，信筆寫意，蓋得機得勢者也。」「陳懿典煉句最精，講『知及』云：『聰明可以窺道妙，而實究之則多虛；意見可以測天機，而身體之則難合。（雖不煉格，卻是精語。）』講完首節，過下云：『仁能守，則精凝而不蕩，不惟可以內收其明，而亦可以內肅其度；仁能守，則神注而不散，不惟可以養粹於己，而亦可以鼓鬯於民。』得此一提，便覺分曉。末云：『九重之檢飭未至，固不得舍本原而謾言經濟；四海之風猷未肅，終將以習俗而

上累聖明。』此與吳會元之繳同意，得『謹言經濟』、『上累聖明』八字，便覺華采，第三名劉孔當文中忽用『何則』二字，又用『雖然』二字，不雕不琢，飛走流動，有天馬行空之勢。講完首節，過下云：『何則？天下之形形色色莫非真機，而吾性之不睹不聞要皆實理。此之一失，雖令儼然作矜莊之色，燁然修太平之儀，猶無當耳，故學道者，必仁守要耳。雖然，謂仁之守而一得永得則可；謂仁之道而僅以自守也則不可。』文字貴煉，又貴不煉，煉者能悅人之目，而不煉者能愜人之心。此等處最宜潛玩。朱錦講完首節，過下云：『顧是仁也，厚蓄之可以凝神，顯設之可以樹範，靜持之可以定性，動履之可以宜民。從未守以前論，則惟立本為急，而所當加意於知及之後者在仁；從能守以後論，則又交修為急，而所不可忽於蒞動之間者在莊與禮。』此亦是會元文字，言言中竅，機軸不凡。汪鳴鸞講後『莊蒞』繳云：『尊若神明非迹也，於是焉旁皇而周浹，德之符也，特自臨民則為莊焉耳。』繳『動禮』云：『細若曲折非末也，於是焉斟酌而損益，德之善也，特自動民則為禮耳。』說理最細，可為名言。袁宏道、李日華皆以後二節串做，此是必中之文，而非魁元之作。袁講完『莊蒞』，過下云：『顧蒞，以形用者也，超形而格之，是為動耳；莊，以我用者也，釋我而契之，是為禮耳。禮者，不言而喻之機，一有所著即不神，或執極而稍強世，或任理而稍絕俗，非禮也，猶然細慝之未除矣。禮者，推行無迹之矩，一有所滯即不達，或任己而稍戾於眾，或徇古而稍窒於今，非禮也，猶然內境之未淨矣。』李講『莊蒞』，過下云：『彼居尊養重，我所加於民者，猶在耳目攝持之境；而鼓舞振作，民之動於我者，且盡入形神陶鑄之中。所謂令民而民從，鼓民而民化，恃有禮耳。向令於禮未協，則頗僻有一念之入，即中和有一念之乖；品式有分毫之疏，即德行有分毫之玷，其為盛美累，蓋非淺矣。』非謂其煉格太奇而不可魁元也，歸重『禮』上，亦是至理，但發意最為明徹，而遣詞不甚肖題，故稍讓一步耳。」

「『憲章文武』，吳默從起講至尾，一氣呵成，絕無蹊徑，自為雄偉不羈之談。其文云：『且世之論仲尼者，以為必溯之唐虞，求之一中之契悟，然後可以見仲尼。至於法度，則曰聖人既得其精，而何有於神化之糟粕？法度而至於文武，則曰聖人方損益百王，而何有於一代之制作？（養成機軸，自嚴靈襟，絕不落時文窠臼。）而不知文武以堯舜之真傳，（如此出題，須從堯舜說來，書意始完。）煥郁郁之文，故皇王以降，代有規畫，而惟周家大備，敬止敬勝之懿，其盡泄於此矣；仲尼以祖述之實際，為先進之思，故夏商以來，不

乏文獻，而惟從周爲獨決，覯光揚烈之心，其悉徵於此矣。（文字博大者易中，纖巧者難中，欲變纖巧爲博大，而徒於一句一字上求冠晃，此必不得之數也，試看此一起，何等氣概，何等雄偉，有憑空瀉下之勢。前輩常言『胸中有幾個國子監，然後可作大儒』，予謂能一口吸盡西江水，然後能作此文。）其與周之遺民共講求之者，制也，而非所以制。（頂上『覯光揚烈』來，起法絕新，世未曾有。）乃寤寐所及，恍然若見二聖於岐豐洛鎬之盛，則紹述祖宗之意，又在識大識小之先，（又深一層）蓋會其源而自契其流，非溯流以求源也。其與周之臣子（前說『民』，此說『臣』。）共遵守之者，（前說『講明』，後說『遵守』。）法也，而非所以法。乃精神所契，依然若睹二聖於謨訓功烈之隆，（『岐豐洛鎬』說地，『謨訓功烈』說業。）則率由舊章之意，又在問禮問官之外，（前曰『在先』，此曰『在外』，詞意俱別。）蓋含其實而樂取其華，非因華以求實也。（前曰『在先』，故說『源流』，先源而後流也；此曰『在外』，故說『華實』，華外而實內也。此文先觀其氣勢，然後察其用意，所謂縱觀之，則滔滔千里；細尋之，又點點歸源者也。）或本昭代以定其趨，則雖當周末文勝之日，其法已敝，其化已窮，（得此二句，然後文勢始暢。）而猶不忘舍周何適之意，其爲憲章也易知。或取前代以益其盛，則雖當上下古今之際，禮有所裁，樂有所定，而祇以備我周更化之資，其爲憲章也難見。（用意絕奇，今蹈襲已多，遂不覺其妙耳。）是故知道法之合一者，然後聖人之憲章可得而求矣。』此文神到意至，倏然而成。今須細玩其風度，熟察其精神，使昌大之氣在我口吻間，則揮之即是矣。」「陳懿典已刻程起云：『周文武竭一生之心思而創聖統，合兩朝之擘畫而定經制，（祇做兩句，故發下有力，若做四句，便弱矣。）固望後之君久遵之，而不虞其明棄之也；亦望後之臣朝守之，而不虞其野修之也。（文法從燕王答樂毅書來，恰好用得著。）惟仲尼則以國憲王章，當時爲重，而闡文繹武，昭代爲尊，（四句莊嚴可誦，人多嫌其『憲章』二字之義未必中竅，而字少意嚴，句短情長，可式也。）九牧之成規，不令其寢微，（此二句說『憲』。）而文獻可尋，務欲爲紹而明之。（以下說『章』。）俾祖宗之典則炳如日星，而十八王以來班班可考者，誰之功也？六官之懿規，（『九牧』、『六官』皆周家典故，甚切本題。）毋敢有更張，（前說『不令寢微』，此說『毋敢更張』，意不合掌，總之尊王憲。）而方策可稽，務欲爲推而明之。（前說『紹』，祇是繼續之意；此說『推』，便有充拓意矣。）俾二聖之精神垂於宇宙，而八百載之久（孔子時未及八百年，欠檢點。）耿耿不磨

者，誰之力也？匹夫無班朝蒞官之權，修舉其廢墜，而猶以空言存百世之典章；洙泗無體國經野之柄，覲揚其耿光，而獨以遺文扶一代之憲令。蓋羹牆堯舜，猶曰神交，惟文武之法明則得其神，並得其迹也。（起處用『憲章文武』分二比，故結處亦用之，前後相應。）夢寐東周，終非實事，而憲章之說著（『說』字未安，想誤筆耳。）庶可試於今，亦可試於後也。豈徒曰一論次、一講習之為兢兢哉？』組織甚工，鎔裁得體，高華典碩，最利場屋。」「文字貴典，典則最利場屋。如朱錦後二比云：『不獲班周召畢散之英躬諦真詮，而賴見知有自，故或神遊於夢寐，或注念於東周，而以纂承典聞知之列；不獲偕歧豐洛鎬之眾親霑王化，而思舍周何適，故或維王於筆削，或垂教於六經，而以闡繹接在茲之文。』采當時實事概括成章，而精光爛然，極利之作也。胡國監繳束云：『迄今佩洙泗之典刑，而岐豐洛鎬之規模赫然在望；仰大成之懿矩，而周召畢散之佐理居然可尋，則誰之力也？』此句置之結尾，方見歸功仲尼。陳如岡用之中二比便說殺了，最宜明辨。『向微仲尼，兩朝故實且湮沒而不傳矣，能垂憲乎哉？』此一轉最有力，蓋掉尾法也。」「袁宏道此作洗淨塵詮，獨抒名理，機圓調逸，翩翩翔於千仞之上，不可掄魁，而最能利中。其文云：『夫周之初，豈不稱極盛哉？然法久而敝，辟雍故物未必常新；王降而伯，豐岐舊典豈能如故？仲尼者，誠念之深矣，起而憲章文武焉。（凡利中文字，只要明白，當喝出便喝出，且莫含糊。）若云生周之後，雖不得與畢散之輩揚休明於前；為周之民，猶欲與章縫之士明朝典於後。二代監矣，或以文盛而湮沒之，（凡作文要以真理寫真境，此云『文盛而湮』，乃是實理，下云『積弱而棄』，亦是實事，用意須如此乃佳。）從此一率循，而王制之昭垂，郁郁然布於家國者，雖以配當日之成周可焉。謨誥昭矣，或以積弱而棄置之，從此一宣明，而訓典之赫奕，洋洋然布在方策者，雖以俟百世之聖人可焉。當其時，（中間忽增此三字，下不作對。）法有傳而未泯者，仲尼則表章不暇，以求益著於當年，若周官之所紀、賢不肖之所識是也，其素所夢寐也；法有傳而將敝者，仲尼則搜攬遺教，以求不朽於後代，若筆削之所存、刪述之所載是也，其素所推尊也。列國之公侯不能從周，誰謂匹夫而昭大典於天下？後世之子孫不能法祖，誰謂素王而興禮樂於將來？』初說『配當日之成周』，次即曰『求益著於當年』，末則曰『昭大典於天下』；初說『俟百世之聖人』，次則曰『求不朽於後代』，末則曰『興禮樂於將來』。一線相承，絲毫不紊。雖謂六比，為二比可也。」「朱傳云：『此亦兼內外、該本末而言。』

故祖述憲章等，由精神而制作，由根本而枝葉，無精無粗，一以貫之。今講憲章，謂不泥其粗，而特究其精，便非題旨。況憲者，法也；章者，明也。不依題體貼，而泛講一套守法說話，豈成文字？惟樂和聲以『憲章』二字分作二比云：『周官六典，初寧不肅然為憲？而循襲既久，容有玩惕而不守者，惟是違俗好而遵王制，雖祖宗嚴密之規或易逾越，而曾不以尺寸失也，其守憲者恪矣。方策九經，初寧不較然章明？而沿踵已舊，容有遏抑而弗宣者，惟是由糟粕而揭精蘊，雖聖明意義之深未易揚揭，而曾不以幾微晦也，其表章者精矣。』作者多於題外發意，而題上字眼反不明白，此作分開平對，雖未盡善，而貼題切理，則勝諸作多矣。范應賓此作亦是必中之文，詞煉而精，機圓而暢，起云：『自古無二聖疊興之運，而我周文作武述，則規模最遠；自古無百年不變之法，而我周顯謨承烈，則區畫最精。（起甚英特。）誰有能憲章之者？惟仲尼則於此考王度焉，而上接其未墜之統；又於此探治本焉，而仰窺其不傳之秘，（此二比最新最活，又不說盡，亦在爛熟處流出來。）岐豐令甲，監百王而參考之者，吾夫子之精神妙契百王，而因以契文武之精神』云云。『鎬邑舊章，酌千聖而裁定之者，吾夫子之心思潛通千聖，而因以通文武之心思』云云。末束云：『蓋在眾人得其陳迹，在夫子會其奧旨。在周家之共主，且僅存方策之緒餘；在春秋之布衣，乃盡究一代之精蘊。』光父鳳稱穎達，刻意詞家，沈思深造，有相如腐毫之苦。自過齋頭俯教豚兒，細與商確，幡然大變，化沈為浮，詞鋒迅發，若輕舟御風，瞬息千里，遂爾聯捷。此文誦之平平，而天機活潑，可式也。」「『舍己從人』二句，此題本注云：『己未善則舍己以從人，人有善則樂取以歸己。』兩句板對，殊非孟子本意。且舜是大聖人，豈待不善而後舍？即有善亦舍，乃見其虛懷。舜之取善，全是成就他人，故下文『是與人為善者也』。若說取人之善以成就自家，便小矣，惟舍己，故能從人，從人就是取人，故下文只承『取人』說去。壬辰程墨並無一人依注，我朝理學可謂大明矣。吳默云：『太虛之體，本無畛域，而舜也亦不強生分別於其中，則未嘗就吾身而溺之為己，又安於己之外而拒之為人？（此有妙解。吳公之文，妙在不煉詞，而直寫己意，透得此關，便有向上機括矣。）人己之初，本出一原，而舜也亦不故立意見於其間，則未嘗以己之所有而難舍，又安得以益己之無而不樂？（上比說人己，此比說取舍。上比從己說到人，此比從舍說到取，次第發來，又不說盡。）以常情觀己，凡物皆可釋，惟屬於己者不能釋，乃大知若遺，絕無一毫之係吝，其沛然而從，

非從人也，從其善之公共而不私者也，何所難焉？（分明是從人，卻説『非從人』，是從善，較題意又推深一步。如『夫子憲章』，分明是講求其制，則云『非所以制』；『識大識小』等，分明是夫子紹述之事，則云『又在其先』；如『仁守』，分明是操持，則云『非必獨知之境所當操持』。三篇皆是一律。此公作文不多，故少變化，而冥會潛神，打透機關，所謂詞源一開，滾滾不竭，此公有焉。）以常情觀人，由人而畀之，不若我之身自有之，乃沖懷若虛，直欲萬彙之包括，其油然而取，非取人也，取其善之大同而無間者也，何弗樂焉？（『大知若遺』，『沖懷若虛』，此二句極接得好，有萬鈞筆力。前比由舍説到從，此比由取説到樂，較初二比，則漸實矣。）故舍己，舜也，身心物我且融爲一機，固不知善之非我有，而安知爲舍？特擬其虛中若舍耳。樂取，舜也，見聞言行咸視爲故物，亦不知善之自人出，而安知爲取？特擬其翕受若取耳。』認定題目，極意簸弄，使煉詞者失色，騁調者奪精，尋繹至此，始知文字自有眞也。陳懿典起云：『以濬哲之聖遇眾善，苟在己之聰明一露，人必有不能自見者，何堪取也？以眾人之善遇大聖，苟在此之神識未捐，彼必有不足比數者，何樂取也？』此起亦是正理。劉孔當繳云：『蓋量同乎天地，即百昌萬彙皆兩間之化機，而善苟可取，何有於爾我，何有於形骸，而錮之以中堅之私？機決於江河，則千流萬派皆一源之活潑，即取之於人，其孰爲內外，孰爲出入，而示之以外拒之狀？』氣概亦好。胡國鑒起云：『善在天下渾渾耳，即潛之獨睹獨聞，亦人各具之精神也，孰知爲己而偏係於己？即究之僉謀輿論，亦我本來之故物也，孰知爲人而強附於人？』亦起得好。後二比云：『耳目非不可用，不自用，而兼眾耳目，當時臣鄰工瞽，悉心以佐廟堂之末議，而嘔喻受之，捷若轉圜；智慮非不可營，不自營，而兼百智慮，當時岳牧芻蕘，殫力以罄一得之敷陳，而踴躍從之，沛若河決。』朱錦後二比云：『念吾一人，而天下且億萬人，合億萬人之善以佐一人，當其未分之前，彼此統同，氣象原是如此，而聖衷有獨契焉。故一士陳謨，盈庭可息；一朝聞議，垂成可捐，（議論層出，如霧滃泉湧。）勿問彼此矣。（此句收得有力。）念吾一心，而天下且億萬心，合億萬心之善以佐一心，即在既分之後，物我相成，分量亦自如此，而聖衷有深慕焉。故問察可好，不厭邇言；民中可用，不厭兩端，渾忘物我矣。』楊武烈中二比云：『宇宙間公共之善，物與我均取足焉，安見己之爲是乎，安見人之非己乎？故舍無係吝，取無勉強，當其時，以玄德重華之舜，俯而采擇於眾人，怡然惟覺相忘於道術中耳，惡自而有矯

飾也？大造中無涯之理，我與人均各得焉，安知己之為然，安知人之為不然？故委心而舍，安意而取，當其時，以庸眾一得之見，仰而待擇於聖人，熙然惟見忻合於義理中耳，惡自而有間隔也？當其舍己，舜之心洞若太虛，然遺其肝膽，忘其耳目，惟私意之不留，即微言渺行，亦且化而不有，而天下咸仰聖心之虛明；當其取也，舜之量捷若轉圜，然徹其形骸，合於大道，豈惟忌疑之不著？即欣喜羨慕，亦且並融其迹，而天下咸樂聖衷之光大。』四比意精詞煉。高克正通篇皆好，起處本上『善與人同』來，起云：『既已同矣，則善何必盡自己出，而何嘗於己之中，執其所有而不舍？善何必不自人出，而何嘗於己之外，別其為人而不從？』後二比云：『匹夫匹婦亦有性中之聰明，問其為善，不問其非己善也，故詘聖哲之策以借資於人，而大智若遺，並融其取之之心；一言一行亦為性中之至理，問其為善，不問其為人善也，故合芻蕘之見以起知於己，而從善若流，並化其取之之迹。』皆有意見。」梁章鉅《制義叢話》卷五：「俞桐川曰：世稱吳因之默作文，不看時藝，不尋講章，咀味白文，移暑始成一藝。有持文就正者，必掩卷問何題、子作何解，有疑義云何，如是再三，而文之膚陋已見。嘗謂翦彩為花，其花不肖，播種栽花，其花自生，公之作文似之；以火燭物，其燭有限，以鏡待物，其待無窮，公之衡文似之。案：因之，一字言箴，又字無障，吳江人。萬曆壬辰，蜀中陳元忠于陛主會試，有善衡文之譽。未發榜時，諸生即曰：『陳公為總裁，吳因之當魁天下。』榜發，果第一。海內望公秘笈，公先出《辨真義》八首示人，紙為之貴。授京秩，官至銀臺止。無仕態，每獨坐至夜分，日抄講義一章，後人比之周濂溪云。」「《四勿齋隨筆》云：『以約失之者鮮』，此聖人下學上達功夫，若說得過高，便走入老聃一路矣。吳因之文云：『以能約者，而才足以濟，則敬畏之意，亦足以善用其所長，固不患乎無能而意廣，以益其愚。』又郝京山敬文云：『天下事未有不由輕動而失者，我常處其靜，而百為之集，可以坐觀其趨避從違之方；天下事未有不由輕先而失之者，我常居其後，而萬感之交，可以徐察其是非臧否之理。』又方孟旋應祥文云：『心不精不能約，不大亦不能約也；氣不降不能約，不強亦不能約也。』彙而觀之，正徐存庵所云：『取益者，不獨文章之道矣。』」

吳默為會元，《欽定四書文》隆萬文錄其作二篇。

卷三錄其闈墨《論語》「知及之」一章題文。文謂：「聖人於知及者而責

以仁守之全功焉。夫道以仁守，極於動民之禮，斯全也，必如是而後爲眞知也已。嘗謂：學者不患識見之未融，而患體驗之未至。善體驗者出身加民，其精神無所不貫，故稱全德焉。由今觀之，世有大知，固未有不兼乎仁者也；學有眞得，亦未有患其或失者也。惟知而不繼以仁，則得而必終於失，入道者可以無實之虛見自謂已至哉？乃所謂仁守，亦不易言矣。人之心，非必獨知之境所當操持，即一威儀、一振作，皆吾心出入存亡之會；人之學，非必本原之失乃爲人欲，即失之威儀、失之振作，亦此心理消欲長之時。天下有稱爲『仁知合一』者，而自弛其莊臨之度，則我實先天下慢，而期民之作敬，弗得矣；天下又有稱爲『內外兼修』者，而闊略於動民之禮，則我實示天下疏，而以稱曰盡善，弗得矣。夫莊，非故爲矜持也，是學問之中宜有此檢束也，此而不能守，則所貴於『仁者之容』謂何，而知及之時所究析於動容周旋之道者，竟何爲也？禮，非故爲粉飾也，是學問之中宜有此節文也，此而不能守，則所貴乎『仁者之化』謂何，而知及之時所研審於化民成俗之方者，竟何爲也？專事於儀文度數之末，固爲徇迹而遺心；徒守其空虛無用之心，亦且以外而病內。仁知相成者，其知之？」評謂：「立義雖本朱子語，但聖人於虛實本末之序，層次推究，語意渾然。獨拈『仁』字聯貫前後，乃時文家小數。機法雖熟，體卑而氣索矣。然其經營之周密，局度之渾融，固非淺學所能卒辦。」卷四錄其《中庸》「故大德」二節題文：「申聖德之備福，見天道之無私。夫諸福之臻，天以厚大德而豈私也？則栽培之天足鏡已。今夫天人之際，抑何符契不爽也。德不虛隆，福不虛附，而世徒見帝王之孝，以爲偶際其盛者，則未知天之所以厚聖人與聖人之所以厚於天也。夫昊天無私，惟德是私，而舜有聖人之德，所謂大德者非乎？當是時，上有放勳之澤，豈不足以留未厭之天心；下有岳牧之賢，豈無足以當簡在之新眷？而天獨挈所謂祿位名壽者以畀之舜，舜亦若辭而不得者，凡以大德之故也。故耕稼之夫，一旦可據之君公之上；而糗草之食，一旦可極之鼎養之供。然且百姓爲之謳歌，年所爲之多歷，諸福之物無不畢至者，以爲致之自舜乎？而駢臻輻輳，又在天矣；以爲畀之自天乎？而昭格凝承，又在舜矣。舜非有私於天，而不能不私於因材之天；天亦非有私於舜，而不能不私於栽培之舜。吾蓋以生物之理驗之，而信德福相因之機有必然也。如以吉祥爲偶至之物，而無關於善積之慶；盛德爲躬修之理，而無與於發祥之基。則天之生物亦何所不篤，亦何所不培，而獨不能不覆乎其傾者哉？惟天無私物，而培者不爲恩，傾者不

為怨；亦惟福無私人，而與者非偶值，膺者非幸得。有舜之德，獲舜之福，以成舜之孝也，夫誰不宜？」評謂：「曲折卷舒，筆力矯健。自萬曆己丑陶石簣（望齡）以奇矯得元，而壬辰踵之，遂以陵駕之習首咎因之。其實文章之變，隨人心而日開。於順題成局相沿已久之後，變而低昂其勢、疾徐其節，亦何不可？信能以經傳之理為主，順逆正變期於恰適肖題，乃為變而不失其正。至於任意武斷，概用倒提，故為串插，於題則有字而無理，於文則有巧而無氣，纖佻譎詭，邪態百出，亦不得盡以為創始者之過也。」

三 月

翁正春（1553～1626）、史繼偕、顧天埈等三百零四人進士及第、出身有差。

《明神宗實錄》卷二百四十六：萬曆二十年三月，「戊寅，賜翁正春等三百名進士及第，出身有差。」沈德符《萬曆野獲編》卷十五《科場·壬辰會元》：「本朝開科以來，南宮壬辰凡四見矣，初為永樂十年，則林誌居首；再為成化八年，則吳寬居首。林以解元、會元登榜眼，吳以經魁、會元登狀元，俱掇巍科，居翰苑。至嘉靖十一年，則會元林春，萬曆二十年，則會元吳默，俱二甲進士，俱不得入詞林。二林皆福建之福州人，二吳皆直隸之蘇州人，同姓、同郡、同單名，前則同入鼇甲，後則同拜郎署，並館選見遺，造物播弄，奇巧極矣。」

據《明清進士題名碑錄索引》，萬曆二十年壬辰科第一甲三名（翁正春、史繼偕、顧天埈），第二甲五十七名，第三甲二百四十四名。

顧天埈成一甲三名進士。《欽定四書文》錄其制義二篇。

顧天埈，字升伯，號開雍，南直隸昆山人。萬曆二十年（1592）一甲三名進士，授翰林院編修，掌記注，管理制敕，累官侍講，左遷行人司司正，以左諭德致仕。明末黨爭，顧氏與宣城湯賓尹分別為「昆黨」、「宣黨」領袖，與東林黨為敵，行事頗受世人詬病。著有《顧太史文集》八卷，四庫禁燬書叢刊收入。又工制義，有《顧開雍稿》，俞長城題識云：「萬曆壬辰（1592），吳中文運大興，《辨真八藝》、《太乙山房稿》並行於世，松陵（案，本科會元吳默）、開雍，號為雙絕。……松陵善駕馭，開雍善剖決；松陵之才大，開雍之思深」。《欽定四書文》隆萬文錄其制義 2 篇。卷三錄其《論語》

「吾猶及史之闕文也」二句題文:「聖人溯所見於世者而慨深矣。夫史闕文、馬借人,事皆微淺,而夫子以及見爲幸,而慨世何如哉。意曰:世道盛衰之變,蓋人心由愼而之肆,由公而之私也。然衰而未極,不無盛世之遺焉,吾於今日,唐虞夏商邈矣,並不復識文武而夢周公矣。閒居歲月之邁,而竊憶我生之初,其習尚風俗猶美也,其習尚風俗之美猶記一二也。作史者豈以襲故乎?而每闕夫文焉;有馬者豈以市德乎?而每借於人焉。任其意見,史可易也,而弗敢也,凜凜焉留其疑以昭萬世之信,而國無作聰明之君子,及觀里閈間,大抵不挾以自私,如借馬之事時有也,而相承於敦龐之雅,依然昔矣;逞其文采,史可飾也,而弗敢也,兢兢焉小其心以隆一代之實,而朝鮮無忌憚之小人,及觀田野間,大抵不吝以便物,如借馬之類不乏也,而相趨於長者之行,藹然古矣。想文武之造周也,重令典而養太和,所以創垂者隆,雖數百年來先獻已遠,而浸潤未息,當此際也,天下有人焉急補救之,一旦東周,可幾也;想周公之造魯也,右老成而崇忠厚,所以培植者長,雖數百年來餘休漸替,而被服未泯,當此際也,魯國有人焉亟維持之,一旦至道,良易也。不意相去幾何時,而今則亡矣。今且如此,後可勝言哉?」評謂:「正嘉先輩皆以義理精實爲宗,蔑以加矣。故隆萬能手復以神韻清微取勝,其含毫邈然,固足以滲人心腑。」卷六錄其《孟子》「伊尹相湯以王於天下」一節題文:「觀元臣始終爲商,而知其善承天意矣。夫始終一節,尹之爲商至矣,然豈非天意在商而尹特承之者哉?孟子以此例夏事也。蓋曰:天下之命懸於帝天,固非盛德所能讓,亦非衰德之所能留也。子有疑於禹、益乎,胡不以伊尹觀之?蓋自成湯興王,阿衡作相,功已服於天下矣,而況湯鼎之成也。雖曰吾君有子,而未立之太丁,天意不屬焉;雖曰大宗有後,而二年之外丙、四年之仲壬,天意又不屬焉。意者臣民之望已歸於元臣,改姓之事復見於今日乎?而不然者,則以太甲在也。蓋太甲,天所屬也;伊尹,天所屬之太甲者也。有甲而後伊尹得以大權而成大忠,有尹而後太甲得易昏德而爲明德。故始焉以顚覆壞典刑者,太甲也;繼焉以怨艾遷仁義者,亦太甲也。元祀以前,則太甲者放桐之羈主也;三年以後,則太甲者歸亳之共主也。亂而廢之,權莫重焉;悔而復之,忠莫盛焉。至此而嗣王之君道虔其始,宰衡之臣節厚其終矣。吾固曰:太甲,天所屬也;伊尹,天屬之太甲者也。夫由商論之,則易世之餘國統三絕,放桐之日天位不守,而猶得以幾危之墜緒卜世而長;由尹論之,則佐命之烈顯於四世,定策之勳著於三朝,而

猶得以震主之功名奉身而退。商不禪，尹不王，吾於此可以窺天心焉，何疑於益，何衰於禹也？」評謂：「天生尹以爲太甲，放桐、歸亳，總是成就繼世。擒定此意，脫手能穿七札。」「義法亦人所共知，而敘來欽崎磊落，非胸無書卷人所能仿佛。」

沈演為本科二甲進士。《欽定四書文》隆萬文卷五錄其文二篇。

沈演，字叔敷，號何山，浙江烏程人。由工部主事歷官南京刑部尙書。制義有《沈何山稿》。《欽定四書文》隆萬文卷五錄其文 2 篇。闈墨《孟子》「東面而征西夷怨……霓也」題文：「觀商師於所未及，而民望殷焉。夫兵，民之殘也，然且望之若恐後焉，其斯爲王師乎？孟子謂夫王者有征無戰，非屈其力也。人以兵失人心，聖人以兵得人心，誠當其時也，商師何以信於天下哉？想其以大字小而兵無輕試，故以仁伐暴而師不留行。在湯也，師有所首加而必有所徐及者，勢也；在民也，唯以其來爲德而反以其後爲怨者，情也。吾見其東征而西且怨焉，吾見其南征而北且怨焉。若將懟心於人之我先而以爲己欷也，曰中國之有至仁，而念彼置此，何其偏也；若將觖望於己之獨後而以爲湯尤也，曰聖人之無遺澤，而先彼後此，獨何異也？湯師旦夕先至，則旦夕之塗炭紓焉，故雖一緩急之間，而若足動後時之感；湯師一日未至，則一日之子惠賒焉，故雖一先後之際，而不勝遙企之思。以聖武之布昭，豈不亦終歸宇下，然業知之而猶以爲疑者，誠望之也，望之切則疑之深，延頸舉踵，如將且暮遇焉，而須臾之德化未霑，能自慰耶；以萬邦之表正，豈不亦卒荷骿幪，然明知之而猶以爲憂者，誠望之也，其望殷則其憂迫，傾耳注目，惟恐俄頃緩焉，而一時之聽睹未親，能自安耶？以斯民也，望斯師也，其與大旱之望雲霓何異哉？蓋聖人舉事，有同天道之俟時；而小民望仁，無異農夫之望歲。民情如此，惟皆信湯者深也。其由此爲政可知矣。」評謂：「下筆疏秀，眼前意思，說來卻娓娓動人。」《孟子》「必有事焉……勿助長也」題文：「大賢論養氣者惟一於集義而已。夫集義，所以養氣也。然或預期其效，而忘且助焉，又豈集義之謂哉？孟子謂夫氣生於集義，固也，然義可以我集，而氣不可以我生。求端於義，則兩得矣；取必於氣，則兩失矣。可無循其節度乎？吾知義而曰集，乃積累之實功，而非外假也，吾安可以無事？氣而曰生，乃自致之天機，而非速效也，吾豈容以有心？必有事而勿正焉。反觀內省，念念期與天地俱，其事勤矣，然亦求無愧於心、不戕其生意焉耳，雖充

塞之氣象固當自至，而我何心也？飭躬礪行，事事期與道義合，其養預矣，
然亦求無怍於心、不琢其生機焉耳，雖配道之功用自當有在，而吾無意也。
如是而氣之充者其常也，固當聽其自生；如是而氣之未充者亦其常也，安可
間於持久？真積雖深，而盛大之本體未著，此豈人力乎哉，惟優焉游焉，弗
忘其所以對天地者焉，而何可參之以躁心，假人爲而鼓舞之也？持循雖久，
而流行之妙用未彰，此可意致乎哉，惟涵焉泳焉，弗忘其所以遵道義者焉，
而何敢乘之以速心，借客氣而激昂之也？若有事，又若行所無事，要之，集
義之外無餘事矣；若有心，又若不與其心，要之，集義之外無容心矣。夫是
之謂『直而非襲』，夫是之謂『養而無害』，而氣其生矣乎？」評謂：「明淨無
疵，於題之神理、節次自然吻合。」

劉一焜成進士。《欽定四書文》隆萬文卷三錄其《論語》「人無遠慮」一節題文。

劉一焜，字元丙，號石閭，江西南昌人。萬曆二十年〔1592〕進士，歷
官考功郎中、右僉都御史、浙江巡撫。曾輔佐主持京察，盡斥逐執政私人，
撫浙亦有惠政。被誣貪贓，遂引退，卒贈工部右侍郎。著有《石閭山房集》。
《欽定四書文》隆萬文卷三錄其《論語》「人無遠慮」一節題文：「聖人啓人
遠慮而深惕之焉。夫憂不自生也，慮不遠而憂近矣，可無惕與？今天下皆忽
於慮之方萌，而震於憂之已集，此未觀夫遠近之機，而暗於憂之所自來也。
夫慮生於不泄邇之一念，而其精神常運於不見不聞之表，圖之若至邇而其及
也遠；憂生於不慮遠之一念，而其胚胎遂伏於可見可聞之中，忽之若至遠而
其來也近。億兆人之命懸於堂上，有如泄泄焉，不爲億兆人慮，則此因循玩
愒皆所以陰釀釁端，而爲堂上不可測之變也，雖憂之來，非必戶庭之咎，而
其卒然出於不意，若蕭牆肘腋矣；千百年之計起於目前，有如懵懵焉，不爲
千百年慮，則此鹵莽滅裂皆所以潛伏禍機，而爲目前不可禦之災也，雖憂之
成，必非朝夕之故，而其忽然發於莫支，若瞬息眉睫矣。蓋天下非有天行不
可易之數，而皆以人情、物理、事勢爲之端，唯失於未兆易謀之初，而昧於
積重難反之際，故蘊而成其憂；亦無有卒來不可禦之憂，而皆以安危、利蔰、
樂亡爲之漸，惟欲蔽於可以有爲之日，而禍發於無可奈何之時，故舉而謂之
近。吁，人能遠慮，可無憂矣！」評謂：「一氣披靡而下，題窾盡解。其古淡
磅礴處，大類歸震川。」「出語皆掐胸擢胃，可爲肥皮厚肉之藥石。」

本　年

會試房刻，始於萬曆二十年。

　　談遷《棗林雜俎・聖集》：「鄉報急足，始嘉靖□□。其歲舉子自備青袍，後官給，不知所自。選歷科程墨，始萬曆庚辰錢塘錢穀。穀號豐寰，應貢，官曲靖知府。會試房刻，始萬曆壬辰。」沈德符《萬曆野獲編》卷十六《進士房稿》：「南宮發榜後，從無所謂房稿。丁丑，馮祭酒爲榜首，與先人俱《尚書》首卷，且同邑同社，兩人爲政，集籍中名士文，彙刻二百許篇，名《藝海元珠》，一時謂盛事，亦創事。至癸未，馮爲房考，始刻《書》一房得士錄，於是房有專刻，嗣是漸盛。然壬辰尚少三房，乙未少一房，俱京刻，無選本。至戊戌，則十八房俱全，而婁江王房仲有《閱藝隨錄》之選。至辛丑遂有數家，今則甲乙可否，入主出奴，紛紛聚訟，且半係捉刀，謾不足重輕矣。」丁丑爲萬曆五年，癸未爲萬曆十二年，壬辰爲萬曆二十年。梁章鉅《制義叢話》卷六：「俞桐川曰：王房仲士驌學董宗伯者也，宗伯備乎五福，而房仲艱於一遇，豈非命哉？方宗伯名盛時，陳眉公附之，詩文遂播四海。房仲學過眉公，而名反不逮。余觀宗伯文豐潤秀逸，其體圓；房仲文峭拔矜屬，其體方，豈圓者易合而方者難遇耶？」顧炎武《日知錄》卷十六《十八房》：「《戒庵漫筆》曰：余少時學舉子業，並無刻本窗稿。有書賈在利考朋友家往來，抄得燈窗下課數十篇，每篇謄寫二三十紙，到余家塾，撿其幾篇，每篇酬錢或二文，或三文。憶荊川中會元，其稿亦是無錫門人蔡瀛與一姻家同刻。方山中會魁，其三試卷，余爲從與其常熟門人錢夢玉，以東湖書院活版印行，未聞有坊間版。今滿目皆坊刻矣，亦世風花實之一驗也。楊子常曰：十八房之刻，自萬曆壬辰《鈎玄錄》始。旁有批點，自王房仲選程墨始。至乙卯以後，而坊刻有四種：曰程墨，則三場主司及士子之文；曰房稿，則十八房進士之作；曰行卷，則舉人之作；曰社稿，則諸生會課之作。至一科房稿之刻，有數百部，皆出蘇、杭，而中原北方之賈市買以去。天下之人，惟知此物可以取科名，享富貴，此之謂學問，此之謂士人，而他書一切不觀。昔丘文莊當天順、成化之盛，去宋、元未遠，已謂士子有登名前列，不知史冊名目、朝代先後、字書偏旁者，舉天下而惟十八房之讀，讀之三年五年，而一幸登第，則無知之童子，儼然與公卿相揖讓，而文武之道棄如弁髦。嗟乎！八股盛而六經微，十八房興而廿一史廢。昔閔子騫以原伯魯之不說學，而卜周之衰。余少時見有一二好學者，欲通旁經而涉古書，則父師交相譙訶，以爲必

不得顯業於貼括，而將爲坎坷不利之人，豈非所謂大人患失而惑者歟？若乃國之盛衰，時之治亂，則亦可知也已。」顧炎武所引「《戒庵漫筆》曰」，見《戒庵老人漫筆》卷八《時藝坊刻》。顧炎武《日知錄》卷十六《程文》：「自宋以來，以取中士子所作之文，謂之程文。《金史》：承安五年，詔考試詞賦官各作程文一道，示爲舉人之式，試後赴省藏之。至本朝，先亦用士子程文刻錄，後多主司所作，遂又分士子所作之文，別謂之墨卷。文章無定格，立一格而後爲文，其文不足言矣。唐之取士以賦，而賦之末流，最爲冗濫。宋之取士以論，而論、策之弊，亦復如之。明之取士以經義，而經義之不成文，又有甚於前代者。皆以程文格式爲之，故日趨而下。晁、董、公孫之對，所以獨出千古者，以其無程文格式也。欲振今日之文，在毋拘之以格式，而俊異之才出矣。」戴名世《戴名世集》卷四《庚辰會試墨卷序》：「制舉之文之有選本也，自萬曆壬辰始也。而旁有批點，則始於王士驌房仲。於是選家濫觴，而是非得失錯見互出，余乃益以知文章之無定論，而是非得失誠不可以爲據也。」梁章鉅《制義叢話》卷一：「阮吾山葵生《茶餘客話》云：明坊間時文刻本興於隆、萬間，房書之刻始於李衷一，十八房之刻自萬曆壬辰《鈞元錄》始，旁有批點自王房仲選程墨始。厥後坊刻乃有四種，曰程墨，則三場主司及士子之文；曰房稿，則十八房進士平日之作；曰行卷，則舉人平日之作；曰社稿，則諸生會課之作。」「（李文貞公光地《榕村語錄》）又云：房書坊刻，始於李衷一，可謂作俑。坊刻出而八股亡矣。如人終日多讀經史，久之做出古文，自有可觀。若祇采幾段《左》、《國》，數篇韓、柳，手以一編，以爲樣子，欲其能作古文，得乎？」

明神宗萬曆二十二年甲午（西元 1594 年）

七　月

禮部覆御史薛繼茂敷陳科場事宜，議外簾搜檢、編號、貼卷、卷式、試錄、錢糧、捷報凡八條，而以正文體爲第一義。

《明神宗實錄》卷二百七十五：「（萬曆二十二年七月己卯）禮部覆御史薛繼茂敷陳科場事宜，議外簾搜簡、編號、貼卷、卷式、試錄、錢糧、捷報凡八條，而以正文體爲第一義。謂純正典雅之詞，不出傾邪側媚之口，怪誕

險詖之說，必非坦夷平直之衷。近日士習敝壞，皆由主司不務崇雅黜浮，而奇詭獲售，宜其從風而靡也。今後會試，主考宜申飭分房，務取純雅合式，不得雜收奇僻，為海內標。其兩京各省試錄、朱、墨卷解到禮部，逐一看詳，如有仍踵弊風者，士子除名，試官參處。上是其議。」

八　月

禮部上言：取士專以純粹典雅、理明詞順為主，如有掇拾佛老不經之談及怪句險字混入篇內者，不錄。

　　黃炳《續南雍志》卷六《事紀》：「（萬曆二十二年）八月癸丑，禮部上言：『御史陳惟之等議正文體，惓惓世道人心之變，欲於場屋落卷中檢其險怪尤甚者，發國子監、提學官革為民，令行所在共為遵守。臣愚以其議是，今科取士，專以純粹典雅、理明詞順為主，如有掇拾佛老不經之談及怪句險字混入篇內者，定勿收錄，俟朱墨卷解部，本部及科臣詳閱，有違式者遵旨除名。』」

今年鄉試，廣東、湖廣、四川等地頗有佳作。

　　《遊藝塾文規》卷二《承題》：「承貴斬截，貴瀏亮，貴輕逸，貴古健。『季文子三思』一節，葛陽改程云：『聖人因往行而論思，要其可而已。夫思以理裁也，要於當，則再思可矣，何以三為？』此承字字輕逸。甲午廣東『此四者天下之窮民』合下二節，程云：『王政之恤民，在同欲而已。夫欲與民同，即恤窮不外是矣，雖好貨色，庸何傷？』龔三益『管仲之器小』全，云：『聖人小管仲之器，於其奢侈而益見也。蓋器欲其大也，仲既小之乎器矣，其奢而侈也，何惑焉？』二承何等輕便，何等古雅？丁酉河南『子路問事君』一節，趙師皋云：『聖人與賢者論事君，在以心諫而已。夫人臣惟心為不可欺也，盡心而諫乃稱純臣哉！』此承亦輕便，云『心不可欺』，是有見之言。丁酉廣東『不曰堅乎』四句，勞養魁云：『聖人不受浼於俗，其素所自信也。夫堅白在我，則不任受磷緇矣。雖試於磨涅，何傷乎？』丁酉山西『德者本也』三節，翟師雍云：『傳者重德於財，以財之聚散決之也。夫國有本計，將在德矣，不務本而求民之聚，必不得之數也。』甲午廣東『其知可及』二句，程云：『聖人重濟大事者，故獨有取於愚焉。夫愚如武子，而後於國事有濟，智士比之懸矣。』三承皆古皆輕，皆是一氣說下，然有起伏，有照應，非泛然一股做

者比也」。「承以發意爲貴。甲午四川『孔子懼作《春秋》』一節，程云：『聖經託權，不得已而自明也。夫《春秋》非聖人意也，勢也，即知與罪猶聽之，又何樂以天子自託哉？』說意高遠。甲午湖廣『鄙夫可與事君』全，孟習孔云：『聖人極鄙夫之情，爲苟仕者譏也。夫苟且以赴功名，不能無生得失，有得失而情何弗至哉？此聖人所爲譏也。』從『苟且赴功名』立論，其意便高。李仲元『居則曰』四節云：『聖賢辨志，得其可知者而獨與夫無意求知者。夫三子之志可知，而點則無意人知者，所問在此，所與在彼，聖意微矣。』『所問』二句甚閒雅。辛卯浙江『正己而不求』四句，毛鳳起云：『君子之無怨尤，以正己得之也。蓋天與人皆無與於己者也，君子一正己，而何怨尤之有？』『天人無與於己』是的確議論。羅大冠云：『君子無己外之求，而怨尤泯矣。蓋怨生於己之不足也，君子正己無求，而何天人之不協哉？』『怨生不足』，其論亦精。」《遊藝塾文規》卷三《起講》：「甲午順天『子貢問師』全，陳敬云：『道正於中，高者抑焉，卑者跂焉。道術之分也，而過不及之兩途出矣；道術之愈分也，而過之一途尤勝矣。』直抉題髓。『善必先知』二句，云：『誠之道，聖人有後天而用之者其迹彰；亦有先天而用之者其機隱。夫惟燭幾於隱，而將然未然之頃，天之權不自用而爲人用。』說理甚精，詞亦老練。」「應天『管仲之器』全，文多散逸。馮開之擬程云：『濟天下以才，居才以器，才與器兩大者，王佐是也。下此則才有餘器不足矣，夫子有遐思焉。』以『才』字較『器』，管仲之伎倆窮矣。龔三益云：『吾人終身豎立，惟是器識焉基。自古帝臣王佐，不以功高而生後心，不以才大而生越志。彼其器識，足以消盈溢之氣，而約之綱常名檢中也。』不論鄉、會，元作大率多平，留此爲式。且會文切理，詞亦鏗鏘，非苟作者。朱應熊『惡佞』二句，云：『心術之裂也，則言爲之階，而以是滋甚。假令議浮而不合於度，即顯而棄之矣；說辨而不巧於機，即立而折之矣，斯亦何足惡者？顧言之當也：揆義則盈庭可捐，協信則古今不朽；而言之蠹也：假義而權衡若合，道信而金石可貫，於是乎有所謂佞與利口者。』亦以小講連提頭做，而詞理俱徹。」「作文用子書古語，令人不覺乃佳。如江西『子貢方人』一節，饒汝梧云：『學者與其譽彼而非此也，不若各歸而證之修詣，豈謂其達觀疏哉？其專功以爲己，其暇以及人，用功固自有序也。』『譽彼非此』，是《莊子》完句，用得妥當，若出自胸臆，所以爲妙。『樂天者保天下』二節，饒云：『古之人有欲以其國王者矣，有欲以其國強者矣，然而方夏不可以坐撫，郡邑不可以虛擁，惟是得天則享乎？

固未有不得乎天，而長保此位者也。』亦落落有古氣，首二句從《國策》來，『方夏』二句從漢文來，皆能櫽括成章。時文雖小技，句法字法，須當均有源流，故貴多讀書。」「福建『人之生也直』一節，黃起云：『造化陶鈞，吾人詎徒以塊然之身哉？故眾形匪眞，一理爲眞；完形匪生，完理爲生。』說理入微，能醒人目。」「有摘題中緊要字作起者，須要古煉爽剴，如福建『有所不足』二句，王畿云：『道寓諸庸，隨在各足。人惟忽其庸也，或以易足而狃焉，又或聽其不足而休焉，是以終無由足耳。』祇就題中『足』字翻出，而挑剔極明。辛丑會試，則皆就『庸』字翻弄，又此文之波流也。」「湖廣『衣錦尚絅』二句，官應震云：『學者中無所得則文采不足，乃或用其不足而稍緣飾之，則文雖爛焉爲睹，而竟非內斂之精神也，我嘗誦《詩》而有得焉。』此題不說不欲文，乃欲其闇然而自文，從『中無所得』說起，最得題旨。」「廣東『其知可及』二句，何荊玉云：『人臣在國，遇太平則藉以爲資，值艱危則委於不利，故羨乘時爲達計，鄙蒙難爲拙圖，而不知臣道之所難，則有在此不在彼者。』羅弘謬云：『人臣褆躬事王，則國家非異人任矣，顧智計僅傚於清夷，而身名無補於變故，國亦何賴若人也？』此題不是貴其愚，貴能濟變，須著如此說。二起詞皆可采，故錄之。」「廣東『此四者天下之窮民』至末，何荊玉云：『人君之行事豈有常操哉？故黷貨者以貪府怨，淫色者以欲招尤，而仁賢之主反借之而興王業，則私與公異也。』梁思耿云：『王者，非自爲家也，合窮簷蔀屋之民以爲家，故海內一榮一瘁皆勤睿慮，而王者一情一欲亦關遝陋。古盛王所爲撫世布德、用培王業根本者，惟此一念之流注也。』前起簡確，後起雄暢，皆能說理，神采燁然。」

本　年

公安三袁與其外祖父及兩舅在公安結南平社。

《珂雪齋集》卷十六《龔春所公（大器）傳》：「公能詩，與諸子諸孫唱和，推爲南平社長。」《白蘇齋類集》卷三有詩《南平社六人各一首》：《外大父方伯公》、《孝廉舅惟學》、《侍御舅惟長》、《中郎弟進士》、《小修弟文學》。外大父，即外祖父，三袁外祖父龔大器。龔字容卿，號春所，公安人。嘉靖三十五年進士。授刑部主事，歷任廣西、江西、浙江、南直隸等僉事，官至河南左布政使。年七十餘，致仕歸，爲南平社長。袁中道《珂雪齋集》卷九《送蘭生序》：「予年十八九時，即與中郎結社城南之曲，李孝廉元善與焉。

三人下帷爲文章，皆搜雲入霞，意氣豪甚。……予下帷多年，沈思諦想，焚君苗之硯，見子雲之腸，甚矣予之苦也。三十四而舉於鄉，海內不熟予者，競以予爲宿儒。蓋予名早著，而疑其年。登賢書之夜，六以後俱登楮，留前五，發三而得予名。堂上堂下劃然大笑，戟手而賀主者曰：『今年南有某氏，北有小修，可爲是科吐氣。人皆詫予之名震海內，不知予之苦久矣。」《袁宏道集箋校》卷四《諸大家時文序》：「今代以文取士，謂之舉業。士雖藉以取世資，弗貴也，厭其時也。夫以後視今，今猶古也，以文取士，文猶詩也。後千百年，安知不瞿、唐而盧、駱之，顧奚必古文詞而後不朽哉？……大約愈古愈近，愈似愈厭，天地間眞文漸滅殆盡。獨博士家言，猶有可取。其體無沿襲，其詞必極才之所至，其調年變而月不同，手眼各出，機軸亦異，二百年來，上之所以取士，與士子之伸其獨往者，僅有此文。而卑今之士，反以爲文不類古，至擯斥之，不見齒於詞林。嗟夫，彼不知有時也，安知有文！」

明神宗萬曆二十三年乙未（西元 1595 年）

二 月

乙未會試，門下士持卷謁馮琦，以決其中否，無一驗。

朱國楨《湧幢小品》卷七《擬題決文》：「黃學士葵陽洪憲，未試前擬科場題，十中七八，不知何靈至此。馮宗伯琢吾琦看時藝最精，壬辰會試，門下士持卷來謁者，決其中否，皆驗，並名次亦不甚遠，人以爲神。又三年乙未，來謁者亦如之，所決無一驗。一人耳，時又不遠，何夐異至此，豈看文亦時有利有不利耶！」

是月會試天下舉人，詔禮部尚書兼文淵閣大學士張位，吏部左侍郎兼翰林院侍讀學士掌詹事府事劉元震爲考試官。（據《明神宗實錄》卷二百八十二）

胡應麟《甲乙剩言・天上主司》：「乙未春試前一夕，余忽夢見冕服一人坐殿上，召余入試。既入，則先有一人在，坐者呼之曰『易水生』。未幾，殿上飛下試目一紙，視之，有『晉元帝恭默思道』七字，翻飛不定。余與易水生爭逐之，竟爲彼先得。余怒，力往鬥擊而覺，爲不怡者久之。及入會場，第一題是

『司馬牛問仁章』，始悟所謂『晉元帝』者，『晉』姓司馬，『帝』是牛金所生，以二姓合為『司馬牛』也。『恭默思道』是訒言破無意耳，可謂大巧。第『易水生』不解所謂。及揭榜，則湯賓尹第一，蓋以『易水』二字為『湯』也。然夢亦憒憒，書法以水從易音，『陽』非『易』也。觀此則天上主司且不識字，何尤於濁世司衡者乎？」李調元《制義科瑣記》卷二《易水生》：「萬曆二十三年乙未，會試前一日，有舉子夢試題係『晉元帝恭默思道』七字，而題旨為易水生奪去。後試題乃司馬牛問仁章，蓋晉姓司馬而元帝為牛金子，合之則司馬牛也。其恭默思道又含訒言意。是科會元湯賓尹，則固易水生也，信大物天定哉。」李調元《制義科瑣記》卷二《元可操券》：「明朝制藝，確有分兩，作文與閱者皆可操券而取。一人出闈，得意以為會元矣。偶夜散步，聞有誤墮泥中者，急呼曰：『誰來救會元！』其人急往，挽之起，抵其寓閱文，果高一籌，曰：『真恨事，我第二』。已而榜發，果然。董思白將赴南宮，往辭其尊公，公歎曰：『兒入場須加意，我向決汝為元，今不穩矣。以吾前閱陶孝廉文，出汝上也。』宗白謹受教。畜馬乘題，聚斂句已重頓矣，憶其尊公言，欲駕陶上，復改之。已而場中定元，以董平發，不及陶，遂置第二。馮公夢禎會試年，有貴介子預購闈題，聞有兩公密議曰：『斗筲字，要之何用？』遂知為行己有恥三節矣。馮即邀一契友，入西山靜養半月，得一破曰：『聖人與賢者論士，而其所重者可知矣。』得意甚，曰：『我會元矣。』已而出闈，遍訊同袍文，但聞其破，曰：『不及我也。』榜發，果然。湯宣城賓尹讀書山寺，上科某會元來訪傳衣缽者。偶過其地，見湯徘徊於寺廊下，忽疾走狂笑，大擊寺鍾無數。某公問之，則曰：『我作一元文，樂甚也。』索觀之，曰：『是矣，但未盡善。』因指其隙，大服，請教，遂以元脈授之。已而果得元。」《遊藝塾文規》卷二《破題》：「乙未『仁者其言也訒』全章，湯賓尹破云：『以訒盡仁者，於訒之之心可想也。』題有問答，而破甚渾成，然用一『盡』字便該得司馬牛不足之意，『訒之之心可想』，甚有含蓄。」《遊藝塾文規》卷三《起講》：「乙未『仁者其言也訒』全，湯賓尹云：『為仁者，為之心而已。心之存亡，關其靜躁，而言常操其符，故未有放言而得稱為仁者。』筆力遒勁，且句句是題中正脈，開口二句說盡題意，下三句從『心』說到『言』上，無絲毫走作。大率會元起講，多從正龍正脈落到穴中，並無躲閃欹側。前此而壬辰『知及之』全，吳默起講云：『學者不患識見之未融，而患體驗之未至善。體驗者，出身加民，其精神無所不貫，故稱全德焉。』『識見』說『知及』，『體驗』說『仁守』，『出身』說『莊』，『加民』說『禮』，無一毫滲

漏。丙戌『名之必』一節，袁宗道云：『君人者，自謂名由我定，將無顧天下之議其後，而言之弗當與行之弗安胥置之矣。其苟焉不及於正名，固宜也。』癸未『吾之於人』全，李廷機云：『君子所以維持天下之人心者，獨有是非之權，而其究也，乃有緣而爲毀譽，則亦未嘗以天下之人心揆之也。丘也竊自諒焉。』」「『國有道不變』三句，湯賓尹云：『夫人之最難持者，寧獨習俗之異同足移人哉？涉世則思用世，至於用世，而一顯一晦之交也，可以覘君子矣。』『涉世則思用世』與『一顯一晦之交』皆是的確議論。駱日昇云：『天下有境變，有心變。境變者，身世窮通之迹；心變者，天理斷續之關。』句句出奇，眞是魁作。今後學之者，祇當師其意，不可襲其詞，襲則腐而可厭矣，所謂『謝朝華於已披，啓夕秀於未振』也。第二名賴克俊，起磊磊有古氣，但『操之』二句似贅。第四名周應明，起句甚有理，但不該又對二句，總是一意，而排衍重複，文之大忌。今稍更之云：『君子之涉世，其發用者常不若退藏者之爲眞，故當恒居時，類能固窮守拙，一旦遭時遘會，初心稍變易焉，則弱植靡操，安所語君子之強也？』劉覲文云：『強莫如制心，顧心制之於無欲之境易，制之於可欲之境難。士有生平持節較然，而卒敗檢於逢世者，強不足以貞遇，而患生於多欲也。』周應秋云：『世際泰寧可幸也，亦可危也，故乘之而大展其生平者此時，溺之而盡壞其生平者亦此時。』葉維榮云：『士人所患不在不遇時，而在變於時，蓋時詘則隱約之意多，而斂華就實，見以爲塞；時伸則樸素之衷易，而刓方成圓，見以爲通。』劉尚質云：『士君子處世，惟是通塞兩途。其塞也則塞爲學術，其通也則塞爲經濟。』李長庚云：『所稱強者，豈以一節表見？惟試之強不能自主之際而不淆，置之強無以自見之時而不易，則其強乃眞。』孫愼行云：『國之貴士者，謂可用之經世也，豈其抱空質爲名高？惟以我振世，不以世易我，而節概足名焉。』朱之蕃云：『學者之用世，世即以之觀持守焉。波靡於諧俗者，其操固盡隳；而矜激於意氣者，其究亦易餒也。』俞惟京云：『明時之所重於士，與士之自清於明時者，惟是家修而廷獻耳。一人而濃淡殊遭，則其侈泰易開；一身而今昔異態，則其紛華易溺，靡靡乎多弱植而鮮特操矣。』周維京云：『世運之相推，其變在天下；紛華之易蕩，其變在吾心。在天下者猶可力持，在吾心者非大勇莫制也。』林應翔云：『窮通有兩途，君子抱一而處之，故屢變者遇不變者，心雖與世推移，而其操修素定也。』陸彥楨云：『治平隆遇，千載一時，此尤君子見強之日也，而要之強不獨匡時，必先勵己，吾於不變塞者徵焉。』林機云：『君子一出，而勳名爛焉，此無他，秉心之塞耳。是塞乃靈明之眞體，

通顯晦不磨者，而豈易言哉？』胡瓚云：『世道由塞而之通，則聲華易溺；人心因通而變塞，則眞性乃漓。此其失之不在寒素，而在顯榮，故稱強於有道尤難焉。』劉尚樸云：『士君子未遇則先抱負，既遇則重操持，誠以榮遇之途，不獨能改易人之身，亦能變易人之心也。』洪都云：『士君子一涉順境，最易變節，而不歷順境，亦無緣見節，故乘時屢泰者，不獨貴展布其經綸，而尤貴堅持其雅操也。』樊玉衡云：『家修廷壞之士，世罔不惜之，不知向所謂修者，本非不可變之質；而今所爲壞者，原非實能修之心也。』費兆元云：『君子之未遇也，其意氣鬱積而不浮，其精神收斂而不溢。此非塞時耶？是塞也，固君子所恃以樹貞，而亦天下所操以觀強者。』朱應奎云：『時不欲塞，道不欲變。其塞時塞，則悶抱難施而貞心未改；道喪其塞，則初心盡失而施設俱非矣。』徐如珂云：『強者，自勝其私之謂也。人心之私，起於恬澹寂寞者什一，生於紛華盛麗者什九，故仕進最能移人，惟其不自勝也，非強也。』錢中選云：『士人扶植宇宙，必值其所難持而操趨乃見。平居知好修，一旦勢利熏心，輒改其常度，於是謂巖穴多奇行，當官鮮特操也，非通論矣。』以上諸講，有重『塞』字講者，有重『變』字講者，有重『有道』講者，有重『強』字講者，千蹊萬徑，各自有條，而詞氣鏗鏘，意見精邃，皆能見重主司。汝盡舉而熟玩之，則下筆沛然無礙矣。」

「『好善優於天下』，湯賓尹云：『君子之爲世用也，有所用於天下，而不必以己也；有所以用天下，而未始不必以己也。世豈無強智多聞之士，卓然各挾其一，而無濟於治者哉？乃吾所語好善，則其效莫有大焉者矣。』調與意俱出人一算。駱日昇云：『執政之體與百司異，百司以幹旋治辦爲能，此之優，優在一人者也；執政者以虛懷樂善爲大，此之優，優在天下者也。』亦自楚楚，眞魁作也。蔡復一云：『爲政者，與其有高世之才，不若有高世之量。才爲人役，己出而己爲之；量爲才府，我立而人歸之，故古之相天下者，必其容乎天下者也。』李光祖云：『吾人有不越徑寸而能包六合弘化理者，其惟善乎？挾之以自多則難一身，好之以自廣則易天下，是以爲政者，先舉其度也。』林欲棟云：『有一官之用，有天下之用。一官之用，論其能效一官者也；天下之用，論其量包天下者也。』張嗣誠云：『宰天下之治者，自用則不足，用人則足，蓋自用者，以才智役人，有窮之術也；用人者，以誠心布公，無方之益也。』周應秋云：『天下有以才爲才，有不以才爲才。長於辦一事，短於制萬有，此以才爲才者也；自計則不足，爲天下計則有餘，此不以才爲才者也。』諸起用意皆同，而各自馳騁，各成議論，如春蠶作繭，同一絲緒，而見物各自成形。張汝霖云：『相天下者，

不恃己之善蓋天下也，而恃天下之人能爲我善也，故廣忠益、集眾思，爲萬世蓋臣，法程至明矣。』沈道原云：『爲政者，有其長不如無其長，能自見不如能自下。』句句皆是格言。王惟儉云：『宰相，與人主共理天下者也。人主不能成獨用之功，而責之相臣；相臣亦不能建自用之猷，而資之多士。』劉元珍云：『世之柄政者，輒欲以善提衡宇內。顧善在人心，獨持之則不足，兼收之則有餘，此以己用天下者，不若以天工用天下之爲大也。』諸起各自立意，皆斐然動人。」《遊藝塾文規》卷四《正講一》：「『仁者其言也訒』全，本題因有問答，故作者俱用過文，獨湯賓尹入股平做，渾融合縫，場中絕希。格已出眾矣，論識與意，則又出人意表。司馬牛蓋原不及顏淵、仲弓，故夫子不言仁，而但言仁者，仁者心術行誼亦未易談，姑與論仁者之言。昧者不察，多謂『訒言』一句便是仁，而不知夫子實未嘗與之談仁也。湯起云：『夫子不悉其所以爲仁，而第直指曰其言也訒。』『不悉』一句深得本題三昧，字字該圈。『訒言』既非答仁，便不當深做，故湯祇輕輕遞過，若含下『存心』，畢力發揮，則司馬牛亦不消疑矣。依注『心常存，故事不苟』，則『爲難』頭上當補『存心』，然善文者，可尊經而略注，不可因注而改經。湯講云：『議論與躬行無兩操，而仁者動自收斂，有無鉅無細，念常恐其莫勝者，彼直懷凜凜之思，而雖欲妄置一議，惡可得焉？操行與持論無兩衷，而仁者深自退藏，即萬舉萬當，時恐其或蹶者，彼直抱栗栗之慮，而雖欲輕發一語，惡可得焉？』竟體本文發揮，並不依經纏繞，且『爲之難』亦非『事不苟』之謂，『爲』即是心去爲難，即是心常慎重，故十八魁中，並無一人將『存心』另講者，然依經解義，則會元尤爲撇脫。又，此二比豁意鑄詞，句句不合掌，後收二比，亦字字雅煉，眞元作也。」

本科會試題。

本科會試題有《論語》：「『仁者其言也訒。』曰：『其言也訒，斯謂之仁已乎？』子曰：『爲之難，言之得無訒乎？』」《中庸》：「國有道，不變塞焉，強哉矯！國無道，至死不變，強哉矯！」《孟子》：「好善優於天下。」

三　月

朱之蕃（1568）、湯賓尹（1568～？）、孫慎行（1564～1635）等三百四名進士及第、出身有差。

《明神宗實錄》卷二百八十三：萬曆二十三年三月壬午，「禮部題三月十

五日殿試，中式舉人湯賓尹等三百名及前科未經殿式舉人任時芳等共三百四名，一體送試。報聞。」丙戌，「內閣擬殿試策題上請，皇帝制曰：朕惟文武並用，長久之術。每慎操二柄，以馭寰宇，庶幾內順外威，臻至治焉。然觀昔之開基英主，以投戈講藝選士弘文爲美譚，而周公訓克詰，召公誡張皇，顧諄切於成康郅隆之際，豈世亂則寧濟以文，世平則戒備以武，道又各有攸重歟？洪惟我太祖高皇帝混一函夏，成祖文皇帝驅蕩胡氛，於鑠哉！既以神武之略爲萬民請命，乃禮賢置館，即當締造之功，延儒直閣，亦在御臨之始。以武戡定，用文持之，蓋規摹宏遠矣。列聖祗紹，謨烈顯承，迨於朕躬，嗣膺丕緒，光撫太平之業，且二百三十禩。餘威憺於四裔，方內安於覆盂，而譚者乃謂今文具太盛，武備寖弛，試舉其概。如京師禁旅，春秋教練，嚴矣，而冒蠹猶未清，何以壯居重之勢？諸邊戍卒，主客供億，煩矣，而行伍猶未實，何以張撻伐之威？至於中外府衛，綱維秩然，綰符襲組，材官非乏也，而闒鉞偶虛，動稱無將。列屯坐食，尺籍具存也，而萑苻竊發，輒苦無兵。其弊安在？意者人情狃於宴安，而法制隳於積習，非大爲振飭不可歟？考之前史，有上言兵之要四，中國之長技五者，有因府兵之壞，作原十六衛者，有請與大臣論武於朝，舉忠謀之士委之邊任者，有以選勇果習戰鬥爲治兵之實者，此皆承熙洽之後，䚯䚯於經武保邦，籌慮甚遠。又或謂安邊捍盜，必先治內，謂無兵無將，由朝廷三弊者。豈根極之務，更有在歟？抑謀之廊廟，修之紀綱，自可以精神折衝，而無煩師旅歟？今天下雖稱泰寧，而方隅多警，斯亦居安慮危之時也。朕既未能舞干而來，櫜弓而理，將欲經文緯武，圖修攘之實政，以爲長治久安計，則何施而可？爾諸士其悉忠攄畫，明著於篇，毋有所隱，朕且采擇而行焉。」《萬曆野獲編》卷十五《讀卷官取狀元》：「自嘉、隆以來，春榜會元，大都出詞臣之門。蓋館閣本文章之府，而大主考又詞林起家，亦理勢使然。惟今上癸未（1583）會元爲李九我，則工部郎蘇紫溪濬首卷，蘇、李同邑，又自幼同筆硯，李舉解元，久在公車，名噪海內。兩主考既欣得人，並天下亦無議蘇之私者。此數十年奇事也。若狀元卷，則必出揆地所讀，方得居首。間有出上意更置前後者，十不一二也。惟今上乙未狀元朱之蕃，則工部右侍郎沈繼山思孝所讀。沈居六曹貳卿之末，而以人望新起。時政府四人，爲趙蘭溪、張新建、陳南充、沈四明，俱與沈同年，夙稱氣類。孫富平雖爲太宰，與沈隙未開，亦相厚善。故沈所取，竟得大魁，莫敢與爭，亦累朝以來僅見事也。」《靜志居詩話》卷十六：「朱之蕃字元介，

南京錦衣衛籍，茌平人。萬曆乙未賜進士第一，授翰林院修撰，以右春坊、右諭德，掌院印。以右春坊、右庶子，掌坊印。陞少詹事，進禮部右侍郎，改吏部右侍郎。卒，贈禮部尚書。有《使朝鮮稿》、《南還》、《紀勝》諸集。元介文翰兼工，張旃東國，與館伴周旋，有倡必和，微嫌詩材軟熟，語不驚人。《和周吉甫春日移居》云：「牆短山齋出，庭空月易留。泉香浮茗盌，漁唱起蘋洲。終歲一無事，平生百不憂。奔忙渾未解，酒伴且相求。」

孫慎行制義有《孫淇澳稿》。

俞長城題識云：「淇澳先生文，簡潔高古，上逼左氏，深得《春秋》之旨，不徒似其貌也。」

《欽定四書文》隆萬文卷三錄孫慎行《論語》「公叔文子之臣大夫僎」一節題文。

文謂：「大夫舉其臣於國，可為賢矣。夫僎固家臣也，非文子之薦，則烏能與之同陞哉？且昔春秋時，大夫蓋世官也。其有家臣而為大夫者，則得僎焉；其有舉家臣而為大夫者，則得公叔文子焉。夫人情未有不忌人之賢者也，即賢也，未必不慕樹人之名而益私門之黨；即賢之可為公用也，又未必不蒙入朝之嫉而防逼己之萌。若是，則僎亦竟以家臣老而已矣。乃今業為臣役，俄然得以大夫顯焉；屬在臣僚，俄然得與大夫偕焉。文子蓋愛士而不隱也，官天位而莫之敢奸也，然而以卑簡之臣，得自致於君卿之佐，則僎亦榮矣；僎蓋懷能而不終屈也，遭遇合而得自通也，然而以私家之屬，竟能收其公輔之材，則文子亦榮矣。當是時，文子若忘乎僎之為己臣，僎亦不以臣之賤而有愧顏，以舉我之恩而有德色也；天下固不非其臣之驟進，亦不以大夫之貴自等家臣而為文子恥也。夫君之患，常在賢能壅於下，而公庭虛於上；士之患，亦常在當途者擅事要於前，而賢能者抱怨悶於後。賢如文子，則人臣之義止於此矣，夫子曰：『可以為文矣。』」評謂：「古文之妙，全在提筆折筆。提筆得勢，則波瀾層疊；折筆有情，則文勢蓄聚。試於此等文參之。」「文以神韻別雅俗，不必有驚邁之思，而溶漾紆餘，自覺邈然絕俗。」

王思任（1574～1646）舉進士，其舉業文字頗負盛名。

張岱《王謔庵先生傳》：「山陰王謔庵先生，名思任，字季重。年十三，

即從衡岳先生館於檇李黃葵陽宮庶家。先生落筆靈異，葵陽公喜而斧藻之，學業日進。萬曆甲午（1594），以弱冠舉於鄉，乙未成進士。房書出，一時紙貴洛陽。士林學究，以至村塾頑童，無不出口誦先生之文及幼小題，直與錢鶴灘、湯海若爭座焉。」錢福有《鶴灘集》，湯顯祖號海若。

明神宗萬曆二十四年丙申（西元 1596 年）

十一月

禮部覆奏禁文體詭異，各省直提學官限歲底將試卷解部。得旨：邇來文體險怪，屢經明旨申飭，全無改正。所奏依擬，著實舉行。以後提學官務以有無轉移士習為殿最，不許概擬陞轉。（據《明神宗實錄》卷三百四「萬曆二十四年十一月丁巳」）

明神宗萬曆二十五年丁酉（西元 1597 年）

四 月

祭酒馮夢禎奏請科場特嚴限字之禁，下禮部覆議。

黃儒炳《續南雍志》卷六《事紀》：「（萬曆二十五年四月）丙子，祭酒馮夢禎奏請科場特嚴限字之禁，每篇限字四百，下禮部覆議。秋七月癸巳，禮部上言：『今科場逼近，正嚴奇詭之禁，又一心拘拘，恐逾字數，臨場意氣沮澀，文思不舒，蓋驟而繩之，似傷急迫，則又臣等更張無漸之所致也。且一時雲、貴、川、廣遠方通行不及，遠近異制，同文謂何？既已部題冗長有禁，限字少俟場後再為酌議，與奇詭一體嚴禁，會提學官著實舉行，務期諸生一意服習，冀歸簡雅，追美成弘。至於該科所謂士習大壞，欲為救正，大本有在，未敢就事塞責，漫陳而無補。』上可其奏。」

八 月

湖廣鄉試，有「有事君人者」二節等題。

《遊藝塾文規》卷二《承題》：「丁酉湖廣『有事君人者』二節，劉芳節

云：『大賢維臣道，而以忠佞辨其品焉。夫國家得百佞臣，不如得一忠臣也，乃其品則當自所悅辨之。』『得百佞臣』亦是大議論。『居則曰』四節，林有標云：『聖人以待用試群賢，而獨取不用之用焉。蓋惟無意用天下者，乃足以用天下也，故以點志較三子，寧無軒輊哉？』『無意』二句亦是大議論。」

浙江鄉試，貴新貴邃貴深，足見一時科場文風。

《遊藝塾文規》卷一《浙江文變》：「外省之文，大率與兩京不同。兩京程墨與會試相近，獨外省則眉目各別，格調總殊。兩京以理，浙江以詞；兩京以意，浙江以氣；兩京多奇筆，浙江多平調。故往年浙江之文祇要穩，祇要充滿，祇要明白。由兩司做總裁，其年已長，其官已久，其心甚粗，其視經義恍然若隔世事，不復能別識，故人有『典顯淺利中』之說，正謂其宦情濃郁，老眼昏花，不如此則不識耳。近來用京考，故文字頓改。數科以來，程墨說理用意，翻然一新。祇如丁酉墨卷，若格調，若理趣，若意思，種種奇絕，駸駸有兩京風味矣。故今日之文，不貴典而貴新，不貴顯而貴邃，不貴淺而貴深。若稍有一毫塵腐、浮露、膚淺之態，決難望中。須要掃除俗套，掀翻理窟，自出一段精光，做天地間極好文字，庶幾合格。一切庸俗、鄙猥、掇拾、餖飣之習，往年所望以利中者，今皆用不著矣。」

今年鄉試，謝廷讚、顧起元、熊廷弼等考生之作頗受關注。

《遊藝塾文規》卷三《起講》：「丁酉順天『古之學者爲己』，謝廷讚云：『論學者貴無我矣，不知以我心外馳，則我爲妄心；以我心內斂，則我爲眞性，然不可不審也，我思古人而得之矣。』言言入理。『舜之居深山』一節，徐光啓云：『心與心合，善與善同，達之天下，本無間隔者也。自知識之用起於有心，於是自有其聞見，而天下之聞見始與我睽而不相入矣。』謝廷讚云：『虛明洞徹，本人心自有之眞，顧精以外泄而漓，神以內韜而固，惟即其章章者，乃能妙應若神耳。』邵士斗云：『人生之善，凝之則幾希在念，散之則耳目爲迹，故囿於居者，能寂而不能感；神於應者，常蓄而常爲通，我觀虞舜矣。』皆有理趣。」「應天『居敬而行簡』一節，顧起元云：『善治天下者，不擾天下者也，而不擾天下者，必有所恣於天下者也，蓋清夷之治，類於因循；休息之風，釀於凝一，臨民者宜有辨焉。』精新雅煉，便可作元。顧大章云：『帝王之治，詎不先便民哉？顧便民無如省事，省事無如制心，是以論簡者，貴由居以及行焉。』

瞿汝說云:『天下者,人主之所操也,而人主亦藉天下以自操,故清淨無爲之說,恭己者得之而治,怠荒者得之而亂,未可盡任也。』何南金云:『世有萬事而無兩心,心有萬應而無兩居,天下豈有紛焉難一之務哉?而長人者,先自無截然至一之居,則簡固未易言耳。』韓仲雍云:『君人者易於撫一世,而難於操一心,蓋心得其衡,而世未有不得其理者。』李蔚云:『圖治者靡不自心始,心之精神紛出之,則其政亦紛;約守之,則其政亦約。如慕其約而過守之,其政似約,其心實紛,雍於是不敢盡信行簡者焉。』皆有意見,皆爲利器。」「『言而民莫不信』,此等題目本粗,最難發理。顧起元云:『人主之孚天下以心,而天下之孚人主亦以心,顧言出於聖心則爲心精,而入於民心則爲心應,蓋可窺聖德焉。』吳應試云:『發號施令,即世不能盡廢,而持其感孚之神,有不在己言之後而在未言之先者。』范鳳翼云:『人主無不泄之意,則大哉王言,關係非渺小也。吾啓口者一人,而傾耳者千萬人;吾出言者一心,而聽言者又有千萬心,此其間固無貴乎迹相象、文相冒也。』劉仲斗云:『人君顯治天下,無如言矣。夫言出於君,而天下屬耳焉,故必民無違令,而後其言尊,此非可求之民也。』周玄昭云:『王者,患德未盛耳,不患民未孚也,故精英內蓄,能令神馳者聳慕;經綸外播,能令耳聽者欽承,竊睹於天淵之聖矣。』如此俗題,皆能翻意見奇,燁然可掬。」「『故苟得其養』一節,顧起元云:『良心在混淪之初,何長何消,無俟養也。惟剝復乘乎氣機,於是消長之用以人心造焉,而養之得失也大矣。』此是正當議論。李蔚云:『大道以一氣陶鑄寰中,其植爲木,其靈爲心,均名曰物,物即氣之所橐也。氣未橐,惟是生生一理爲眾物報;氣既橐,遂有生滅一端待培養力,則養所係匪細矣。』張師繹云:『君子不能保未雕之樸,而僅尋已放之倪,維是微而使之全,則養道急焉。』各說一意,均非凡品。」「呂克孝『居敬』一節:『凡治理不欲其太察也,尤不欲其太疏也,太察則渾厚之氣傷,而太疏則精明之體亦詘,今之玩愒以滋弊者,皆習爲簡而失焉者耳。』亦自切題。汪文溪云:『臨民出治,心可以無事,而事不可以無心,蓋心者,宰事之源,以之提綱挈領而省庶務,則清寧之福也;以之解綱絕紐而荒大體,則惰窳之弊也。』丁天毓云:『聖主能以無事息天下,而不能以無心宰天下。』田大成云:『人主之臨民也,不難於迹與民相恬,而難於心與民相筋。』何南金云:『君心之敬肆,天下之理亂關焉,故天下本無事也,君不可先著一有事之心;天下亦非無事也,君不可先存一厭事之心。』以上皆警策可誦。陳萬善云:『論治者貴去太,太縱恣與太瑣屑均非也,故英王以簡奏丕隆,昏主以簡釀叢挫,則心術辨耳。』李

九我批云：『以「太」字立說，甚奇。』吳世翔『言而民莫不信』云：『言以通眾志，亦以起眾疑。使上有音旨，而民輒相猜而不信，安所翼順治哉？顧立言有根，從令為末，惟至聖之時出者稱焉。』齊琦名云：『人主所為顯示天下者，則有言矣。顧上行令，下行意，令則至貴者易飾，既不能徹其精於未言之先；意則主賤者難愚，又安能強其孚於既言之後？』何琪枝『苟得其養』一節云：『心，一也，而有真心，有習心。惟習心勝，而真心乃藏矣。故攻取無涯，得失靡定，要之培養為實詣也。』周舉人云：『心，隨人具者也。待養而完，已非其本來，而失養不全，益喪其固有，吾於是而重養也。』陳舉人云：『天下之物不離消長兩端。固未有不長不消，中立而無所運者；亦未有自長自消，造運而無其樞者。』以上後檢得之，亦英英可愛。」「小講有連下入文者，如謝廷讚『故君子以人治人』二句，云：『斯道在人，原無形神精粗之間。人或精言性命而粗言形器者，則是教乃強世之術，而無止息之期矣。不知物我之生，同原道妙，即遠道之人，而近道之體自在也；離合之機，捷於俯仰，即向道之始，而至善之止隨來也。』何琪枝『居敬而行簡』一節云：『治曷為而尚簡也？謂煩瑣之極，其變為廢，故大簡以懲煩，亦以振廢，則簡之為術精矣，可概言哉？其根本以治心，必有宅而居之者；其髓要以逸天下，乃有運而行之者。』『居』與『行』乃文中正提者，從小講一氣說下，便無痕迹。丁天毓『言而民莫不信』云：『君民之相信也，默喻則以意，顯出則以言，而中窾則以時。時當言也，姑匿其意而令人不可窺，則民乘是而疑；時不當言也，驟發其指而令人不可測，則民乘是而駭；疑且駭，難以語信矣。』『疑』與『駭』乃是反提，亦從小講一氣說下，兼重『時』字，得旨。」「浙江『丘也聞有國』二節，張應完云：『善治者，必為國家計長久，長久之計在廟堂不在邊陲，舍內而事外，舍名分而詰戎兵，為計左矣，夫亦貪寡是患而圖遠人以自益乎？』楊守覲云：『自古帝王統馭雖廣，必以根本為先圖，故內不得急人民而緩綱常，外不得先驅除而後德化，誠重在此不在彼也。』元魁二首皆可誦。」「江西『素隱行怪』二節，夏師虁云：『吾道之與異端不共途而趨也。異端詭而不經，即一涉猶以為非；吾道庸而可久，即終身不見其足。自世有好異者，而道病矣；自世有修道之心不勝其好異之心者，而道亦病矣。』陳大綬云：『夫中道至於今而愈裂矣。非以不為者失之，而以為者失之也；又非以為者失之，而以為而不為者失之也。』二作皆可。」「徐來泰『大孝終身慕父母』云：『凡物有盡，惟父母掬養之恩無盡；凡念可釋，惟有懷二人之念難釋。子之慕親，何論久暫哉？』亦自有理。」「福建『忠恕違道不遠』，洪承選云：『道

非玄冥之物，見心體斯見道體。迷則畛域自隔，悟則片念可通，故自知自證，因可證道焉。』說理之詞，令人易識。」「湖廣『擇可勞』四句，熊廷弼云：『君子為政，有以其心用天下而不強天下，有所以自用其心而不私於天下。吾何以知勞不怨而欲不貪哉？』第二名劉芳節云：『政有名不美而實美者，人主多避其名而不就其實矣。不知屬之而反以德，私之而反以公，顧實心實政謂何耳？』熊起古而健，劉起腴而新。『有事君人者』二節，周命云：『上臣事君以心，庸臣亦竊其以心事君。第有事之真心超潔辱之外，有事之偽心緣寵利之中，吾試從其悅而辯之。』亦新。」

十一月

候補太僕寺少卿傅好禮言今科考試官全天敘、焦竑增減解額，變亂成規。焦竑、全天敘疏辨。

　　黃儒炳《續南雍志》卷六《事紀》：「（萬曆二十五年）十一月初八日，候補太僕寺少卿傅好禮上言場事：『竊惟畿省之收錄人才也，名數有多寡之殊，足額無增減之例。若順天鄉試，生員額取一百名，重首善也；監生額取三十名，優歲貢也；餘五名以待教官、儒士、雜流之有志者。二百年來，未之有改。頃因選貢入監，兩京各增額一十五名，蓋為選貢設也。豈意今科考試官全天敘、焦竑之取士有大謬不然，臣嘗於《題名錄》一檢閱之，生員中式僅九十二名，選貢中式僅止八名，監生中式共五十名。夫五十名之中，未必無選貢、歲貢之人，要之粟監則十之四五矣。夫納粟入監，即係雜流，取止五名足矣，奈何占歲貢之額未已也，又占歲貢之增額，占選貢之額未已也，又占生員之定額，其故何哉？說者謂粟監皆省直富厚之家，力能鑽刺，賄可通神。臣初風聞，未敢深信。即今無論占歲貢之額，占選貢之額，又明明占奪生員八名之額矣！職因而撮為五說以進。……謂監生宜分南北也，……入監宜分南北者何？蓋推進士之科分南北中之意也。兩京並設國子監以養士，鄉試俱設三十五名以待舉，產於南者宜入南監，而應試於南；產於北者宜入北監，而應試於北。不但選舉均，而道里亦均也。聞今科監生入選者，順天二千餘名，應天不及其半，而中式之額同，何南之幸而北之不幸也。查今科監生之登順天鄉試者，南直隸、浙江兩處幾四十名，而北直隸、山東、河南等一十三處不及其四分之一，何南、浙二處儲才如是之煩，而一十三處生才如是之寡耶？以此較之，而偏重之勢亦甚相懸矣。職謂南直隸、浙江、湖廣、江西、福建、兩廣入南監，北直隸、山東、河南等

八處宜入北監，而考試亦因之，不然制科已分南、北、中矣，何獨於鄉科而疑
之？此南北之宜分也。』越三日，左中允全天敘辯言：『臣等誤蒙恩命，典試順
天，近被言官參論，如以候補太僕寺少卿傅好禮疏陳五事，言臣等妄意增減解
額，變亂成規，臣罪滋大，不得不再剖其說，冀聖明昭察焉。切照京闈試卷字
型大小有三，祇用三不成字型大小者，則順天等各府州縣生儒也。凡加用皿字
型大小者，則各衙門坐監、歷事、聽選監生也，不分歲貢、選貢、官生、恩例、
粟皆稱監生，則皆用皿字。凡加用雜字型大小者，則雜色員役人等也。今年順
天鄉試奉欽依取中一百五十名，蓋以百名待畿內生員，而以五十待雜、皿二號，
此祖宗舊制，皇上洪恩，誰敢以己意多寡，干憲綱乎哉！臣等承乏試事，所取
中卷一如解額百卷五十卷之數。及填榜時，中間忽有關係某縣選貢生者，臣等
閣筆躊躇，誠恐選貢已經到監或外簾失編皿號，未敢填寫。此時監試御史馮應
鳳言知此甚確，緣畿內選貢多係提學御史周孔教考送科舉，未經到監，仍是生
員，此多官共聞，見存可問也。臣等又憶歲貢原係生員，文移章奏歷歷可考，
故直將前選貢八名同生員一體收錄，什然無疑。好禮蓋未見試卷，祇按題名臆
斷選貢必監生，故發此論，誠無足怪，獨不思試卷糊名易書，場中查覆惟憑字
型大小。且今朱墨卷見在，伏乞皇上並敕該部取中試原卷同傅好禮當堂閱視，
俾見皿字型大小卷原止五十，則監生原無多中，可勿議斥矣，選貢八卷如無皿
字，則生員之數已滿，可勿議補矣。若曰增減得任考官，則必科場可廢編號，
甚且議及補中，將無欲並廢科場哉？況選貢以監生入試，則合以監生中式，以
生員入試，則合以生員中式，名實久稱，安敢紛更？論而至是，本官大惑可解，
臣等萬罪可寬矣。』疏上，與好禮原疏俱下部院。」

焦竑坐所取舉人「文體險誕」被貶為行人，旋改遷福建福州同知。

　　《明名臣言行錄》卷七四《修撰焦文端公竑》：「丁酉，順天鄉試，忌者
取士子牘中二三奇險語，以為壞文體，調外任。」《列朝詩集小傳》丁集《焦
修撰竑》：「丁酉北試，上越原推兩宮坊，別用弱侯，原推者愧恨，媾新建合
謀傾弱侯。言官遂用科場事抉摘詆毀，弱侯陳辯甚力，新建從中主之，以文
體調外任。」文秉《定陵注略》卷一《科場夤緣》：「二十五年十月，禮科給
事中項應祥、曹大元各疏糾發科場大弊事。應祥疏：『順天撤闈之日，物議沸
騰，雌黃蠭起。如第四名曹蕃、第十三名吳應鴻、第二十六名張蔚然、第三
十二名鄭菜等，既多駭目驚心之句，復有夤緣干進之迹。』大咸疏：『自昔年

黃洪憲弊孔決裂，論者至今切齒，不謂今又有修撰焦竑其人者。吳應鴻，竑同里也；汪泗論，竑塾師也；曹蕃，莫逆交也；鄭荼，門下士也。又如張蔚然、丘夢周、趙士麒，語語荒謬，趙名言、鄭宏才洗改朱卷，皆禮部覆閱最詳最確者。』有旨：『該部看議具奏。』修撰焦竑疏：『項應祥言涉風聞，尚無意必；曹大咸隨聲醜詆，意必逐臣，以快忌者之心……』已而禮部覆題，吳應鴻、鄭荼黜革，丘夢周、張蔚然終身不許對制。趙士麒、曹蕃等四名候三年部考定奪。汪泗論，查舊例塾師無迴避禁。但萬曆十三年馮詩被革，一以塾師，一以冒籍，今泗論止係塾師，與馮詩不同，其應革與否，請自上裁。焦竑等應候部院看議。請旨定奪。後部院看上，有旨：焦竑、何崇業俱調外任用。……丁酉北試，上越原推兩宮坊，別點用竑。原推者愧恨，媾南昌合謀以傾焦。言官遂用科場事糾謫。南昌從中主之，乃坐以文體之罪，外調福寧州同知。」焦竑《順天府鄉試錄後序》：「歲丁酉秋，京師復當大比士，府臣以請。上命中允臣天敘典厥事，而以臣某副之。臣自壬辰濫竽禮闈，至是兩與校士之役，而彌有感於人文之盛也。」焦竑《謹述科場始末乞賜查勘以明心迹疏》：「文之好惡，本無定評，乃祖宗以來，必以去取之柄付之文學侍從之臣者，為其有專職也。今諸卷具在，皇上敕九卿在廷諸臣虛心詳閱，當否自見。獨於舉人吳應鴻、汪泗論、曹蕃、鄭荼等中式，謂為臣罪，則尤大謬不然者。科場舊規：正考閱《易》、《書》二經，副考閱《詩》、《春秋》、《禮記》三經。各不相涉，載在《詞林典故》甚明。如吳應鴻、汪泗論、鄭荼皆正考全天敘所取也，其有無弊端，天敘任之，臣不待言。中惟曹蕃一人為臣所取耳。《春秋》、《禮記》名為孤經，佳卷原少，《禮記》入試止百八十人，臣遍加品閱，蕃之四經五書策，詞義獨勝，是以首拔之。今落卷具在，其優劣可按覆也。大咸乃摘其數言，而遽疑臣與分校何崇業，至有『千金一擲』之語，不知千金以投之臣乎，抑投之崇業乎？果誰為過付，誰為證據乎？崇業與蕃同寓虎丘，當問之崇業，北監未就，候准部考，當問之禮部，於臣何尤？汪泗論，選貢之雋也，往歲為臣子授經三月而去，臣不謂無，然臣兩子應試，以臣為考官，遵例迴避，塾師例無迴避，則法之所不禁也。臣謂有意退人與有意進人，皆屬不公，臣不敢為。且《書經》分屬正考，臣亦安得而予奪之？蓋場中閱卷，正考或可兼副考之事，副考不能侵正考之權，於理易見。今置正考不言，而以正考所取之人混加之臣，此其言非公平，意主羅織，行路知之矣。況臣等自承命以至入簾，僅隔一夕，迅雷掩耳，敏者莫措，謂

諸生能邀貪緣於臣等，臣等能邀爲諸生地，非鬼神不能也。是天敘與臣可皆無辨。」（《澹園集》卷三）沈德符《萬曆野獲編》卷十四《科場・考官畸坐》：「本朝兩京主考，從來用資深翰林，事體略同，而順天則議論最多，然有罪同罰，未有獨及一人者，有之自天順己卯始。時正考爲學士劉定之，副爲倪謙，倪有門生不收，遂疏訐其私，倪至遣戍去，而劉不問。直至嘉靖戊子，庶子韓邦奇爲正考，方鵬副之，因前序引《尙書》錯誤被論，韓降外，鵬僅罰俸，蓋指摘本及一人，故處分亦不旁及，猶有說也。至今上乙酉冒籍之事，於主考何預焉，而論德張一桂至於謫調，副考陳于陛無恙。戊子關節之訐，則兩主考均其任矣，庶子黃洪憲受攻，而副考盛訥無恙，然張、黃俱正考，或當獨肩重責也。若丁酉順天，則中允全天敘爲正，焦竑以修撰副之，其場後文章，止及焦一人，而全高枕，無一語訶詰。次科庚子，則庶子楊道賓爲正，顧天埈以修撰副之，其後攻顧如焦，而楊不及也，此兩人既無關節，又非正考，何以鋒鏑偏叢焉？舉朝明知其故，而無一人爲別白之，可歎也！又應天己卯、壬午連二科，亦止議及一人，然前以高啓愚出舜、禹題見疑，與副考羅萬化無預，後以沈懋孝獨閱卷受訐，而正考沈鯉，以病臥闈中，俱非無故得免。」今上，指明神宗萬曆皇帝。乙酉，即萬曆十三年（1585）。沈德符《萬曆野獲編》卷十五《科場・鄉試借題攻擊》：「丁酉順天二主考，獨焦漪園竑被議，攻之者惟二三科臣，皆次揆張新建客也。焦以進《養正圖記》爲新建所痛恨，而郭明龍以宮寮爲皇長子講官，亦深嫉之。焦既出闈，即以所撰《圖說》具疏呈御覽，其時禍本已成矣。監生吳應鴻、生員鄭菜先被斥，而曹蕃、張蔚然等數人則重罰以待覆試。分考行人何崇業、主事費學俉等調南京，焦亦調外任，蓋物情惟欲焦早離青宮講筵足矣，其關節固無影響，即指摘文體亦借多名耳。焦既補冗僚，己亥再入大計，直至丙午，始一補藩幕，推南司業，又論罷，蓋新建厄之於前，江夏尼之於後，兩公非同志也，時憎焦則無異辭。丙午後，郭久已林居，時方爲名流所宗，故人肯代爲效力。」查繼佐《罪惟錄》志卷十八《科舉志》：「（萬曆）二十五年，兩京各增監生中式十名，不爲例。時順天文多奇詭，偏坐副主考焦竑外調，中式數人被革，後定離經之禁。」

馬從聘上《議處科場疏》。

　　馬從聘《蘭臺奏疏》卷二《議處科場疏》：「題爲京闈錄士大謬，禮官持

議未平，祈敕部院從公看覆，以信明旨，以服人心事。竊以文體之醇漓，關士風，士風之邪正，關治化。邇來文體敝壞，屢廑宸綸，申飭釐正，不啻再三，而其敝乃益甚。良以禁令止屬之空談，革懲未見之行事，以故忽明旨而不信，玩禁例而不遵，法之不行自上始耳。如今歲北闈取士，乖謬實多，業經科臣疏參，奉旨看議，該部即仰承德意，遵例議懲，以儆將來，誰曰不可？奈何其不盡然也。臣請得而詳言之。如吳應鴻、鄭棻，文理怪誕不經，徑議革斥是矣。第據該部之所指摘文中疵語，則丘夢周、張蔚然安在，為贏鴻與棻之次也，趙士騏、鄭宏材安在，為夢周、蔚然之次也，曹蕃、趙名言又安在，為士騏、宏材之次也。乃該部於夢周、蔚然則曰姑免斥革矣，曰終身不許對制矣。夫所謂不許對制者，將令其衣巾以終身乎？抑尚許其入仕乎？儻許入仕，則固依然入穀之英也，何以云重懲也？於士騏、宏材則曰限六年部考定奪矣，於蕃與名言則曰待論定而議罰，又曰限三年部考定奪矣。夫所謂部考者，非覆試之議乎？頃奉明旨，不必覆試，恐滋弊也。而顧欲覆試於三年六年之後，其弊尚可言乎？且其覆試也，將虛應故事已乎？抑尚酌其去留也？如有去留，則視不許對制者，不尤重乎！何輒概云量懲也？至謂曹蕃為庸謬而不屬險怪，似與名言俱在可原者。臣查督學校士，文理疵謬，當在降黜之等，豈不可為諸生者而顧可列高魁之選乎？又部疏前引新奉欽依申飭科場事宜，內開文理險怪不經及荒謬不堪者，奏請革斥，主考等官分別罰治。今蕃與明言非所謂荒謬不堪者乎？何自言之而自背之，一疏之中首尾不相應也。況洗改關節，均屬可疑，而考官之被調，亦以曹蕃與汪泗論之故，論既定矣，又何說之可原也？夫禁例在前，公議在後，而諸生甘自蹈之，既照例議斥，原不為過。儻皇上加意憐才，不忍遽棄，暫示裁於今日，尚需效於他年，則發學肄業，以待再試，實皇上加惠之盛典，曠蕩之深恩，非臣下所敢與也。至於考試二臣，則猶有可議焉。夫順天主考者全天敘也，副考者焦竑也，論關節則罪當各坐所由，論文體則罰宜先及主者。今觀禮官之駁參及部院之平議，係文體之疵謬者居多也，取士如此，衡鑒謂何？既天敘之辨疏亦曰：『《五經》俱臣涉筆，全榜俱臣登名。』此真語也。今在竑既已甌破，天敘何獨瓦全？縱言者偶遺，彼獨無愧於心乎？既不與竑同調，亦當量行議懲，庶為公平正大之體也。如蒙皇上不以臣言為謬，乞敕下部院再加參酌，丘夢周等應否與吳應鴻、鄭棻並議裁懲，主考全天敘應否量議薄罰，從公議覆，仰候聖斷，庶明例不為虛文，公道不至澌滅，而掄材重典為益肅矣。臣無任悚息待命之至。」

明神宗萬曆二十六年戊戌（西元1598年）

二 月

大學士沈一貫、翰林院侍讀學士曾朝節主禮闈，錄取顧起元等三百人。（據《明神宗實錄》卷三百十九）

本科會試題。

本科會試題有《論語》：「子貢曰：我不欲人之加諸我也，吾亦欲無加諸人。子曰：賜也，非爾所及也。」《大學》：「《詩》云：『穆穆文王，於緝熙敬止！』為人君，止於仁；為人臣，止於敬；為人子，止於孝；為人父，止於慈；與國人交，止於信。」《孟子》：「且夫枉尺而直尋者，以利言也。如以利，則枉尋直尺而利，亦可為與？」

今年會元為顧起元（1565～1628）。

《遊藝塾文規》卷二《破題》：「戊戌首題『穆穆文王』一節，顧起元破云：『即《詩》以求聖人之止，而人極立矣。』此題原重『敬止』，眾人不識書意，俱謂以聖人之止釋《詩》。渠獨言『即《詩》以求聖人之止』，不獨題意了然，兼場中必無如此做者，便自奇絕矣。」《遊藝塾文規》卷三《起講》：「戊戌『穆穆文王』一節，陳圭云：『人惟一心耳，而更有所謂至善者，何也？是即心之精粹不外索而存矣，是即心之兢惕不外昏而得矣。』一問一答，自相呼應，而題意了然。『我不欲人』一節，陳圭云：『學者習聞萬物一體之說，則人己之間，亦或有剖其藩而證其通者。』詞新而古，意透而精。何太謙云：『人心不可不證之我，我以照我而並化其所為我，則因心為衡而心無不貫矣。』『照我而並化其我』，此從《華嚴大鈔》來。首云『心證之我』，收云『因心為衡』，皆獨創之語。李元調云：『人心不可使有我也，有我念，隨有人念；有求適於我之念，隨有不盡適於人之念。』下句用意何等奇特？龔三益云：『人心惟我之為患耳，見其有我務克之，克其有我務忘之。克者，特境也；忘者，化境也。克即化之階，而遽語於化則非矣。』創人所未嘗有之談，開人所不敢開之口。畢懋康云：『夫人苟惟見境所至，即至於仁人之化境何不及焉？然而見及之者虛也，詣及之者實也，虛實之不相及久矣。』以虛實互論，便有意見。以上皆魁作也，若顧起元起講則云：『調之而後平，則人

己之念終存而未化。』大率元之口氣不過如此，不去鑽研小巧，亦不去意外爭奇，祇以大雅勝人耳。」「『且夫枉尺』一節，曹徵庸云：『世之計得失而不辨是非者，皆曰：「吾嘗量於多寡之數，而知其無失策也。」不知至此無失之中，其究必至於大失者。』揣摩利害，極徹極工。徐良彥云：『人之於利也，始爲其誘，既爲其愚。惟其不階之於誘也，斯其不籠之於愚也。』以『誘』字、『愚』字立說，便能動人。黃克謙云：『貞士節操，抗之靡極，而嗜欲溪壑，卑之無窮，顧節之振人也甚難，利之溺人也最捷，自非極力提防，將有不可勝言者。』『抗靡極』、『卑無窮』皆不經人道語，而抑揚闔闢，步驟可觀。韓國藩云：『徇利者，就義與利而辨之，莫若就利與不利而析之，蓋義利之關難破，而得失之數易知，彼智盡能索而獲利無幾，將自知其不可爲耳。』『莫若』一轉，甚得孟子本意，而『難破』、『易知』之說，尤爲明徹。溫體仁云：『貪夫徇利之念與烈士徇道之念，其心各無厭也，故有斤斤自守，終身不敢逾尺寸者，誠嚴其防也。彼非招不往，姑無論已。』凡作起講，最要入題撇脫，用『非招不往』二句，方叫得『且夫』二字醒，入題方便捷。」《遊藝塾文規》卷四《正講一》：「文有定品，亦有定價。世之談文者，曰神品，曰妙品，曰工品，曰能品，各隨其力之所至而辨之。至於秤量高下，剖析錙銖，則文有可元者，有可魁者，有可中者，有必不可中者，若燭照數計而筮告，靡毫髮爽也。雖頭腦多烘，眼迷五色，間一有焉，而大致則靡忒矣。我朝文字自三楊專重歐文，以溫潤典雅爲臺閣體，即今荊川先師所緝《文編》，乃翰院傳習之書，若序、若記、若碑銘之屬，各取歐文數篇居首，蓋欲學者熟之爲骨，然後遍考韓柳蘇王之文以儘其變，故自古會元雖豐約異態，樸豔殊轍，總之，皆醇粹和平，正大爾雅，如端人正士，垂紳正笏而立於廟堂之上；又如宿儒講學，雍容理窟，刻畫逼眞，而咳唾皆成珠玉，絕無崎嶇乖僻之狀。然文字有元之格，有元之識，有元之意，有元之詞，有元之氣，一一辨明，然後可以取法而入彀。試以近科評之，如『穆穆文王』一節，論格則先引《詩》釋意，次遞五段；後總繳大旨，此常體也。今顧起元起便做六比，不用一字過文，渾融發下，及三段敘畢，徑入小束，即繳即結，並無繁語，此場屋四千人內必無一人同格者也。論識則此題『君臣』五句不是釋《詩》，乃從《詩》之『緝熙敬止』而說其實詣，故諸卷皆述詩詞，獨顧於起講下並不演《詩》，但云：『語聖心莫窮其量，緝熙者，其不已之神乎？語聖德悉合於天，敬止者，其不動之極乎？』以己意同《詩》語發揮，最爲有

見。論意則本題全重『止』字，而其源則自『緝熙』與『敬』來，故首二比先從『緝熙』說到『敬止』，次二比從『敬』說到『止』，後二比又用一『故』字，另作『止』字。二比發揮透徹，何人可到？論詞如天寧於極，理歸於宗，皆不經人道語。至『勞民忘其毀，嚴主霽其威』等，語語刺心，令人擊節。論氣則春融典暢，起伏疾徐，各中其度，元作何疑？」梁章鉅《制義叢話》卷十二：「周櫟園亮工曰：此江寧顧少宰鄰初先生試南宮第一人易書之卷也，越今百數十年，後學某猶及見之。論先生文字之精美，久與科名並重，人人膾炙，無俟再評，獨百有餘年之間，風會所趨，有可以略觀世變者。溯先生起家神宗朝，海內承平，一時風聲文物，號為極盛，而相推為第一人之文，乃獨簡雅醇正如此，豈如今世操觚家馳騁華腴，競為宕往之詞而莫知其所止者乎？案：顧起元中萬曆二十六年戊戌科會元，題為『《詩》云穆穆文王』一節、『子貢曰我不欲人之加諸我也』一節、『且夫枉尺而直尋者』一節，主試者沈一貫、曾朝節。」

三　月

趙秉忠、邵景堯、顧起元等二百九十二人進士及第、出身有差。（據登科錄）

黃汝亨成本科三甲一百六十名進士。精制義，與黃洪憲並稱浙中「二黃」，有《黃貞父稿》。

　　黃汝亨（1558～1626），字貞父，號寓庸居士，武林（今杭州）人。授進賢知縣，遷南京工部主事，陞禮部郎中。出為江西提學，臨川陳際泰、東鄉艾南英，皆其首錄士。遷參議，備兵湖西，卒以強項罷歸。工書，能詩文，著有《寓林集》三十二卷。精制義，與黃洪憲並稱浙中「二黃」，有《黃貞父稿》，俞長城題識謂其文「較精峭而意勝於詞，似在葵陽（案，黃洪憲）之上」，又稱其「衡文江右，力挽時瀾」。《欽定四書文》隆萬文卷四錄其《中庸》「動乎四體」題文：「即四體觀道，而動可知矣。夫道，無在不形者也，動則幾生，故至誠前知之。蓋不動而變者誠也，隨動而見者亦誠也。誠則形矣，如國家之妖祥，如蓍龜之吉凶，固可逆而知矣。我以形論之，四體囿於造化之中，而物焉者之不能為化也；以道觀之，四體具有造化之撰，而神焉者之不能秘藏也。當其未動，不感不應，聚於無為之先；當其有動，不疾不徐，兆於不

言之喻。愚不肖者動之爲妄形，而間或以一念之凝，有安舒泰寧之象焉，愚不肖不知也，以誠之未嘗或絕也；賢知者動之爲德機，而間或以一念之惰，有輕浮僬佻之象焉，賢智不知也，以誠之不容稍假也。蓋四體者官之所止，而動則神行，神行則官不得不從，而順逆判於俯仰之際；四體者氣之所佈，而動則志壹，志壹則氣不得不隨，而得失著於靜躁之間。故六合非廣，四體非狹；天地非大，吾身非小；千載非遙，一念非近。靜則俱閉，鬼神莫知；動則俱開，吉凶先見。故誠者天之道，動者人之情也。以人觀天，以情觀道，故至誠可以前知也，豈別有退藏之秘、揣摩之術哉？」評謂：「賢智、愚不肖皆有猝然之動，方是機兆之萌，神行官從，志壹氣隨。於所以動之理，實能見得，故言簡義精，後雖有陳大士（際泰）作，不能相掩。」梁章鉅《制義叢話》卷六：「孟瓶庵師曰：『動乎四體』，須兼賢知愚不肖說，惟黃貞父文說得最親切，如云：『賢知者，動之爲德機；愚不肖者，動之爲妄形。』又云：『四體者，官之所止，而動則神行，神行則官從，而順逆判於俯仰之際；四體者，氣之所佈，而動則志壹，志壹則氣隨，而得失著於靜躁之間。』方望溪謂：『義本左氏內外傳，於造化之機、人身之故，皆能確然道其所以然。』是也。」

十一月

御史喬璧星請改會試期爲三月。

朱國楨《湧幢小品》卷七《請改試期》：「三歲開科，八月鄉試，明年二月會試，至元仁宗始定，從李孟之請也。入國朝因之。萬曆戊戌春闈，喬御史璧星監試，舉子重裘以進，便於懷挾，請改三月，用單夾衣，則宿弊可清。李九我先生駁之曰：『如此，則四月十五日殿試。儻日暖，如何操筆？又其甚者，不暴殺舉子耶？』眾哄然一笑而止。張幼于鳳翼有會試移期議一篇，謂會試期太祖定於二月，蓋謂金陵南北之中，地在大江之南，得春爲先，故定於二月，取春之中。今建都北京，遠三千里。宜移在三月。其利有五：一、在觀吏後從舟，可省僱費；二、便於雲、貴士子；三、減衣裘，防閑甚易；四、謄錄無呵凍之苦；五、歸家無閘河連舟之阻。喬璧星之疏，止得其一。而至今金陵取中云云，猶是臆度之說。」

明神宗萬曆二十八年庚子（西元1600年）

八　月

甲戌，以順天府鄉試，命右春坊右庶子兼翰林院侍讀楊道賓、翰林院編修顧天埈為考試官。（據《明神宗實錄》卷三百五十）

沈德符《萬曆野獲編》卷十五《科場・北場口語之多》：「順天鄉試，自戊子深求之後，辛卯則馮臨朐爲政，時負海內重望，自愛其鼎，以故故陳都諫子、故邵中丞子，列在元魁，俱斥去別換，僅免口舌。甲午亦無所糾拾，特以政地持平，主者亦無仇家相嗾耳。丁酉一役，焦弱侯正在多凶多懼中，忽以臨場特命，使不得辭，識者已知其故。比榜出，而省中曹大咸、楊廷蘭輩露章，辭雖峻刻，實無關節可指。況所參汪泗論、張蔚然、邱夢周、曹蕃諸人，俱名下貧士，無能具苞苴者。焦雖讁，而己亥大計，曹、楊兩公，亦坐新建黨逐矣。庚子則顧開雍主考，素以豪傑自命，慮礙大拜，加意防閑，至預約提調府丞喬璧星，凡其同鄉江南四府監生卷，皆另爲一束記認之，不派房，不批閱，自謂極其積嚴，以故三吳遂無一人得售。乃榜首浙人趙維寰，已首被文體指摘，蓋北人見趙卷峻潔，駭而未見，儀郎某公尤忿忿，至欲斥而胥靡之。會同鄉在事，議罰科而止。然向來被議者，主試皆南人，舉子皆冑監，豈畿輔子衿，皆曾史耶？」

今年順天解元趙維寰罰科。《遊藝塾文規》謂趙維寰有學有識。

沈德符《萬曆野獲編》卷十四《科場・順天解元》：「順天解元，向有被議者，以輦下人眾，妒口易生也。如予所知，景泰四年癸酉，第一名羅崇岳，江西廬陵人，以冒籍斥。七年丙子，第一名徐泰，直隸江陰人，以內閣大學士陳循、王文論列，覆試得留。此二事，《英宗實錄》中俱不詳載。至嘉靖四十三年甲子，第一名章禮，浙江餘姚人，以冒籍被劾，覆試得留。萬曆十六年戊子，王衡，直隸太倉人，以大學士錫爵子見疑，覆試得留。萬曆二十八年庚子，第一名趙維寰，浙江平湖人，以文體被參，禮部覆試，罰科，舉人之有罰科自此始。要之博洽如王，經學如趙，無忝榜首，亦遭指摘，世甚冤之。當太倉公之爲子辯覆試也，引章禮爲言，而不及徐泰，蓋偶不記憶耳。」沈德符《萬曆野獲編》卷十六《指摘科場》：「自壬午應天夷陵王少宰子之鼎、之衡敗後，並追論江、張二子冒濫鼎甲，彈事者俱得志，且超遷，於是乙酉

順天冒籍事起。指出宮掖，鍾給事以風聞劾之，主試張宮諭調南去，中式者至荷校，蔡侍御請從寬被重貶，而北京兆主試一差，皆目為苦海。戊子指摘尤苦，至覆試而猶未定，饒比部疏更苛峻，直至辛丑王緱山會試、廷試俱第二而後中外帖然。然主北試者，亦先一年歿矣。辛卯之役，南主試為陸太史可教，北為馮太史琦。榜出後，禮科都給事中胡汝寧出疏糾之，陸、馮辨闈中事甚晰，二太史俱無恙，而胡反受挾私抵飾之議矣。蓋先一科饒比部疏侵閣臣，不無過激，而胡特疏參之，饒又胡同郡人，一時多不直胡者。至辛卯而事勢已變，馮、陸又詞林所推許，胡不識物情，不惟白簡見詘，御史馮從吾等復彈治之，次年癸巳竟坐不謹斥。向來所居為奇貨者，一旦喪氣失志，無所措手矣。又閱一科為丁酉，議者復起，則專主副考焦太史竑。庚子又起，則專主副考顧太史天埈。自此以後，或默或嘩，又非予所得而言矣。酉、子二科副考，初係陪推，俱越前資數人，久不奉旨。此入闈之夕始下，則已不及辭矣，豈命當罷毀，因而誤受眷知耶？或云政府素憎二人，故投疑網以窐之，未知然否。」《遊藝塾文規》卷八《正講五》：「丁丑以前具載《心鵠》諸書者俱不論，論近科鄉卷。汝輩今以鄉卷為急，故備論之。」「庚子解元北畿趙維寰有學有識，議論高遒，筆力縱橫，所謂鐵中錚錚，人中皎皎者。省中疏論文體，而乃首詆之，誠不知其解。如破云：『聖心無能，於論多能證焉。』以『無能』之旨作『多能』辨證，盡有玄解。承云：『夫多能不貴於君子，乃以擬聖人乎？即其所自明，信無能為聖矣。』『無能為聖』，原是夫子所自道，且順破逆承，句法甚健。今乃摘破首句，摘承末句，並在一處，目為不通，冤矣！其起云：『且道，人無不與能，而及其至，聖人有不能，故聖心自道，恒曰我無能焉，非真無能，道不容以能不能象也，矧其以多不多衡也，有如大宰之聖夫子，至若神其能，以為非聖人不有是多者？夫聖人一生精力，弗用於天下國家，乃直取精象數；聖人畢世功夫，弗凝於淵源根本，乃暇計力餘緒哉。』『聖人不能』及『我無能焉』，皆夫子口中語，亦夫子意中事，引作起講，最有典據，且又從『能』說到『多』，而入題處竟承『多』字說去，故云『以為非聖人不有是多者』，此句最有力。『弗用於天下國家』，含下『少賤』及『不試』；『弗凝於淵源根本』，含下『鄙事』及『不多』，最有針線，最有筆力。又論其大講處『將聖』一節對『大宰』一節，以為失體。夫作文之法，整齊處須出幾句參差語，參差處須用幾句整齊語，故有人所不對，而我獨對者。如嘉靖丙午浙江『一鄉之善士』全章，解元高鶴將『友天下之善

士』二句對『誦其詩』四句，論理則不倫，論體則甚整。又甲辰會試，《孟》義『使禹治之』一節，論書意該重治水，下面驅獸安居，皆由此而致者，故通場皆散做，獨昆湖先生以『治水』、『驅獸』兩兩相對，既雅且馴，遂成絕唱。然則即以此二節平對，亦非大失，況維寰此作特以流水文法，將大意提挈起，而下面重發揮『大宰』一節，最有力量。其文云：『是未知能非聖人，蓋由天全，子貢有所獨窺天縱也；而能非名理，盡皆末枝，夫子固羞稱鄙事也。何也？性體無歧徑，正以無歧而挈閱覽多，則於本無歧之內忽起一紛賾見，而名象愈廣，真性因以愈漓，故欲盡融名象以還性體者，紛賾不必參也。心靈不遍物，正以不遍而宏獨運多，則於不必遍之中忽馳一炫鶩見，而才情彌增，真心因以彌局，故欲盡斂才情以完心靈者，炫鶩不必騁也，君子而多乎哉？』過處略用大意揭起二節，而後面發揮下節甚重甚透。今略其重講下節之意，而祇說平對，如闔門市人收買良家骨董，不窺古色，惟索瑕癥，蔑珍玩爲凡品，斥至寶爲無奇。此或有爲者言之，定非楊公筆也。後云：『蓋子嘗云「吾不試，故藝」，識牢之言，夫然後知博學成名，固夫子平日所甚口，而射御釣弋之類，偶爲弟子微言之，皆無能自道之本旨也。』此處不對而單收，最有筆力。『博學成名』、『射御釣弋』皆夫子實事，典而且古，『無能自道』又與起處相應，意、調俱高，而疏乃云：『繳更迂縱。』以夫子之自言證牢之所引，烏得爲迂？且對則詆其失體，不對又詆其爲縱，其責於人，終無已乎？」

浙江鄉試，沈應華、李於鴻以用「組修」、「見解」等新奇字眼，幾乎被黜。

《遊藝塾文規》卷一《詞忌》：「庚子浙場，先將時文新奇字眼，逐一拈出，各分一紙。房考官取卷呈堂，堂官專揀其有犯者黜之。沈應華以『組修』二字，李於鴻以『見解』二字，幾乎被黜。嗚呼，嚴矣！然績學邃養之士，往往坐是見抑，連城隱璞，卞生揮涕，流水離弦，鍾期拊心，以數尺之汙，而棄合抱之木，此志士所以動容，而英雄爲之浩歎也。竊謂時文字眼，出自『五經』者，皆不須忌。如『幻』字，今人所最惡，然《書》曰：『譸張爲幻。』字出壁經，何須深避？『遹』字出《詩經》，《詩》云：『謀猶回遹。』此類甚眾，不能殫述。然有時所不忌，實無理而不用者，如『蒼生赤子』，今時文去下二字，祇曰『蒼赤』，未審所謂蒼赤者，果何物也？又如『林林總總』，今

祇曰「林總」，又如『獨行不愧影，獨寢不愧衾』，今除去『不愧』字，而祇曰『衾影』，此等處皆礙理難通。善作文者，祇要描寫本題正意，豈必求奇於句字之間？祇用尋常字，而發揮吾無限道理，乃是作家。」

今年鄉試，有「君子博學於文」一節等題。

《遊藝塾文規》卷八《正講五》：「凡作長題，最貴變化，若依題敷衍，便是俗筆。第二名陳勳將『大宰』、『子貢』一齊提起，下祇以意發揮，『大宰知我』一節，亦祇渾渾敘去，最有法度。其文云：『夫聖衷空洞無有，安得取一切技能之跡，納其中而為之名？即聖性受天之全，亦焉用藉眾多才藝之粗，益其外而為之贅？』惟上面先提『大宰』、『子貢』，故此處祇虛虛混講，而意自躍如。接下云：『亦且知夫多之無貴於哉？用惟施於泛應，童蒙之所得而習，畢賤之所得而遊；業雖擅乎兼通，曲士視之以為奇，天道視之以為鄙，君子不然。君子性體從何而出？出於太虛也。虛中本無一物，則能之想既不生，而多之名亦不立。君子之作用以何為歸？歸於易簡也。易簡自成變化，則能之事既以融，而多之名亦不立。』略去題語，渾融發意，而出入自如，整潔中圓轉成趣。第三名黃立極起云：『大道無名，割之即百千萬狀，總屬後來之枝葉，而俗士每誇之以為能；聖學無象，出之即變化無窮，總屬神明之作用，而曲士每侈之以為多。故如太宰之論，而子貢之兼之者，非所以為訓也。』陳勳先提『大宰』、『子貢』，次作二比，此先作二比而繳出『大宰』、『子貢』，皆一法也。接下云：『亦未知多能鄙事耳。道無多也，一務於多，則多之中多也，多之外又多也，愈多愈無盡，而道反受其不足；道無多也，君子亦與無多，則多者無也，不多者亦無也，愈無愈不可窮，而道益含於有餘。』本房批云：『霹空將「道不多」發二比，意深語幻，而於章旨甚有關鍵。』又批云：『叫起一句，良是作法。』劉餘光末二比用兩『則』字起，似縱筆疾書之文，而收合有法。其文云：『則我之知於大宰也，不過知我之多能，而多不出於君子，我之非聖，其何如焉？則我之有此多能也，惟是求能於少賤，而聖且未詣其境，所云天縱，其又何當焉？』文勢甚順，文機甚活，而照顧前語，纖悉不遺。十五名祁承爜通篇皆佳，文云：『不知聖非能成者也，又非聖之外而更自有其成也。蓋識能於聖之中，則聖即其能；而執聖於能之內，則能終為藝。果如大宰之論聖而專言多也，固緣能以測聖，而聖以能掩；即如子貢之語聖而兼言能也，亦援縱以明多，而能以聖分。要皆從其能者以見

多，而不會其多者以歸聖矣。由夫子而言之，即有其能，而以少賤故也，其為鄙事也可知；即居其多，而以為鄙事也，其非君子之所貴也又可知，君子而多乎哉？方探本於一無所有者，而名言象數已盡融之於獨覺，寧至以炫博者分其神？又默化於無所不有者，而聰明才技已盡銷之於寸衷，寧至以鶩多者馳其念？蓋神聖之本原本超於智慧多寡之外，非無有錯綜變化之用，而其渾然者自如；大道之體要亦蘊於技能未著之先，非無有迎機應用之真，而其沖然者自若。試觀子之所云，不曰不試故多能，而直曰不試故藝者，明之乎離聖以語能，則祇為曲藝之事，而不試以徵藝，則信為少賤之能，其與大道之不器者不相倫矣，而況其泥之以為聖哉？』機軸甚圓，詞理甚密，點綴明爽，聯絡有情，此亦魁元之選也。」「『在上位』四句，趙維寰先總起，次分做，後又總繳，此常格也。造語清新，言言入解。中二比云：『以故在上位不陵下矣，夫本非有陵之心，特懼以狎侮嚥體統而姑抑之也。當其養尊時，已知分有崇竣，道無傾軋。吾入其間，既得為不愧於下，即吾位已畢，原非假借於下之附我以成吾上也，則陵亦奚自生也？在下位不援上矣，夫本非有援之心，特懼以躁競於清議而強遣之也。當其營職時，已知分有卑冗，道有光明。吾入其間，既得為不負於上，即吾位已終，原非憑藉於上之顧我以成吾下也，則援亦何自生也？』調法入古，而理意兼到，神境超然。本房批云：『「得不愧於下」，「得不負於上」，祇此二語，便足不朽，且二「得」字入解。』黃立極輕提輕繳，中作二大股，此是兩扇格。體裁雅密，轉折精到。其詞云：『上者威權在御，其勢易逞，而又環視下之人，皆我頤指使者也，其誰不陵？故或輕人而重己，或抑眾而獨尊。君子曰上位非以寵我，有所用於我也。我惟行其所得行，以求不負此位耳，豈其視為長傲之資，而憑權藉勢以陵乎？必不然矣，何也？君子之心，惟有自得，無論陵之拂而不得，即陵之順，亦非自得也。固無事制之而陵自忘矣。下者勢位猶隘，其志易移，而又習見上之勢，常以恫嚇我者也，其誰不援？或附重而藉資，或媚尊以取榮。君子曰下位何足小我？我自有行於下也。我惟為所當為，以求不忝此位耳，豈其取為希寵之媒，而阿諛逢迎以為援乎？必不然矣，何也？君子之心，惟知行素，無論援不得而非其心，即援之得，亦非吾素也。固無用遣之而援自忘矣。』紫陽以上節屬『素位而行』，此節屬『不願乎外』，不惟文勢破碎，兼理意亦甚紕繆。不知上曰『自得』，下曰『正己』，原自照顧；而『素位而行』與『不願乎外』原非兩事。此作前比根定『自得』，後比根定『行素』，一滾發揮，

盡掃支離之習，此時文之勝注者。王光鉉起四比，繳四比，中祇作二小比，文甚真切，而繳尤勝，云：『境雖相對，而吾以無畛無域者，化其境於兩忘，用能使上下合為一機，而神情交靄；理本平分，而吾以不增不減者，安其理於共慊，故能使陵援融於念慮，而客氣潛消。蓋不以陵下之心分其上位之精神，而所為行於上者，始足以完吾素矣；不以援上之心分其下位之精神，而所為行於下者，始無所虧吾素矣。』本房批云：『意入理窟，而詞亦雅煉，足以達之。』劉餘光通篇皆佳，其文曰：『身位上而所願在下，則奚陵念？身位下而所願在上，則奚援念？至陵與援叢於心而擾擾無以自寧也，亦何自得之有？而君子既自得矣，彼且空洞中灑然其無所留也，不知我之外有位，又烏知孰上孰下之在我？彼其意念外漠然其所無著也，不知上下之外為誰，又烏知可陵可援之加於彼？無論恣睢暴戾顯而為陵跡者無之，而君子無意制陵之念而陵不生也，且業業乎懼無以為下觀而招慢侮，正其不陵之心所反照於躬，而實踐者然也；無論卑伏屈抑彰而為援跡者無之，而君子無意制援之情而援自化也，且凜凜乎懼無以副上責而致愆尤，正其不援之心所還飾於身，而善體者然也。蓋位上位下，君子本以位為寄，而又未嘗不盡其責也，則不虛其位，而以心為安可知也；不陵不援，君子本以心為真，而又未嘗不因其寄也，則不馳其心，而不為位窘可知也。故上無所謂陵，而陵在上之外，則其不陵，惟安其上者能之；下無所謂援，而援在下之外，則其不援，惟安其下者能之。』根『自得』講既有理，而中二比用意斡旋，尤覺出色。繳處刻盡精到，而以淺語發之，真可謂脫塵垢而遊上清者多。第十五名祁承燦亦卓犖不群。文云：『上下遞乘，而為位是實，有所為位者在矣，位在則當實意以盡於位之中；陵援互萌，而為願是本，無所謂願者在也，無願則又當虛心以聽於位之外。故其在上位也，下非無望而重焉者矣，而下之所重，自重其在上位者耳。我輒因下之重也而起一陵心，既揣於我之可以逆施，又揣於人之可以逆受，是此中逐逐，反為下所役也。反求於上位之中，豈更無所圖而惟陵下之為務？吾不見位中有可矜之我，自不見位外有當陵之人，而計較於可陵不可陵之間者，又其後者矣。其在下位也，上非無習而輕焉者矣，而上之所輕，自輕其在下位者耳。我復因上之輕也而起一援心，既度於我之可以求容，又度於人之可以我受，是此衷營營，徒為上所苦也。自反下位之內，豈更無可振而必援上之是圖？吾不見位中有可卑之己，自不見位外有當援之人，而揣摩於可援不可援之際者，又其後者矣。』實講從『心』上說入細，

足徵體認。」「『吾爲此懼』二句，趙維寰中四比甚佳。其文云：『吾且爲先聖閑仁道乎？仁道之精醞釀於性靈者，豈兼愛能蝕？獨無奈彼之從外翳也。吾今就所翳處揭而出之，第使無封於外，即內之醞釀者若設之藩矣。吾今爲先聖閑義道乎？義道之精凝結於性體者，豈爲我能侵？獨無奈彼之從外撼也。吾今就所撼處堅而持之，第使無搖於外，即中之凝結者若樹之屏矣。道之寄寓，近不逾己心，閑聖道者，非閑之先聖也，取先聖憂道之心以固己心，而振此幾希之緒，則道閑於我，而功被於筆削；道之寄寓，遠不逾人心，閑聖道者，非閑之先聖也，殫吾憂道之心以防人心，而延此一線之脈，則道閑於人，而力勤於知罪。』凡制舉義潔而不精，則神光不透；精而不確，則意境不眞；確而不流動，則機局死板，皆非利器。此作甚精甚確，又甚流動。『固己心』、『防人心』二比卓然獨創，是有關係文字。陳勳通篇皆好，文云：『夫天下之患莫大於人心先已漸滅，而人類之禍隨之，其蕭然之象可令人悲，而吾目擊世風，何能無懼？其使予恚而不能釋於懷也，彼唯破聖道之閑，浸尋以有今日也；予今復不疤而晏然勉於閑也，天下將有無窮之懼，陵夷豈止今日也！先聖仁義之故六通四辟，何庸復設之藩？而彼寢而逃矣，且胥天下之言而爲叛矣。吾度勢且甚疤，將身遏其衝而爲之衛，衛先聖如線之脈也。夫懼者之爲計，不得不出於此也。先聖仁義之精眞不可破，何庸更樹之堅？而彼且竄而入矣，且益內向之敵而助之攻矣。吾虞其患之方大，將力當其潰而爲之翼，翼先聖不壞之眞也。吾庶幾藉以釋懼，則亦惟恃有此也。蓋救人心之禍，其權在道，而當人心橫流之日，道尤倚人之權以爲閑；撥前世之亂，其權在聖，而當聖遠言湮之世，聖亦俟人之力以閑道。彼何人者，能挾其猖狂自恣之資，以與先聖衡？而予乃爰其昌言擊排之力，以爲斯道憂。且徒抱此大懼，將默以貽誰？抑既潰此大閑，雖戚而何補？予其敢乎哉？』起處說『懼』字，令人警省，眞可太息流涕。中間挑剔『閑』字，甚得肯綮，無一語不入情，亦無一語不逼古。黃立極實講云：『我覘其潰，而心爲之懼也；必防其潰，而身爲之衛也。先聖有仁，本萬古不可磨滅，而有無父者得而掩之，奈何當吾世而有此也？吾蓋凜凜懼焉，思所以再振之而令昭揭宇宙也，則予志也，予責也，而不得不力任之矣。先聖有義，本千載不容遏絕，而有無君者得而塞之，奈何當吾世而有此也？吾蓋兢兢畏焉，圖所以復興之而炳朗乾坤也，則予心也，予分也，而不得不重承之矣。』先做二句，後以『仁義』講二大比，語平夷而甚確，氣矯舉而復斂，可法也。祁承爌後繳云：『蓋

持勝心以衛道，即道亦成私，惟懼則意氣盡融於陽厲之中，凜凜乎從容以闡繹，而邪正之辨不激而自明，使聖道之昭垂者，若乾坤之既闔；執浮氣以擔當，其擔當未切，惟懼則精神盡聚於入微之念，兢兢乎深心以密求，而仁義之說不揭而自著，使聖統之經世者，若日月之晦而重明。故當其峻吾道之體，若驅邪說而拒之於外；然及其廓吾道之量，又可收異端而徐化於中。』從『懼』字上聳起精神，而思深語愷，得未曾有。」「『君子博學於文』一節，南京試官今年似重華藻，故時髦譽士，靡不見收。解元李胤昌不拘拘於理路，而繪詞琢句，霞絢雲蒸。其文云：『蓋天下之委然而成，燦然而章者，豈不縱橫流漫，而細會之則脈絡可尋；吾心之不繩而束，不矩而方者，豈不易簡真實，而旁印之則纖微必貫。是以刺經考藝，聰明之所出入，君子不謂多方，夫寧廣肆為名也者？要以至廣成於至要，約而收之，天然自有之則可程也，是錯綜變化之所由總也。玄覽冥搜，神情之所綿邈，君子不妨旁寄，夫寧擇華為富也者？要以至華返於至樸，約而歸之，此中無體之精可會也，是象數名理之所由合也。靜觀宇內之賾，皆從典要中受名受數，而特借無不知之神識以會其歸，則其所默然存諸中者惟有一禮，欲尋其證入之端而已化矣。歧中之歧，象外之象，夫豈有蔽焉？動觀本然之體，正於發竅處自合自分，而特緣無不通之條貫以返其妙，則其所凝然而託於神者惟見其約，欲覓其假途之跡而已亡矣。賾而不厭，動而不亂，夫豈有格焉？蓋以博為博，即同是綜覽之用而內外橫分；從博取約，則不設精粗之見而源流自合。』渾融雅暢，字字如挾風霜，極利之文也。姚汝化中二比云：『耳目所及，耳目所不及，既為天地之所有，孰為吾心之所無？而以博采者，又以約反之，方且就名物見天則，則吾心自有之文章，所為斂之彌實者也。見聞所到，見聞所不到，既為宇宙之所陳，孰為吾心之可置？而以學入者，以禮收之，方且就枝葉見本根，則吾心自然之條理，所為探之彌精者也。』語意精奇，如平地突起峰巒，自然堪當。張國偉獨重『約』講，中二比云：『天下惟文之為數，紛紛而不可紀極。吾泛涉之而精收之，久之，耳目見解，刻落無餘，獨留此切實不浮之意以為檢押之精，是禮之真也。是於無可紀極中損之又損，以至於品節威儀，猶以為涉文之意而弗務也。天下惟文之為物，虛浮而不可把握。吾虛收之而實履之，久之，訓詁糟粕，削滅殆盡，獨留此篤茂無文之體以為約束之具，是禮之本也。是於無可把握中精而益精，以至於進反陞降，猶以為屬禮之粗而弗滯也。』空講最難湊泊，此獨融洽透露。收云：『蓋謂文與禮

二者，此日增，彼日減，即兩者已自相背馳，而文之真精處即爲禮，則充拓我聞見，即以涵養我性靈，不相踦也，而何畔焉？謂禮與文二者，先患其不足，後患其有餘，即一事亦不相浹洽，而禮之英華處即爲文，則開拓其胸襟，即以陶鑄其德性，不相悖也，而何畔焉？不然，天下離經之行，多出窮經之徒，而異學之習，類非淺學之士，豈非徒博之害而約之功未盡哉？』文禮合一，是孔門家旨。張以誠中二比云：『非必以博開其始，約收其終，但隨博而加之以約，則一見一聞，總會心之真境；非必以文拾其粗，禮掇其精，惟即文而見其爲禮，則徹內徹外，即渾合之真機。』本房批云：『將禮文博約，打成一片，精瑩渾厚，元氣未漓，老手筆也。』諸作並以『文』、『禮』並起，左光斗獨單提『禮』字，甚得旨。講云：『緣跡象以究神理，即物物具一矩矱，何嫌廣搜焉？愈搜愈精，而身心性情之矩，已昭然露列於形色間，收而攝之，皆故物也，安見文屬外而禮屬內也？略糟粕以窺精蘊，即種種具一條理，何嫌備稽焉？彌稽彌實，而視聽言動之則，已顯然印證於法象間，返而歸之，皆固有也，安得博屬先而約屬後也？約禮原屬行一邊故也。』『身心性情』等語甚切。繳云：『蓋畔非必盡騖於文，即著意逃虛而有物不化，則意見才情終爲伎倆之私而與道離；不畔亦非必株守於禮，即取精甚多而持循有主，則口耳才華亦借爲根本之用而與道協。』諸作於『畔道』處但寫其意，而此於收束處獨露精神。繆昌期原係宿彥，筆鋒峻利，說理亦精。其文云：『禮非外飾也，所謂不規而自圓，不矩而自方，是道之常儀的也。試縱覽宇宙內之總總色色，樊焉遞獻其形而遞相爲湊泊者，意必有規矩存焉者耶？就此一收束，其於道之儀的，未背也。禮非內局也，所謂增之則加多，減之則加少，是道之真脈絡也。試旁采古今來之見見聞聞，委焉各呈其章而各相爲糅雜者，意必有不可增減焉者耶？就此一總，挈之於道之脈絡，未隔也。謂先文約禮者，是力有所據摭，而因有所持循，道不若是之泥也。君子所博者是文，所以博者是禮，是故糟粕煨燼，盡化爲天然自有之中，而道以人心不遠。謂既博且約者，是一心於積貯，又一心於剗除，道不若是之歧也。君子以文博禮，還復以禮約文，是故天地萬物，盡收爲神明自肖之則，而道以當體即真。』融液貫串，絕無齟齬，是理題之粹然者。張紹芳講末句云：『畔者，偏也。本原未溯，而因博起蔽，因蔽起偏。惟會之於禮，則愈擴愈融，直已與大中者合，而不開其竇，孰生其畔乎？畔者，畛也。性靈未徹，而因文成跡，因跡成畛。唯統之以禮，則即外即內，直已與渾一者遊，而不啓其

徑，孰覘其畔乎？』本房批云：『以「偏」、「畛」形容「畔」字，最親切有致，而氣味更沈雄。』錢龍錫講云：『夫人心原有此禮，墮於寂，或密逾而不自覺。夫且有弗學，學必惺之乎心，而默成之質，斯不已漸符乎？人心亦止有一禮，逐於象，或揚軼而不自主。夫且終日學，未始殽之乎學，而成性之妙，斯不亦漸合乎？』通篇雅思入玄，望而知其名士，此二比尤洞析玄闉。王元瑞通篇皆佳，先起云：『文未嘗不學也，而不逐於文，禮於是乎啟其籥焉；學未嘗不博也，而不溺於博，約於是乎關其門焉。』提得爽朗，甚有法度。後講云：『夫道本無合無分，約之見尚存，而約之意未化也，似不若渾忘者，並去其返要之心；學必由精心一，文在而不騖於文，則禮在而亦不膠於禮也，奚至如汗漫者，徒執其畛域之見？學不與性為一，性反以學而歧。夫既即象即神而窮性之變，復定性之準，則本自無歧之域現前皆是，第守此而益密之，且漸覺其相親矣。學不與心為符，心反以學而隔。夫既即實即虛而溯心之流，復會心之源，則本自不隔之閭觸處即呈，第循是而益熟之，且不苦於相持矣。』匠心獨造，不在皮膚，想頭詞路，都自與人迥絕。胡允範後二比云：『吾不能於無名無象中遽收其玄妙，唯是知名象即為精神，而以粗入，以精出，雖耳目之研窮，罔非心極所融合也。夫惟融合則一矣，亦可以弗畔矣。吾不能於無見無聞中遽洞其竅奧，唯是知性術不離聞見，而散為百，聚為一，即從外之考鏡，罔非天真所凝貫也。夫唯凝貫則合矣，亦可以弗畔矣。』自會名理，自鑄新詞，矩矱中時露鋒穎。張維斗收云：『渾淪之體，無能執著，止就目前之境界以遊其藩，而漸入漸親，聽本真之自洽；冥契之功，無取支離，惟從合一之功夫以窺其際，而徐臻徐會，覺妙境之可遊。』詞煉意精，足窺實詣。鄭棟緻云：『蓋畔道者，其心類有所溺而不能出，而收文於禮，則博者特其備資，故始似騖馳而終有統會；畔道者，其心類有所距而不能入，而合禮於文，則約者乃其真詣，故隔閡不起而本體日親。雖上士化文於禮之中，而此不能不啟籥於博也，一貫之體猶懸；然下士歧禮於文之外，而此獨能茹精於約也，支離之習盡泯。其於道也，不亦可以弗畔也哉？』妙思綺語，相逐而來，讀之當無不擊節者。諸作起皆相對，獨夏昌期散起，便覺老成。文云：『君子思道無名無象，凡宇宙間之散見，皆吾人有用之文章，而其精搜處則要而可循，切而可守，即禮也。此非疏略之見所能涉其藩，亦非馳騖之思所能領其要者也。』用意散敘，蒼然古色。」

明神宗萬曆二十九年辛丑（西元 1601 年）

二 月

乙亥，命吏部右侍郎馮琦、禮部右侍郎曾朝節為會試考試官。

各分考官且陛辭入簾矣，至是閣臣再催，始得請云。據《明神宗實錄》卷三百五十六。

本科會試題。

本科會試題有《論語》：「畏聖人之言」，《中庸》：「庸德之行，庸言之謹，有所不足，不敢不勉，有餘不敢盡」，《孟子》：「是心足以王矣」。

戊戌，禮部取中會試舉人許獬等三百名。（據《明神宗實錄》卷三百五十六）

《遊藝塾文規》卷二《破題》：「場中觸目處全在破題，往時惟元破為出色，近則由魁而下，凡中式者皆欲爭奇矣，試觀新科墨卷，同一題目，而其破皆留神鍛煉，各自爭奇，新新疊出，此亦須於窗下預先料理。前輩諸名公皆留意破題，故所傳題意於主意之後，各作一破，蓋書意明白，然後可以作破，此緊要工夫也。凡元破必大雅、必的確、必平正、必渾融，於新奇之中時寓以渾樸之意。如新科許獬『畏聖人之言』，破云：『君子嚴聖訓於心，知所畏者也。』『心』字是本題緊要血脈，此眾人所共知，下句用『知』字，是先經以起。大匠作室，把定繩墨，不鑽研小巧，而自雄勝。諸卷義，眾人所未喻也。蓋小人不知天命，故不畏聖言。此處點出『知』字，最有骨力。」《遊藝塾文規》卷二《承題》：「會元承題無有不合法者。新科許獬『畏聖人之言』，承云：『甚矣！聖人之言，至言也。君子欲師聖人，而於其言也，詎敢忽諸？』說『至言』，便藏有可畏意，『師聖人』是題外補意，末句收得甚奇。戊戌『穆穆文王』一節，顧起元破承云：『即《詩》以求聖人之止，而人極立矣。夫至善不出於人道之外也，自非敬止如文王，而極何由止哉？』此是正破反承。乙未『仁者其言』全，湯賓尹云：『以訒言盡仁者，於訒之之心可想也。夫仁，人心也，訒言者訒之以難為之心，而以此思仁，仁可知已。』此是順破逆承。壬辰『知及之』全，吳默云：『聖人於知及者，而責以仁守之全功焉。夫道以仁守，極於動民之禮，斯全也，必如是而後為真知也已。』亦是順破逆承。

己丑『畜馬乘』一節，陶望齡云：『利國者不言利，徵之訓有家者焉。蓋國家之利在義，而利非利也，獻子直爲有家訓哉？通於國矣。』此是破虛承實，破祇言利而承兼言義，破說『徵之訓家』而承言『通於國』。丙戌『故君子名之』一節，袁宗道云：『君子知名之爲重，所以謹稱名也。蓋名正乃可言，而行所係甚重也，君子之無苟於稱名，固其所哉！』此是破略承詳，亦是破虛承實，『可言可行』與『不苟』二字皆在承中補出。癸未『吾之於人』全，李廷機云：『聖人無毀譽，而援民心之直以自信也。夫毀譽非直也，以直道之民而以直行焉，斯聖人之自信者哉？』此是破分承合。『毀譽非直』，先合而論理；『直道之民而以直行』，又合而指事。庚辰『如有王者』一節，蕭良有云：『聖人尚論夫王道，無近功者也。蓋治至於仁，治斯極矣，乃必世而後致焉，孰謂王道有近功乎？』此是順破逆承，亦是破虛承實。『仁』字、『必世』字，至承始露。其餘如『且夫枉尺』一節，顧起元云：『大賢甚言枉之非，而就以利情窮之也。蓋道不可枉，非以利言，即言利，亦有大不利者，利胡可言哉？』『非以利言』下亦宜用『也』字，今『也』字雖去，而起句固自在也。『言利大不利』，甚有議論，可式。『國有道』三句，湯賓尹云：『強有見於處達者，不爲達所移也。蓋有道而變塞人情乎？故惟不變足以見強，而君子於是乎能處達矣。』此是倒破正承，又破先言『處達』，而承後繳之，破後言『不爲達移』，而承先言之，錯綜有法。『憲章文武』，吳默云：『聖人之守法也，守之以心而已。蓋文武之心寄之於法矣，憲章之者，豈徒爲從周而已乎？』仲尼分明從周，而曰『豈徒從周』，便是進一格法。『舍己從人』二句，吳默云：『虞聖取善之大，惟不與以己而已。夫有己然後有人也，此舜之舍己所以爲樂取善歟？』是於平處而求其所重，乃一篇大旨。『出門如見』四句，陶望齡云：『聖人與賢者論仁，惟存其心而推之也。夫敬以存心，恕以推己，合之則仁也，故知爲仁在事心矣。』此是合破分承。」《遊藝塾文規》卷二《承題》：「承題最忌陳腐，歷來會元之承皆新警奇拔。如嘉靖乙未『賜也女以爲多學』全章，許穀承末不用之乎者也，祇用『固宜』二字收拾。今年許獬『畏聖人之言』，其承末句亦不用『哉』字、『乎』字。王衡破承云：『君子以聖訓警心，而畏斯密矣。夫聖言之理在吾心也，君子之畏聖言，亦見吾之心師而已。』破亦大雅，磊磊有元氣，承亦雅確。末句『見吾心師』更進一步。潘汝楨承云：『蓋心孚聖言，君子有得乎言之外，故其畏也，非徒恪守爲兢兢也。』曰『有得乎言之外』，則畏不在言，曰『非徒恪守』，則畏亦不在畏，皆進一步，

可法。吳亮承云：『夫聖人之言，言耳，而以君子承之，無不觸其眞聞者，其畏也，豈直佩服之而已哉？』『觸其眞聞』及『豈直佩服』，意皆在題外。鄭以偉承云：『夫聖言，心之解也，求之心自有不得不惕者，君子之潛心聖人如此。』『歸求心上』是本旨，收句有力便出人頭地。尹遂祈承云：『夫君子無念非天，而借聖言以自證，能無畏乎？』鄭重心，尹重天，各有意見。周瞻雲承云：『蓋聖言，聖心之寄也，君子畏聖以言，乃其自畏以心哉。』此與鄭同重『心』，亦是末句收得好。莊毓慶承云：『夫言出於聖，則世道不可無此言，君子所爲畏之也，一畏天心也。』此與尹同重『天』，格新語新。」《遊藝塾文規》卷三《起講》：「用句用字，俱要古雅精新，令人讀去，開口便覺不凡。如『畏聖人之言』，許獬云：『士生千百世之後，而希蹤千百世之前，非言無由尋，非畏無由入，故誦法聖人者，非徒窮理，亦以檢心也。』無一字不煉，無一字不雅，曰『言』、曰『畏』、曰『聖人』，括盡題旨。『穆穆文王』一節，顧起元云：『至善者，人心明德之體也。蔽於私則極以意移，澄於覺則極以心定，故聖人之所居，眾人之所馳也，吾嘗誦《詩》而得文王之止焉。』字字精新，令人觸目。」「起講要自發一段議論，寂寞處要尋音響，淺淡處要覓神奇。如『畏聖人之言』，蕭丁泰云：『吾人心學，恒自戰兢惕厲中得之，蓋靡言不察者也。而或從有聲入無聲，即以無畏儼有畏，則於往聖獨切焉。』『心學在戰兢中』便有議論，『從有聲入無聲』用意尤精。『穆穆文王』一節，李之藻云：『人之一身，眾善咸屬。就眾善而一一求所爲止，不若秉一敬而眾善自爲所止。敬者，聖人心法，即萬世止法也。』『萬善咸備』是一意，『就萬善不若秉一敬』又是一意，『心法』又是一意。又如胡來朝云：『學者欲登至善之域，靡不取衷聖人矣。聖人純其所爲心，斯能凝其所爲止，彼兢兢然望之以爲趨者，猶二之也。』『兢兢然』二句是用意處，無此二句便斬焉無味矣。徐良彥云：『吾人之求止者，非置之於一隅而已。心者，止所也；敬者，止法也，而群止皆其所通者也。』置之一隅，不可爲止，必通之群止，乃見其止，此是獨得之見。又如李元調云：『自有明德以來，類蘄於止，而有所以不迷於止之先，又有所以不間於止之後，於是止善甚不易，而談止者，不得不歸極於聖人。』『不迷』、『不間』於本題不甚切，而語意鏗鏘，便耐咀嚼。」「『畏聖人之言』，鄭以偉云：『千聖脈脈相傳之意，惟恃此不侮之心；此心兢兢相接之旨，獨寄之不朽之言。離畔者，反卑之爲無甚高論，心無忌憚，明訓所不能操也。』從『心』說到『言』，而以『心無忌憚』立說，不獨

意警，兼亦詞新。周士顯云：『畏者，心常惺法也。從不見不聞葆其真，而亦收聞見攝其衷。自顯攝微，君子三畏有無之非是者。』從『不見不聞』說到『聞見』，是其用意搜奇處。周師旦云：『畏者，人心之精明不昧，而緣以入聖之幾也。顧聖緣畏入，即此心之精明默契聖真，而後得其常惺之體焉。』『此心默契聖真』，亦見用意處。」「『庸德之行』四句，王衡云：『夫天下非必遠人之道始為難也，苟實求之，人倫全體之真，人情偏勝之處，要自有即易而成難者。』『即易而難』，便有意思。劉是云：『吾所謂道不遠人，非務為卑論易行以矯世而已。即此平夷之中，政自有難合之則。彼惟無從置力，故跳而匿奇，而不知奇自為奇，於道竟無與也。』就平易見難合，與王意頗同，而『無從置力』一段最醒人目。周士顯云：『君子中庸，庸也，所以為中也，止於中。道無有餘不足之分，而寓諸庸，人有有餘不足之見，是宜何置力焉？』道無有餘不足，人則有之，此是大議論。莊毓慶云：『天下環奇之事，得乘其氣力所偏重、心精所出入而為之。惟中正之理，其輕重低昂之則最為難合。為道者調之性則適，而反之中則平也。』借『奇』說『庸』，說皆懇到。『是心足以王矣』，許獬云：『自昔稱為天下者為之堂上，非堂上之足以為天下也。心不下堂而自運，則澤不下堂而自周也。吾王以羊易牛之心，何心乎？其王天下之心乎？』凡會元文字，祇平平說去，而道理自徹，不類小家，用句用意，須奇特也。『堂上』二字，原是本文，就此翻案，遂成絕調。商國祚云：『以天下之大也，語王以保民，而王必且自駭矣，豈知忽然萌動之中，有適合其心體，而無心怵惕之見，有忽動其王機者，人不能識耳。』句亦渾雅，意甚清徹。吳亮云：『論王道者本於誠意，而意之動處原本於心，故襲跡而談經濟者，百相飾而不足；根心而探王道者，一反求而有餘。』語意錚錚，鏗然入耳。尹遂祈云：『王者，在宥一世，獨有心耳；心者，合萬形屬以一脈，豈有盈虧？然得全於心者寡，則剝後之靈機，亦王道之端也。』『心無盈虧』，自是實理；『剝後靈機』，亦是實事，且造語俱奇，豁醒塵目。莊毓慶云：『保民豈惟在大？總在本原之地真不真耳。均此不忍，在世而世滿，在心而心滿；統此一真，彌六合則普遍，萌方寸則光明。』『世滿』、『心滿』，從來不經人道，從空拈出，躍然可現。起講有此格，極稀。隆慶戊辰許應逵『誨女知之乎』一節墨卷同此式。」《遊藝塾文規》卷四《正講一》：「應舉子業，須以墨卷為定衡，而每科會元，其文經十八房閱過，主試又翰林大老，所取必正大可式，士人不察，往往以和平為讕陋，以雅澹為無奇，不自知其識見之偶偏，

而反憾主司取評之無當。由是終身呫嗶，取途愈遠，老死場屋而不見收，宜矣。如今科會元許獬，首篇是一句題，誠難煉格。初看似衹平平，及遍閱十八魁，然後知其格局平正，體裁冠冕，詞氣舂容，理趣典暢，卒無加於許公也。本章原說『三畏』，起云：『君子畏天命矣，畏大人矣，至若』云云。提此二句，不必說『三』字，而『三畏』景象儼然在目矣。提云：『聖人視聽明威，未必如上帝之有赫，而天命之性與修道之教原無精粗；規爲制作，不盡若大人之遭逢，而見之實事與寄之空言亦無顯晦。』根上文說來，提掇甚明而語亦雅煉，如白雲起於岫中，不離峰巒之狀，而曲折有情，幽思自遠。接下用『君子曰』三字，格便出奇。先作二比云：『聖人雖既往矣，而其緒言未絕，則千古曠而如新；即聖言亦無奇耳，而其精義無窮，則終身由而不盡。』不說『畏』，而但描寫可畏之意，最玲瓏，最蘊藉。文字須從虛入實，如瞿昆湖《詩經》『彼有不獲稺』四句，墨卷起處不遽講豐亨之慶，而虛虛根『王澤』、『天雨』說來，最舂容可玩。此題若將『畏聖言』一句道盡，便斬然無味矣。先說『緒言未絕』，其意猶淺，後說『精義無窮』，則當畏之旨彌深；先說『千古如新』，此衹說聖言常在，後說『終身由而不盡』，則愈切而愈見其可畏矣。但初出本云：『聖人往矣』，後對云：『即聖言亦無奇耳。』長句對短句，參差不齊，甚有古意。後改本云：『聖人雖既往矣。』拘牽排列，反欠老成。實講云：『暗室屋漏之事，有人所未及知，而聖人言善言惡，已若揭肺肝而示之早，蓋情僞微曖，莫能遁矣，而烏得不畏？惠迪從逆之跡，有我所未及爲，而聖人言吉言凶，已若嚴斧鉞而待之先，蓋成敗禍福，莫能逃矣，而烏得不畏？』暗室屋漏，可畏之地也，人未及知，而聖言已揭其肺肝；惠迪從逆，可畏之幾也，我未及爲，而聖言已嚴其斧鉞。摹寫『畏』字愈深愈切，直逼真境，如良工織錦，縷縷合轍。次云：『以文章見性道，不畏則入理不深，故必澄心滌慮，極其戒愼，而後可以對聖人之言，則君子所爲，心常斂而常惺也；以恂栗爲道學，不畏則執德不固，故必周規折矩，極其齊莊，而後可以體聖人之言，則君子所爲，念常止而常定也。』前二比已將『畏』字講盡，此處更難下手，須再進一步，如妙舞霓裳，前曲已寫盡深情，而後曲餘音嘹亮，愈出愈奇，使人聽來覺少不得方好。今前說『烏得不畏』，此又從『畏』字中更深求其用力處。曰『澄心滌慮』，則不徒畏乎其言，而直欲檢吾之心；曰『周規折矩』，則不特心畏其言，而直欲身與之合。又從『不畏』說起，則文有開闔，而與上意不重。後從『君子常惺常定』收拾，則文有歸束，而體段甚雅。

又先說『以文章見性道』，是從末見本；後說『以恂栗爲道學』，是攝本歸末。說文章，則曰入理深；說恂栗，則曰執德固。說入理深，則曰對聖人之言；說執德固，則曰體聖人之言。說對聖人之言，則曰常斂常惺；說體聖人之言，則曰常止常定。脈絡相承，針線極細。但初出本云：『動而觀，靜而玩，何時不披歷？然苟非澄神凝慮，極其齊以莊焉，不能忘披歷也，吾生平所學，何學而可使幾微之或玩乎？擬而言，議而動，何時不質證？然苟非周規折矩，極其符以合焉，不能忘質證也，吾日用所事，何事而可使毫髮之或爽乎？』此二比與今所改定迥然不同。若論文氣，則前本以『動而觀，靜而玩』接上『鳥得不畏』，甚渾融合縫，其詞亦流麗可喜，如白雲自流，山泉泠然。後本更作，起端稍有痕跡，繁飾人工，頗累天巧。若論意趣，則初卷不如改卷多矣，今祇從改卷爲定。繳云：『蓋聖人爲覺世而有言，則其旨不得不凜，故既以微詞動之，復以危詞惕之，而譚吐罔非龜鑒；君子欲因言以見聖，則其意不得不虔，故既以實心體之，又以虛心承之，而日夕罔非冰兢。』此繳極的確，極平正，無一字不切題意，而咳唾珠璣，到處錦爛。末云：『此一畏也，即天命大人不悚息於此矣，然非知言君子，孰能有此畏乎？』如此記，如此束，首末相涵，極有法度。」梁章鉅《制義叢話》卷六：「俞桐川曰：古文之盡，莫如歐陽永叔；時文之盡，莫如許鍾斗辮。萬物始而含孕，繼而發榮，終而爛漫，其必趨於盡者，勢也。惟善用盡者，足以持之。永叔之文盡矣，而骨力峭拔，風度委折，使人不覺其盡；鍾斗之文亦盡，而遒煉古腴，人又不厭其盡也，鍾斗其時文中之永叔乎？東鄉、固城評鍾斗文，皆嫌其盡，湯若士獨曰：『同安學王、錢，王、錢之派至同安而盡泄。夫學王、錢者，非學其簡樸也。王、錢妙於不盡，鍾斗妙於盡。鍾斗以盡學王、錢之不盡，亦猶永叔以盡學史公之不盡。是故善學前人者，未有過於二公者也。』」「閻百詩曰：顧朗仲謂《孟子》『仁者無不愛』一句，原以急親賢爲急當務，故下節祇說不知務，可見論仁即是論知，無二項也。此等須融會章旨，始得其說。案：何義門曰：何待看下節，上云『當務之爲急』，此云『急親賢之爲務』，語脈正相承。故許鍾斗二句文起講云：『善治天下者，則莫不有所務矣，而當務之急孰急如親賢，此非知者不能知也，亦非仁者不能行也。蓋自古稱至仁，固從大知中出也。』」梁章鉅《制義叢話》卷十二：「《文行集》云：許辮，字子遜，同安人。性警敏，好讀書，雖寢食未嘗廢卷。爲文根究諸儒之說，名重東南，萬曆辛丑冠禮闈。初，辮計偕墮泥中，有張舉人某援出之，辮感其誼，

以所擬『畏聖人之言』單句題文示之，曰：『此余今科擬作，場中必命此題。積三年爲之，得文八十首，任君擇其一。』張閱竟，擇其一篇，獬回視之曰：『此篇六十名外進士耳。惟破題露「知」字者，乃會元也。』及入場，果命此題，榜發，獬果以破題露『知』字得元。張亦登第，名列八十五云。案：《百家萃評》謂許元墨破中照下拈出『知』一字，得之王文恪『畏天命』三句甲午元墨，蓋先輩作文未有無本者，否則正犯今人侵下之禁矣。而《明墨弋評》則謂：『下文是不知天命，不是不知聖言，一破未是。且文中亦不曾理會知字』云。又案：《明文百家萃》謂主試馮琢庵善衡文，得許獬卷，曰：『今之許子遜，昔之王濟之也。』遂舉第一，蓋即指破題露『知』字。然闈中即知爲許子遜而敢於昌言之，恐於情事不近也。」

本科進士許獬以制義擅名。

許獬（1570～1606），原名行周，字子遜，號鍾斗，福建同安人。萬曆二十九年（1601）進士，會試第一，廷試二甲一名，授翰林院編修。著有《八經類集》三卷、《許鍾斗集》五卷等。《許鍾斗集》四庫提要云：「是集大抵應俗之作，館課又居其強半。蓋明自正、嘉以後，甲科愈重，儒者率殫心制義，而不復用意於古文詞，洎登第宦成，菁華已竭，乃出餘力以爲之，故根柢不深，去古日遠，況獬之制義，論者已有異議，則漫爲古調，其所造可知矣。」制義有《許鍾斗稿》，俞長城謂「時文之盡，莫如同安」，又引湯顯祖語，謂許獬善以「盡」學王、錢之「不盡」。

《欽定四書文》隆萬文卷六錄許獬《孟子》「敢問交際何心也」一章題文。

文謂：「大賢之論交際不爲已甚者也。甚矣，聖人無已甚之行也，通此於交際，而何主於必卻哉？嘗謂聖賢之轍環列國，無非欲行其道於天下也。故天下而無重道之君，則不宜示以輕；天下而有重道之君，則不宜示以固也。諸侯之交際，其猶有重道之心乎？是可以觀恭矣。交之者爲恭，則卻之者爲不恭；卻之者爲不恭，則卻之以心與卻之以辭者皆不得以言恭也，皆非中正之道，而聖人所不爲者也。蓋聖人之所卻者，必其非道之交而後可也，而交之以道則不可矣；必其非禮之接而後可也，而接之以禮則不可矣；亦必其禦人於國門之外而後可也，而非禦人於國門之外則不可矣。禦人之盜，不待教

而誅者也，而移此於諸侯，是已甚之法也，王者之立法不若是之峻也；諸侯之於民，非其有而取者耳，而名之爲眞盜，是已甚之論也，君子之立論不若是之刻也。向使已甚而可爲焉，則獵較弊俗也，胡爲而亦從；祭器細事也，胡爲而亦正？而若桓子，若靈公，若孝公，皆非有爲之君相也，又胡爲而有行可之仕，有際可、公養之仕哉？亦曰彼其交以道、接以禮，禮均有致恭之心也；我若卻以辭而卻以心，均非委曲之權也。夫君子之欲行其道於天下，苟非委曲，何以冀一遇哉？故不爲已甚者，聖人之行，而孟子願學也。」評謂：「不於題外自立一意，不於題中提重一句，祇將題面牽搭說去，自成一片文字。若績麻之法，根根相續，更不另起一頭者。比之立一意、重一句者更難也。」「所惡於鍾斗之文者，以其老煉而近俗也。此篇則氣頗清眞，平淡中自有變化。特錄之以示論文宜有灼見，不可偏執一端。」

王衡（字辰玉）、商周祚之會試文字亦有名篇。

《遊藝塾文規》卷四《正講一》：「「王辰玉首篇亦是會元文字，不可概以魁作視之。其詞何等雅正，其氣何等春容！說理入微，而不犯艱深之態；用意周匝，而絕無斧鑿之痕。起云：『是聖言也，是聖人以其戒懼之精神，默攝夫後世之精神者也，而惟眞知戒懼者能默迎之；是聖人以其性道之文意，顯泄於載籍之文章者也，而惟眞知性道者能顯證之。』從『聖人戒懼』說到君子身上，又從『默』說到『顯』，字字有意，光華若朝霞，芬旨入九咽。先二比云：『故君子見其言，因見其所以言者焉，則人之載言也重；見其言，又見其所以見者焉，則言之束心也嚴。』虛而不實，淡而不厭。次云：『大而陳謨矢烈，皆天載散見之文，雖欲不齋心以事不可得也，則屋漏兢兢之念所爲，質之而加親，考之而愈密者也；小而受響傳聲，皆天則範圍之主，雖欲不洗心以承不可得也，則平居翼翼之衷所爲，觸之而皆眞，警之而皆覺者也。』以大小分對，微覺有跡，然『陳謨矢烈，對『受響傳聲』，用字清新，不落陳境，至『質之加親』、『考之愈密』等句說得入細，先『質』而後『考』，先『觸』而後『警』，一步深一步，儼如身履其事而親作工夫者。後二比云：『有形之鑒戒與無形之顧諟兩相檢持，則敬怠無互乘之隙，即吾防閑之力倦而欲愉，而一念及於素所仰承者誰人之典刑？有不悚然處惕者非情矣。不弛之心精與不易之名理兩相縮結，則神明無離合之時，即吾浮游之氣溢而欲騁，而一念及於素所步趨者誰人之彝訓？有不凜然斂束者非情矣。』講『畏』字親切，

不動聲色，而煜煜精研，直逼眞境，誠敦彝舊物、人倫冠冕也。繳云：『蓋稟聖人爲律度，而隨以律度定糾繩，則更不假徵色發聲而刪述之，緒詞動成懼府；奉聖言爲羹牆，而隨以羹牆寓斧鉞，則更不待人非鬼責而占畢之，末學舉成戒端。』以『緒詞成懼府』，以『末學成戒端』，講得極妙，蓋君子本心全在學聖人，故於不足畏處盡成可畏，斯爲妙境。又其詞亦雅飾，燁燁動人。近時淺學，專不肯用字眼，如律度、糾繩、羹牆、斧鉞、刪述、占畢、懼府、戒端等，皆欲刪去，而自撰一種清虛之語，以爲高正，如雅駒臨風，驕嘶自賞，而步驟未閑，彎勒俱廢；又如寒鴉數點，流水孤村，非不清楚，然景物蕭條，逼脫意盡，雖昧小儒之目，終虧大雅之軌。吾兒須熟復斯文，庶不終迷耳。收云：『是君子所爲惜學問、收放心，以誦讀友千古，而畏天命、畏大人之實際也，敢以空言視之哉？』『惜學問，收放心』，『以誦讀友千古』，論理則是眞道理，論文則是大議論。今年會試所取之文皆雅馴，皆和平，皆典彝，故十八魁中往往皆有元氣。第三名商周祚起云：『聖人以百世不磨之謨訓揭於天地，使後人顯有所制而罔敢屑越者，不可謂非言也；而以此生不往之精神託在言詮，使後人潛有所通而不至惝怳者，又未始不以言也。』此起極佳，以麗藻託新聲，以深思發眞境，舒錦瀉珠，瑩然可賞。首作二小比以『體驗』對『契合』，以『一念』對『四顧』，以『先哲』對『往訓』，字字不合掌，極純粹可愛。雖微涉塵境，終是作家。實講云：『帝典王謨，言皆芳範，而君子常以心自證，其無慚衾影，可上對聖人者幾何？必期事事可言而後自慊，則典謨在側，不啻有指視我者，而烏得無畏也？左圖右使，動有成憲，而君子時以心相質，則生平誦讀，可獨對隱微者又幾何？必期在在無憾而後即安，則圖史在傍，儼若有檢束我者，而烏得無畏也？』首二句說『典謨』爲『芳範』，是可畏之源，次三句是當畏之故，『必期事事可言』一句是畏之實用力處，末三句收入畏之實境，此起承轉合之章法也。又先說『以心自證』，是不求之聖人而求之吾心，後說『以心相質』，是以己與聖人兩相質證，極有次第，極有針線。後收云：『蓋於穆之機緘不可以意尋，而聖人憲天以立言，則聖謨之昭察，即屬屋漏之鬼神，曷敢不以若監若臨者祗承乎聖訓？有道之儀刑未得於目遇，而聖人修道以爲教，則聖言之垂範，已屬吾心之師保，曷敢不以亦步亦趨者恪守乎前謨？』從『天命大人』說來，會元用此於起處，商公用此於繳處，格異而法同也。末又繳云：『此非君子有所強持也，（此句不對，所以爲高。）聖人之可言即吾人之可行。夫惟以心會聖人之言，而觸處皆箴

銘。聖人以有言之言寓不言之言，夫惟以言會聖人之心，而隨念爲法而觸處皆箴銘。』聖人以有言之言寓不言之言，夫惟以言會聖人之心，而隨念爲法戒。尋題外之意，說現前之景，詞有盡而味無窮。第四名潘汝楨單提聖言，即以『聰明意識，尋聲測響』反起，此是獨創之格，與眾人迥然不同，亦可作元。其『步趨』二比，亦間雜虛融，綽有法度。開講云：『言有直指性天者，則神化之撰原非窈冥，敢以空寂置之？惟是從虛湛之宇隨言參合，則聖人所爲窮神達化之論，正顯示我以生身立命之橐龠，而轉會晤轉覺符合之爲難也，即片言必惕矣。言有昭揭倫常者，則日用之旨本自親切，敢以淺近置之？惟是從實踐之隨言印證，則聖人所爲道德仁義之論，正明示我以歸根復命之眞源，而愈體驗愈覺滲漏之多端也，雖緒言必斂矣。』剖精抉奇，沈著痛快，語意高而不平，露魁本色矣。『生身立命』與『歸根復命』等皆魁語，非元語也。繳云：『是以內觀於身，稍與言違，即加內省；動與言合，又懼外襲，固其抑畏之深心也。外觀於天下，則邪淫之說，不使加於其上；中正之旨，不使稍晦其眞，又其顧畏之實力也。』不離時調，發盡眞理，如韓信驅市人而戰，不必衣裝鮮爛，而布裩白梃，足以擒魏破趙。第五名吳亮講云：『其後聖人之世而載籍可稽，則勤炯戒於當年，而善敗昭如蓍龜，業以口誦之、心惟之，而若保若臨，敢弗畏歟？想其素所兢兢，必有潛攝其流覽者，而誦讀猶粗已。（更進一步，便覺意趣無窮。）其遊聖人之門而答問有教，則指迷途於頃刻，而法戒凜若準繩，業已面命之、耳提之，而是訓是行，敢不畏歟？想其中之惺惺，必有默操其矜式者，而習傳猶跡已。』人多認聖人之言爲書本上說話，吳公如此做，然後收拾得完。」「文字不難於奇而難於平，不難於工而難於拙，不難於濃而難於淡。然平須從奇而來，拙須從工而出，淡須從濃而生，乃爲正脈。故作奇者，初時當窮神極想，窺深入微，及琢磨既久，漸近自然，人力近融，天巧乃見。使泰山、華岳不礙流水行雲，海錯珍饈怳若太羹玄酒，令人初誦之若平平無奇，再尋之漸覺雋永，三復之則擊節服膺，彷徨追賞，此千古作文之法也。如辛丑元魁《中庸》之作，讀之似覺平平，而玩之皆有旨趣。許獬之格甚奇，先將『庸』字起二比，次重講『庸』字，輕拖『行謹』，又從『行謹』緊接『不足有餘』，蓋行謹工夫，全在不足有餘，故前面不宜重講。末又將『行謹』意重發揮以繳足前意。其講『行謹』云：『凡德皆德耳，獨是德也，命之爲性，智愚莫不同稟；修之爲教，古今在其範圍；蓋庸德實聖德也，而吾烏可不行？凡言皆言耳，獨是言也，矢口即是，夫婦

可以共知；稱性而譚，聖哲更無高論；蓋庸言實至言也，而烏可不謹？』不實講『行』字、『謹』字，而但從『庸』字上描寫其當行、當謹之意，最爲得法。本房批此二比云：『「至」字佳。』按此皆聖人所未能者，故須講得入細。此『至』字從《中庸》『其至矣乎』『至』字說來，便見鮮能之意。次二比云：『行之而不足，非不足也，皆起於厭其庸而有玩惕心，又以言之有餘而益成其不足也，行僅如斯而已乎？吾業已行之矣而不足，敢不勉歟？謹之而有餘，非有餘也，皆起於忽其庸而有恣肆心，又以行之不足而益成其有餘也，謹但如斯而已乎？吾業已謹之矣而有餘，可或盡歟？』從『行』字說到『勉』，從『謹』字說到『不盡』，句句相粘，從容不迫，甚有法度。本房批云：『悠揚曲盡，讀者須想其悠揚之趣。』繳云：『蓋行雖有時而當謹，然庸以外則宜戒，庸以內則宜勉，勉之始成其爲庸，不然則半途之廢耳；言本無時而可易，故庸以外則宜閑，庸以內亦宜愼，愼之始成其爲庸，不然則尚口之窮耳。行本懼其不足，而曰有時當謹，則行亦言也；言本懼其有餘，而曰無時可易，則言亦行也。』二比重發『行』字、『謹』字，始收得本文意盡。王衡先將『行謹』及『有餘不足』意一齊羅起，復卻以意斡旋，縱橫出入，矯矯不羈。本房批云：『是何等識見？是何等格局？』今看來此格實勝會元。正講云：『是其跡易踐也，其事易循也，惟深而察之，名實相合之符，意象不交之地，柔情惰氣，多有乘而弛者，而後知行之易於不足也；是其數易知也，其名易謹也，惟細而勘之，心口相符之時，人己互責之際，驕心浮氣，多有乘而溢者，而後知言之易於有餘也。』『深而察之』、『細而勘之』，皆進一步法也。文字若祇在皮膚上講，無以動人，故須深求一步。又云：『行以庸爲標，常進而起之，僅求以如其德而止，而其功已百倍矣；言以庸爲繩，常退而守之，僅求以如其行而止，而其口已三緘矣。』末句收得有味，便躍然動人，恨『如其行』一句犯下『顧行』。繳云：『蓋擇此一尋常之道居言行先，則日用之精神，自各以其分受益受縮於日用之規矩，而奇邪爲之默化；持此兩不敢之心立言行主，則參差之情識，自各以其則隨張隨弛於參差之權度，而偏倚爲之盡消。』論詞則調從心創，皆是不經人道語；論理則發揮精徹，題意朗然。商國祚講云：『欲使不足者至足，而止求其赴，必有不赴者矣。此惟知鼓力量以爲進修，而有銳毋怠，直以有餘制不足也。欲使有餘者無餘，而姑愼其出，必有妄出者矣』云云。此須互講來，方得肯綮。潘汝楨起云：『必也庸德行焉，庸言謹焉。其原於天也，爲生人之大常也，故一措足莫能外，一啓口不能離也；其

竅於用也，爲現前之修持也，故德如行之必赴其途，而言如鑰之必緘其局。』『赴其途』、『緘其局』雖似落跡，成弘以前文字多有如此做者，得此總提，格局甚覺冠冕，氣概甚覺正大。次講云：『行惟庸，是從性命中操爲躬修，則其量難滿，非若奇行之可以旦暮竟伎倆增也者；言惟庸，是從性命中泄爲擬議，則其神難守，非若浮言之可以一忍制三緘勝也者。』此處順講是常格，今卻反講，使題意分明，讀之朗望。吳亮繳云：『蓋增修不逮之德，若見其多，而勉之又勉，僅亦成其爲行，而懿德之本體無加，何也？庸故也。寧留不盡之言，若見其少，而損之又損，乃始成其爲謹，而恒言之旨趣無減，何也？庸故也。』庸，故無有餘不足也，增而不多，減而不可，遂成一段議論，末句單收是好。劉是後二比云：『孰是行也而可不足乎？夫既已行之，敢復不勉？何者？不足在庸而靡焉敝焉，則是夫婦知能可虧而損也，此向者半途之弗已，而寧不進焉以企於庸也。又孰是言也而容有餘乎？夫既已謹之，安敢復盡？何者？有餘在庸而曠然蕩然，則是天地聖人可軼而上也，此吾隱怪之弗爲，而寧不約焉以合於庸也。』以『夫婦知能』屬行，『聖人天地』屬言，於理未愜，但藉以發明『有餘不足』之意，甚覺明暢，所謂雉蛇假合，天地間自有此等道理。周士顯後二比云：『非以言之有餘視行，行始不足，當在庸德習見而習行之已自不足，有必行之德，則有必勉之行，儻待不足而更端，始淬勵晚矣；非以行之不足視言，言始有餘，當在庸言習聞而習言之已自有餘，有必謹之言，則無必盡之餘，儻待有餘而更端，始強閉晚矣。』文字必更進一步，方有意義。此二比句句比他人深一層，可式。曹珍云：『顧事有矯矯見奇者，一求之遂無不足而德惟庸也。人情物理，近在耳目之前矣，天下之難合，孰有如耳目之前者乎？議有矯矯見奇者，一斂之無復更餘而言惟庸也。翕張談吐，舉屬日用之故矣，天下之難持，孰有如日用之故者乎？』祇就『庸』字上發一段議論，較他人更覺切到，可喜。周瞻雲云：『奈何薄爲庸德也而不行乎？毋論離跂而趨，將隨行隨困，顧庸德何物，而若此泄泄爲？奈何薄爲庸言也而不謹乎？毋論叛常而擬，將多言多累，顧庸言何說，而若此劌劌爲？』此是奇而不平者，然語新調新，亦是可人。王繼美云：『行者，一一赴之實踐，未嘗以難心委之，然知其難者即難也，（此句好）而不足恒因之矣；謹者，一一守之拙訥，未嘗以易心出之，然慮其易者即易也，而有餘恒因之矣。』此推深一步，與諸公同法。」「凡文字直衍其詞，不如曲寫其意。許獬《孟》義通篇祇模寫足王之意，並不實講，而舂容醖藉，一洗俗套。起二比云：『夫天

下雖大，惟心則容，不患不容，第患容之無其端，而王有其端矣；天下人雖渙，惟心則合，不患不合，第患合之無其倪，而王有其倪矣。』祇挑剔『心』字，而足王之意隱然言外，更不指實。次接云：『同此好生惡殺耳，豈有在此流行，在彼壅閼者乎？閼非自閼，或有蔽之，而明者自在也，則其明者可通也，而蔽者亦可撤也。同此貪生怖死耳，豈有於此矜全，於彼慘刻者乎？刻非自刻，或有喪之，而存者自若也，則其存者可充也，而喪者亦可復也。』二比亦未明說王天下，而發揮透徹，昭然可想。如水中之花，鏡中之月，可玩不可執也。次云：『吾意四境有呼天向隅之聲，四境聞之而王必不聞，（放膽之文。）不聞而無所感，不可謂此心之無，乃其一感而即通也，適以徵此心之有。試及之赤子乍見之念，當亦同此眞體耳。吾意閭閻有艱難疾苦之狀，閭閻見之而王必不見，不見而無所觸，是心本有而尙泯於無，及其一觸而即應也，是心自無而即形於有。即擴之先王不忍之政，不過究此分量耳。』二比漸說到王處，尙不十分指切，祇以大意虛虛描寫，玲瓏可愛。末云：『惟王者能溥汪而範圍無外，苟其有所及無所傷，則範圍天地之氣象渾然一掬；惟王者能神變而曲成不遺，苟其有所全無所廢，則曲成萬物之規模口具靈襟。誰謂是心也而不足王哉？』前二比從『赤子』說到『先王』，此二比俱承『王者』發揮，題意始透，通篇皆不實講。末收一句云：『誰爲是心也而不足王哉？』此與楊繼盛『王勃然變乎色』之作同格，宜互參之。」「今之時藝，相題下筆，以今人之詞寫古人之意，須相肖爲美。正如顧愷之、陸探微寫眞，不獨肖形，兼欲傳神，乃爲妙境。王衡《孟》義自出己見，發揮經意，不執皮膚，獨窺神髓，眞可爲冠場之作。起云：『試思以四境啼號之眾，尙不足博吾王罪己之言，曾是一物而介介乃爾也，則此心非槁而不靈之心可知；以全齊蹙額之民，或不足以易吾王鐘鼓之樂，曾是一物之死而惻惻乃爾也，則非窒而不通之心可知。』不雕不琢，純發眞意，情是眞情，境爲實境，其旨可以洞心，其詞可以悅目，神理俱到，可式。接云：『常靈則痛癢常相關，萬類所以呼而能覺、叩而能應者，恃此心也，是容天蓋地之規模也；常通則脈絡常相關，萬氣所以分而能合、渙而能萃者，恃此心也，是胞民與物之權輿也。』遣詞祇平平，而用意甚妥貼，承上『常靈』、『常通』說來，轉入在政事上去，極有次第，極有脈絡。此等處便是大方正脈，最宜深玩。次云：『政抑而惠施之，猶未足以王，人心莫神於觸，偏觸而偏呈，全觸而全呈，觸而全呈，隨萌蘖即爲本體，而照濡沾漑之澤，待是而復足者耳；家與而人給之，猶未足以王，人心

莫圓於感，偶感而偶應，常感而常應，感而常應，隨端倪即爲分量，而血氣心知之願，皆與是而俱足者耳。』發『足』字極透，又作二比，然後收云：『甚矣！心之神也，細入無倪，大至不可禦，皆是物也。彼士庶人者，清明之氣回，尚能於斧斤戕伐之中，培人心之雨露；而君天下者，生殺之機一轉，豈不能於天地剝落之後，培宇宙之太和？』脫盡筌蹄，獨抒神理，『士庶人』等，皆非本題所有，而借賓形主，反能逼真，政如米氏父子作人物花鳥，不依形描畫，但得真趣，祇略施數筆，而形象宛然。」「文字有反起而正承者，有正起而反結者，其變化固自不齊，大抵祇要精彩動人，奇警觸目。如商周祚束二比云：『蓋生機內槁，則生死之情，與我常倍相隔；（此是正結。）真心外蔽，則一膜之外，於我已不相關。而堂下行仁，覺寰海內之隱情，其境界昭然若覩，此真周視匹夫匹婦之情於乍見之頃，而致王特易易耳。』精彩相授，意態橫出，神光離合，乍沈乍浮，其妙處在意而不在象，在情而不在法，最利場屋。周師旦云：『蓋有所矜全，復有所遺漏者，王不足，乃王之心固潛發於全體之倪，而萬形停毓，一足而俱足者也；或傍注於此，旋郁隔於彼者，王不足，乃王之心固渾合於無圍之端，而六合在念，有以足而成其足者也。』此亦是反起而正收者。吳亮云：『保民而王，期於民徧爲德，而德意之鼓盪，惟大見最真。彼蠲貸而博施舍之名，噢咻而修拊循之令，皆王道之跡也，是心不遠所諸方寸之中矣。保民而王，又極於民不知德，而德澤之淳流，惟無心最普。彼要譽而與之以違道，惡聲而動之以空言，皆王道之僞也，是心非假所諸腌懇之精矣。』首四句正起，中三句反講，末二句又正結，此文之變體，但得把柄在手，則縱橫如意。繳云：『蓋心之體隱而莫窺，世容有勉飾於形跡而未慊於真情者，豈其內心之所動具完是真純？而謂惻怛之所流，有其心而無其政也，此必不然。心之機藏而欲露，世容有偶存於夜氣而旋牿於旦晝者，豈其外庭之所交曲全是怵惕？而謂幾希之所存，眾共著而獨反昏也，此又不然。』通股皆是反講，並不正講，而題意反明。一節《莊子》，正言什一，反言什九。凡此須是眼界高、文機熟而縱橫無礙者，方能到此，不然，祇如小兒之描摹寫字，摸壁行步者耳。」「文貴真，真則自能壓眾。潘汝楨講云：『凡心從安排生者，名爲機心，而是心非機心也。觸於無端，始吾不能制其出；運於無涯，終亦不能禦其入；所謂父母天下之度非乎？蓋不忍一物失所，與不忍萬物失所，本自共念而生，似有大小，而實無偏全也，何患不足矣？凡心從矯襲來者，名爲私心，而是心非私心也。其萌有種，孰迫之而使

顯？其達有源，又孰壅之而使隱？所謂民物一體之量非乎？蓋期乎一物得所，與期乎萬物得所，似有眾寡，而實無豐嗇也，王有餘矣。』眾人皆就皮膚上描畫，而此獨從神髓上發揮一段眞意，使讀之者心肯意愜。如虢國夫人，本色既高，淡掃蛾眉，而三千粉黛相顧失色。作文但能闡發眞境，不患人不心服也。」「題中字眼須要發得透徹，乃能壓卷。此題卷卷皆挑剔『足』字，獨劉是透徹。其文云：『當是心之初，亦惕然怵然，而不覺其兆耳，兆於何起？吾謂從胞與中特呈其倪也，而豈不足以見王道之胚胎？迨是心之後，亦乍發乍放，而未續其端耳，端於何竟？吾意極覆載內不罄其藏也，而豈不足以待王政之斟酌？』不但能發足『以』字，而其用意處直逼眞境，一見便知好手極利之文也。周士顯云：『任一釁鍾，未必即足於大和，然亦殺機也，而王若有關於情，乃知流離死亡，有隔向隅之九閽，而曾莫顰其顏者，非王心之初矣；易一觳觫，未必即足培大和，然此亦生機也，而王若有動於眞，乃知田獵鐘鼓，有斂百姓之怨毒，而莫肯易其命者，非王心之初矣。』起處反挑『足』字，而寫意造詞，夐然出眾，亦通是反講，其法從蔡復一『不變塞』墨卷來。王繼美講云：『是心也，發於乍感乍應之間，豈不甚倉猝？然惟乍，則其感應最眞，而有眞感眞應之心，則天下之精神命脈已掘摳於方寸之中，蓋不越當時之一注念，而已足爲天下所往矣。是心也，見於一事一物之際，豈不甚幾微？然惟微，則其意念最實，而有是實意之端，則天下之萬事萬物已司契於虛靈之內，蓋不出當時之一措慮，而已足爲王之盛視矣。』亦發『足』字，而告意淵微，遂成絕唱。近來文字用不得舊字眼，一犯陳言，便落塵境。此作『方寸之中』、『虛靈之內』等句，皆是腐爛說話，然說理既高，則舊字皆成新調，如鍾離丹熟，眼前銅鐵皆化爲眞金。因此知文字祇當煉意，祇當說理，不必拘拘於一句一字之間也。」「曹珍當是有學有養之生，其文篇篇奇絕。講云：『王者視疾痛呼號之眾，無不解其困苦而各遂其欲，是天下皆王者之氣所通也。王今之有是心也，動於一物，而機括流行，遍於眾物之身者已，即初動昧，此氣具存，隱隱然有萌而必出之端焉。王者視恫瘝痿痹之屬，無不暢其幽鬱而各還所命，是天下皆王者之意所造也。王之有是心也，起於一念，而天機活潑，貫於眾念之後者已，即所觸時，此意具在，蒸蒸然有發而必暢之勢焉。』先說『王』字起，歸在『心』字上來，直把題中精神命脈一齊發透，而沈著痛快，一醒塵目，視彼在枝葉上描寫者，蓋天淵矣。次二比云：『人心有所開，必有所受，而所開者，根於眾物造命之處，則所受者，亦即受天

下眾造之命，謂堂下不忍一念，即四方精欲總會之區可矣；人心有所用，遂有所合，而所用者，從於眾生包孕之處，則所合者，亦即合天下包孕之體，謂堂下易羊一事，即萬民命脈樞紐之地可也。』『開』、『受』、『用』、『合』四字，從世人所不道處創此意見，而發揮透徹，開闔有情，眞佳作也。」「調貴新，意貴切，切而不新，便入腐儒窠臼；新而不切，正如嬰孩說夢，大牛成虛。莊毓慶講云：『心溢於一見，而不以一見止也，顚連無辜之眾，皆可博之以穀觫之視，其竅足以待世之斟酌而不匱於施。觸之堂下，爲之堂上，心術寧有歧焉？愛行於一物，而不以一物塞也，疾痛呼號之儔，皆可置之以死地之生，其源足以裕王之施濟而不壅於流。全在一牛，保浹四境，本體作用寧有異焉？』句句新，字字切，祇此便是時文之正宗。」

《欽定四書文》隆萬文卷二錄王衡《論語》「禹吾無間然矣」一節題文。

文謂：「聖人尙論王道而發其君天下之心焉。夫惟不有天下者，可以托天下也，非禹烏足以當此？嘗謂有天下者，四海之奉與四海之責常相隨，而爲君之樂與爲君之事不兩盡。此惟危惟微，堯舜所以開治統也。帝降而王，無間然者，其惟禹乎？禹以爲吾服食寢處之身，乃天地臣民之身；吾今日崇高富貴之天下，本吾憂勤胼胝之天下。念錫疇之重，則奉養不得不輕矣；思奠鼎之難，則樂成不得獨易矣。是故苟非接上帝之馨香，何味不可適口，而柔嘉芯芬之獻，則專以羞之鬼神，明粢不與褻俎並登，饗以禮稱也；苟無係於四海之視瞻，何衣不可適體，而山龍華蟲之飾，則移而致之黻冕，卼服不與澣濯並陳，采以物辨也；苟無關於百姓之利病，何地不可宅身，而經營荒度之力，則並而用之溝洫，田功不與宮功並舉，役以事程也。當其時，深宮大廷之內常若不足，而廟堂畎畝之間常若有餘。不足者以明吾有天下不與之初心，而有餘者以完吾視天下由己饑之責任。此雖僅僅服食宮室間，而天地祖宗鑒之，子孫臣庶則之，千萬世之指視萃之。迄於今，而克勤克儉誦明德者如一日也。禹乎，吾眞無間然矣。後之君人者，乃以朝祭爲有司之事，農桑爲小民之事，而人君之事獨有食租衣稅、養尊處優而己。此與禹德正相反，奈何欲效唐虞之治哉？」評謂：「豐約中度，不以雕琢傷氣，不以秀潤掩骨。作者一字訣曰『緊』，此尤其造極之作。朱子於此章尙有至大至精之義，惜未能發明。而於人所共知，則已得其體要。」

三　月

張以誠、王衡（1561～1609）、曾可前等三百零一人進士及第、出身
有差。張以誠舉業為徐階所推重。

　　《明神宗實錄》卷三百五十七：萬曆二十九年三月，「癸丑，策試禮部中
式舉人許獬等。制曰：『朕聞隆古帝王，罔不念祈天永命者，而惟久道化成得
之。《易》稱視履考祥，其旋元吉。《詩》稱永言配命，自求多福。《傳》稱人
受天地之中以生，謂所命也。是以有動作威儀禮義之則，以定命也。能者養
之以福，斯篤論矣。洪惟我皇祖世宗肅皇帝，嘗臨軒策士，親賜制問，有曰：
朕思首自三代以來，迄於宋終，中間雖歷世有久近，而其君之歷年亦有長短，
要之皆自其為君者何如。又曰：皆基於先王德澤，洽於民心，亦繼之於嗣王
能持盈滿之道者也。煌煌聖訓，朕時恭繹焉。我國家太祖開基，功德與天地
並。成祖再造，貽我後人。列聖纘承，暨於朕躬。天命自度，夙宵惴栗，常
思遠造所聞，不宜近忽所見。朕生之初，猶及皇祖。皇祖恒以敬天法祖、親
賢恤民為要務，以經術為本，以法律為輔，以明作修內治，以安靜飭邊圉，
宮府之間，肅然奉法，華夷遠近，穆如和風。至於稽古考文，尤為謹備，而
皆發之於孝思，本之於敬一。殿亭榜字，皆取洪範無逸名之，淵衷所存，凜
凜三五之盛，有如一日。賢親樂利，至今思慕不忘。爾多士雖晚，尚有能揚
勵之者歟？我國家景運，繇皇祖益綿，而皇祖享國，亦自長永。莊誦此制，
乃在嘉靖十四年。仰窺聖心，以持盈滿為兢兢，自昔然矣。朕不揆寡昧，景
行惟勤，誠不知何所修為而可幾此？故不復更端，即舉皇祖之所清問者清問。
爾多士，其悉心陳對，朕將擇善而從，用祗承天休，欽哉毋略。』」「乙卯，
賜天下貢士張以誠、王衡、曾可前等三百名及第、出身有差。是日，上不御
殿，傳臚如常儀。衡，大學士錫爵之子也。」沈德符《萬曆野獲編》卷十六
《科場‧王李晚成》：「王辰玉發解時，名噪海內。後以口語，兩度不入試，
或不竟試而出。至辛丑登第，則逾不惑矣。房師溫太史語之曰：『余讀兄戊子
鄉卷時，甫能文耳，不謂今日結衣缽之緣。』王為憫然掩袂。漢陽李若愚時
藝亦為後進傳誦，直至今年己未始第，出李勘溪太史之門。初謁，座師曰：『向
初入塾，蒙師以兄文見課，苦其不能習誦受笞，今得稱師友，甚幸！』李亦
哭失聲。蓋久抑得伸，且有陞沈之感，古云喜極而慟，真有之。前此嘉靖間，
則昆山歸熙甫有聲公車，鄞余文敏有丁欲師之，不許。余及第後，乙丑分校
禮闈，得歸卷而奇之，置之上第，事亦相類。」《萬曆野獲編》卷十六《科場‧

宰相子應舉》：「自江陵諸子鼎甲以來，政府象賢，例爲建言者所議，至婁江公子之才，亦指摘及之。蓋以觸權之名甚美，不問其無忝科第否也。婁江當國後，蘭溪繼之，其郎君無可應選舉者。已而四明繼蘭溪，其長子沈泰鴻有聲諸生間，人皆以高掇期之。偶至京省父，四明紿之曰：『汝盍授蔭爲試中書舍人，就北雍試，不勝浙闈逐隊耶？』泰鴻信之。四明竟題爲尚璽丞，得旨供職，蓋絕其登進，可超然免於評論也。泰鴻大恨，請急歸家，視其父若深仇，四明有所愛庶子，百端虐侮之，家庭之間，無聊生矣。四明在位久，卒被惡聲以去，歸里至與璽丞不相見。初不難借其子以市公，終於攢鋒聚鏑，受前人未有之彈射，所謂拙事無好手也。」「婁江公子」指王衡，沈四明指沈一貫。徐復祚《花當閣叢談》卷六：「鄞人楊少坡，忘其名，善唐舉術。萬曆辛丑，張肆於京師長安西街。爲人落拓無威儀，常衣敝衣，曳無跟履，蹩蹩造人家，故京師人稱爲『楊風子』。是年廷試過，尚未殿唱，外嘩傳太倉王辰玉（衡）狀元，雖王亦有所聞，自以爲狀元也。楊適遇余邸，余偶問：『狀元王公乎？』楊曰：『否，那得兩狀元。狀元爲華亭張公（以誠），王公文子榜眼也。』予戲之曰：『莫風，若無耳耶！不聞外人傳語耶？我今報汝，若見王公，莫作是言。』楊曰：『我已與王公言之矣，渠贈我一扇，言驗後持此索謝。』余索扇展玩，乃題詩二句云：『楊君許我爲榜眼，未卜何人作狀元？』余笑語之曰：『此詩微亦不足汝意，臚唱後，何面目見之。』次日發榜，張果狀元，王榜眼。聞之進呈時，王實狀元，爲齎捧官王國楨，亦華亭人，與張甥舅，故爲顛易，道路之言如此，未必然也。獨楊在京不甚知名，何以奇中如此。」《明史‧選舉志》：「王衡既被論，當錫爵在位，不復試禮闈。二十九年乃以一甲第二人及第。自後輔臣當國，其子亦無登第者矣。」梁章鉅《制義叢話》卷十二：「俞桐川曰：張君一以誠未遇時，受知於華亭相國，相國決其文必元。既而登賢書不元，相國訝甚。及廷對果元，相國乃悅。夫相國決其元者，決之於時文也，廷對不取時文，雖得元，於相國何與？蓋去奇就平，舍濃即淡，有包括群才之度，故決其可元，然則廷對即不元，君一之元自在也。陶石簣曰：『關徑開畦，人推鍾斗。若氣淳矩正，上紹成、弘，君一之功居多。』然則君一雖不元，當時固以元目之矣。」

《欽定四書文》隆萬文錄張以誠制義二篇。

隆萬文卷二錄其《論語》「賜也爾愛其羊」一節題文：「聖人議存羊，其

觀禮深矣。夫羊與禮非有二也，愛禮而羊弗得議去矣，賜豈見及此哉？昔先王制禮，名實相維，始則因實以立名，既則因名以稽實。故有禮失而求諸守藏、徵諸故典者，則名未亡也。乃今告朔者而徒羊乎哉？以跡觀之則羊，以實求之則禮也。想昔先王忠孝之思莫有隆焉，猶藉歲供之靡文以表實意；況後人恪共之念日益替矣，可捐故府之遺跡以泯舊章？故此一羊也，爾見以為羊，則可以己意議去留，而虛靡不若節省之策便；我見以為禮，則當為萬世計絕續，而惜費不若存名之慮長。以先王之精意有出於牲牷告虔之外，則是羊者小物也，不知惟小物猶克共，而後見禮係尊王，有無巨無細而不敢廢墜者，其兢兢一念猶在也；以今日之陵夷不過為奉行故事之常，則是羊者虛文也，不知惟虛文猶克謹，而後見禮係勤民，有無盛無衰而不敢苟且者，其凜凜一念猶存也。王跡雖熄，而太史所頒未嘗不以一羊志正朔之未改，則顧瞻舊典，因而知有先公先王，其所遏抑者多矣，況循名責實，興復固有待乎？時政雖棄，而太祝所掌未嘗不以一羊紀月令之屢新，則式瞻廟貌，因而知有作事厚生，其所維繫者大矣，況援今證古，振起易為力乎？如謂羊可去，則先王既已創禮，焉用置羊，其故可思也；魯人敢於廢禮，何未敢於去羊，其故又可思也。魯國雖小，猶號秉禮，奈何以一羊故泯先王遺意哉？」評謂：「說因羊以存禮，尚多一層推原；即羊即禮，更覺親切有味。用意深微，脫盡此題膚語。」

卷四錄其《中庸》「愚而好自用」一章題文：「不倍之義，盡之尊王而已。夫合德、位、時三者之謂王，而人又誰敢倍之？觀於孔子之從周，益信矣。且惟王盡制，惟民從之，此齊民所能也，而何必修凝君子乃稱不倍哉？蓋不倍禮樂者，其能作禮樂者也，能作而不敢作焉之謂不倍也。故愚、賤生今，不必並值也，有一於此，即當守為下之分；德、位與時，無可偏重也，缺一於此，即不可操制作之權。而苟自用焉，自專焉，反古焉，皆明哲保身之君子所不敢出也。何也？議禮、制度、考文，天子事也，以天子為之，則德以位尊，而創制立隆，可為天下寡過；非天子為之，則德以位詘，而亂法干紀，適為一己召災。故今之天下，非皆愚也，非皆賤也，非無熟於典故可裨當今也，而車書一統、倫物大同，甚至繼體守文之主，猶謙讓未遑，而明聖顯懿之士，猶奉法恐後，則以有位無德、有德無位。總之，未離乎愚、賤，而不敢身為倍也。設使下可以倍上，則莫如孔子矣；下可執古之禮以倍今之上，則莫如孔子之於夏商矣。然而素王之損益，可兼三統而垂憲；而時王之法制，

必釋二代以從周。兢兢焉自附於同軌、同文、同倫之民也，則夫德非孔子而制非夏殷者，又烏敢妄議於一統之世哉？蓋君子究心經曲，自盡吾德性之蘊，而持以抗衡明聖，即為無忌憚之小人；上下古今，自盡吾學問之功，而因以取戾明時，豈為善保身之君子？故不倍之義，粗之為齊民之遵路，而極之為孔子之憲章。信非修凝君子不足與於斯矣。」評謂：「將『不倍』緊貼『修凝君子』，而以孔子為之指歸。胸中有此主張，所以因題制勝，一字不遺，一筆不亂。雄奇渾灝之氣，勃勃紙上。」

葛寅亮成本科二甲十九名進士。《欽定四書文》隆萬文卷五錄其闈墨《孟子》「饑者易為食……猶解倒懸也」題文。

葛寅亮，字水鑒，號屺瞻，浙江錢塘（今杭州）人。萬曆二十九年（1601）進士，歷任福建提學參議、湖廣提學副使、南京禮部儀制司主事、南京尚寶司卿等職。學宗陽明，著有《四書湖南講》十一卷、《金陵梵剎志》五十三卷等。《欽定四書文》隆萬文卷五錄其闈墨《孟子》「饑者易為食……猶解倒懸也」題文：「民之易見德，而施德者易為感矣。蓋德本易行者也，民既望之如饑渴，而得之不若解懸哉？且夫主德與民情恒相為因，主德之感孚未神，固機窒於有待；而民情之困窮未迫，尤時阻於無乘。乃今王者不作，而民之憔悴已甚也。將見瘡痍者待起，呻吟者待息，正在得生失死之候；急之頃刻則可延，緩之須臾則就斃，止係朝施暮及之間。其迫而瀕危之狀，誠不異夫饑渴，則小惠亦來蘇也，而況德之博施濟眾者乎？其跂而昵就之情，誠不異夫饑渴之於飲食，即漸施猶引領也，而況德行之存神過化者乎？不疾而速，不行而至，則孔子速於置郵之說也，德之善感，原無藉乎其時也；疾之而愈速，行之而愈至，則當今萬乘行仁之勢也，時之易感，實大有裨乎其德也。蓋饑渴之情，民既操其至急者以望我；而置郵之德，我亦操其至急者以應民。民出於急而君不忍獨緩，則與不期眾寡於其當厄；君出於急而民豈能自緩，則感不期深淺於其適時。民之悅之，不猶解倒懸哉？君人者，靚饑渴若罔聞，既坐失千載一時之會；則望解懸其何日，又安見俄頃立奏之功？齊王反手，無怪乎世之驚而莫能信也。」評謂：「題凡三喻，首尾是易於見德之時，中間是德本易行。文以兩頭作主，運化中間，備極脫卸之妙。」「以題之脈絡為文之起伏頓宕，界劃極清，氣勢亦復沛然。」

六　月

許國士等中式舉人以文辭誕妄被罰科不等，考官楊道賓等罰俸。令申飭天下學校，不許再治異端之說。坊間所刊紕漏舉業，盡數燒毀。違禁私刻者追擬治罪。

　　王圻《續文獻通考》卷四十五《選舉考·舉士三》：「（萬曆）二十九年六月，禮部奏：『先該禮科署科事給事中楊天民題准，兩京、十三省考官恭候欽命，即宜以正文體爲己責，其深僻怪誕，決裂繩尺，強引莊、列、釋、老、諸子等書，及故佶屈聱牙，以爲蒼古，強生原題所無，求合時事，以爲新奇。朱、墨解部之日，本部會同該科細加覆閱，但有故習及文理荒謬不堪中式者，盡數摘出，題請斥革，將主考等官分別參治。宋儒傳注，我朝所頒，以正士習。乃近日每遇一題，各立主意，愈新愈怪，大可駭人。以後務照傳注，止宗一說，其偏詖之甚，至於傳注皆戾，叛道不經，本部查係房考某官，同主考官一併參治。又查二十八年題准，週年文體日益險怪，至於悖朱注、用佛語、諷時事，尤離經畔道之最者。如科場解到試卷有犯各款者，部、科盡數摘出，題參斥革，仍將主考及本房分別降罰。屢旨嚴切，永宜遵守。不意順天舉人趙惟寰、周希令、婁所性，湖廣舉人楊舉奇、程士升詞多詭僻，旨未大悖。今科既不與試，薄罰已足示懲。至於順天許國士蕪穢特甚，湖廣李正芳、王之相放蕩不經，四川丁紹春、胡繼先、方重、譚謙益、余化龍皆背正旨而宗邪說，文之誕妄，且無問已。此八生者，除今科外，所當加罰一科，以爲荒謬之戒。至於湖廣董以修，習趨狂肆，詞益荒唐，『無去無住，出世住世』語明係禪家唾胾，竟與題旨何與？而本生敢於掇拾，肆然無忌。此一生者，除今科外，所當加罰二科，以爲幻妄之戒。至於苗自成，其關節之情雖無實據，而首篇破題用一『落』字，承題用一『著』字，此從來所未有，安得不致人之疑？且被參之後，多方求免。此一生者，除今科外，所當加罰三科，以爲狂惑之戒。然而文章關乎氣運，士習在所轉移，諸士文體多不雅馴，主司苟懸冰鑒，則浮薄可斥，軋茁可擯。何乃分考既錄玄虛，主考又不駁正，奈何復望士趨之歸於正也？伏望皇上明罰敕法，順天主考楊道賓、顧天埈、湖廣主考沈濯、張其廉、四川主考楊一葵、趙拱極，並順天分考官畢懋康等、湖廣分考官尹仲等、四川考官王宗賢等。凡錄上諸生者，一體重加罰治，庶屢旨不託於空言，而文體漸歸於實際矣。若順天府丞喬璧星則尤可異者。查得萬曆二十三年題覆明旨，凡選貢散歸外省，提學官照例於科舉正額外考選

起送，混同庠士，一體校藝。拆卷時，秉之以大公，毋得別有去留。乃璧星未奉明旨，擅編字型大小，獨以北直選貢二場、三場，入皿字型大小。且投一手本，計敷坐派，必欲主考取中七人，如此舉動，即臣等亦寧能曲爲之解哉？臣切謂法紀在朝，清議在下，此一臣者所當請旨定奪者也。抑臣猶有說焉，士之爭趨險怪，非士之敢爲高論也，作俑有自，沿襲多年。聞有《大傳意見》、《理解》等書十餘種，總之背傳注創爲異說，以惑亂人心，此書一日不去，則士趨一日不端，更望皇上嚴爲申飭，力加掃除。俟命下之日，容臣在內移文都察院轉行五城，在外移文撫按轉行各衛、府、州、縣，嚴行搜索，刻板付之烈焰。如市肆仍有違禁鬻貨者，將書賈重處。仍移文各省督學，責令校士一追大雅，如有用二氏諸子及險怪之文置之高等者，俟解卷到日，本部盡數摘出，會同禮科查參，士子斥退，督學分別降罰，此崇雅斥浮、端本澄源之大機也。』奉旨：『這舉人文體不經，既參處停當，趙惟寰等俱依擬分別罰科，用示懲戒。考官楊道賓等並畢懋康等都罰俸三個月，喬璧星姑罰俸半年。還申飭天下學校，務遵累朝欽降經史典制諸書，課士育才，以資實用，毋許再治異端之說。坊間所刊紕繆舉業，行撫、按官盡數燒毀。以後時文講說，著呈請該提學詳允，方許刊行，違禁私刻者追擬治罪。』」

明神宗萬曆三十年壬寅（西元 1602 年）

三　月

李贄（1527～1602）自刎於獄中。其著述被禁後，據云其制義曾以汪靜之名刊行。

錢啓忠《清溪遺稿・刻李卓吾制義小引》：「卓吾《自志論略》云：『作諸生但記時文五百首，臨場作鈔寫謄錄生。』噫！此卓吾嘲世語也。間從坊刻中閱其一二制義，直截空快，洞然與其生平持論及討古辨今處如貫合氣。……聞先生被逮時，當事者火其書，一切制義之在版者，以壞文體並禁。然無奈膾炙人甚，欲埋其名，而不能投其字於水火。於是盡以汪靜老大名易之，蓋以汪與先生交道不隔，而汪文素以正正堂堂壓倒當世，故取而附之，可無咎耳。……汪之爲文，重密整煉，而先生行以輕疏散易，望其氣，相其筆，固可一見而別也。」

禮部尚書馮琦上言：國家以經術取士，不得非毀宋儒，詆譏孔子。科場文體不得引用佛書。

張萱《西園聞見錄》卷四十四《禮部》三《科場·前言》：「馮公琦疏略曰：『頃者，皇上納都給事中張問達之言，正李贄惑世誣民之罪，盡焚其所著書，其於崇正辟邪，甚盛舉也。臣竊惟《春秋》大一統，統者，統於人也。統於聖眞，則百家諸子無敢抗焉；統於王制，則鄉大夫士庶無敢異焉。國家以經術取士，自《五經》、《四書》、《性》、《鑒》、正史而外，不列於學官，不用以課士。而經書傳注又以宋儒所訂者為準，蓋即古人罷黜百家、獨尊孔氏之旨，此所謂聖眞，此所謂王制也。自人文向盛，士習浸漓，始而厭薄平常，稍趨纖靡；纖靡不已，漸騖新奇；新奇不已，漸趨詭僻。始猶附諸子以立幟，今且尊二氏以操戈，背棄孔、孟，非毀朱注，惟《南華》、西竺之語是宗是競。以實為空，以空為實，以名教為桎梏，以紀綱為贅疣，性略相近者，竄入於聖言，取聖言有空無字者，強同禪教。嗟乎，聖經果如此解乎？士子制義，以聖人口氣傳聖人之神耳。聖人之世，曾有此語意否乎？夫學官所列，至要亦至詳，童而習之，白首未必能窮。世間寧有經史不能讀而於經史之外博極群書之理？棄本業之精髓，拾遺教之殘膏，譬如以中華之音雜魋結之語，語音既為舛駁，論文又不成章，世道潰於狂瀾，經學幾為榛莽。部科交列其弊，明旨申飭再三，而竟未能廓然一大變其習者，何也？解書或用注疏，或不用注疏，則趨向不一也；掄文或正體而取平典，或憐才而取奇俊，則鑒裁不一也；同是違制，而或參或不參，則法令不一也；同是被參，而或以為當處，或以為可以無處，則議論不一也。士有不一之趨向，取士有不一之鑒裁，而又以不一之議論，引不一之法令，政體且有二、三，士習何由歸一？即如燒毀異說，去年亦奉有明旨，督學而下，何曾禁止一處，燒毀一書？等經學於弁髦，得詔書而掛壁，如此即朝廷之上三令五申，亦復何益？臣請一取裁前聖人之言、天子之制，而定為畫一之法，士子授受當先明經術，講書引文以遵守宋儒傳注為主，二三場以淹貫《性》、《鑒》、正史為主。其有決裂聖言，背違王制，援儒入墨，推墨附儒，一切坊間新說曲議，皆令地方官雜燒之，各該提學官員仍具文報部，要見黜過險陂邪妄之士幾人，焚過離經叛道之書幾部？生員引用佛書一句者，廩生停廩饌一月，增、附不許幫補；三句以外，酌量降黜。考過試卷，前五名以原卷解部，如有違式過多者，照題准歲貢不堪三名以上事例議罰，敢有抗違不解卷赴部者，定行參降。兩京、各省《鄉

試錄》及中式墨卷，亦以聖經王制爲準，背聖經王制則參，不背則否。士子有引用佛書兩句以上者，勒停一科，不許會試，多者斥革。各解卷到部，箚委司官評隲，送科覆閱，各以虛心平心從公從實互相參較，不得遠近異法，輕重異處，致有後言。事關考試官、提學官違式之大者，具疏參究。其應停應降生員，逕行提學官處治。至前文章之體裁，士子之條格，容臣等細思參酌，再行題請。』」「孫鑛曰：余甲戌赴公車，見諫垣疏有云士子習番經，甚訝之，然於時未有奇也。邇來禁愈煩，奇乃愈出，侏離已半錯，其故何哉？涂說曰：『頃者，主上正服色，有持具帶入都者，且五十金不賣，暮五金而售，何者？賤生於無所用。今所錄者反所禁，誰其信之？』雖然，是有解焉。《記》曰：『瑕不掩瑜。』今下求玉之令，曰：『謹察其瑕。』一以和氏之璧來而微有瑕，一以碔砆來而無瑕，則收者必有瑕者矣，固以號於天下曰：『玉工好瑕。』非也。今春官有嚴令，首日背傳注。然昔直指按毗陵，以『屢空』條試士，求一守朱義而文辭工者，卒無有。不得已，則仍首背朱者。蓋守告余如此，揖馮公而遇客如故，豈知初之欲唾其面哉！」「劉應秋曰：聖人作經，其垂諸後，卒至於千萬世而不可磨滅者，則何以故也？彼其涵濡乎仁義之精，游泳乎六藝之途，含吐性靈，發揮理奧，不求爲文而無不文也，故曰：『虞夏之書渾渾，商書灝灝，周書噩噩。』夫學海之淵源，世教之砥柱，大都可識矣。夫詞章日熾，道義始蝕，春秋戰國極宏肆之談，兩漢得事理之辨，雖不能上追三代，然亦足爲後世法焉。敝帚於魏晉，濫觴於六朝，決裂於唐宋，華藻勝而理義之旨微，蕪陋滋而爾雅之詞鮮，跡其軌轍且不能步武兩漢，矧上世乎？乃至於今，則又有深可慨者，豔辭逞辨，窮極瓌麗，以駭里耳，爲誇而已矣；旁引不經，過爲詭誕，爲怪而已矣；雕鏤刻畫，棘喉滯吻，以呈其工，爲巧而已矣；掇拾陳言以自粉飾，而無當於理要，爲冗而已矣。數者之敝，相尋不已，而文體遂至決裂。議者乃謂：『文之日趨於敝，猶江河之趨海而不可復返。』斯亦過矣。夫韓愈承八代之衰而奮志一變，文辭遂復於古，歐陽修目擊時弊，力爲挽回，而修詞之子靡然向風。當今之時無二子，故至此，使其有二子也，豈不可返澆薄而納之淳古哉？顧所以返之者，其道有六：夫《六經》孔、孟，譬若布帛菽粟，玩之有深味，措之有實用。今之操觚者盛稱引百家之語，而律之以理，則大謬不然，此何異拔本而望枝葉扶蘇，自塞其源而欲其流之長也？是故貴正本也。夫平陽擊石，山谷爲之調；大夏吹筠，風雲爲之動。故焰飛南斗而曲變陽春，蓋言氣也。氣，水也；言，浮物也。

水盛則物之大者畢浮，是故貴養氣也。夫渺泛滄流則不識匯涘，雜陳金石則莫辨宮商，古之作者，沈浸穠郁，含英咀華，熔鑄百氏，醞釀千古，籠天地於形內，挫萬物於毫端，故其文炳炳烺烺，與世罔極。學者讀一家之言，而自以為靈蛇荊璧無以過也，奚以為文？是故貴儲學也。夫井蛙之見，不足以與於霄漢之觀；鼫鵲之目，不足以與於太陽之曜，言識卑也。故精騖八極，心遊萬仞，而後可以傾群言之瀝液，漱六藝之芳潤。學者苟未識其所以然也，乃欲抵掌而譚世務，抗顏而議古昔，不亦惑乎？是故貴廣識也。夫文有體也，議論之詞，不可施於記事，明堂之詠，不可施於師旅，苟不辨其為體而概模之，是猶慕璧之圓而規瓚之邸也，失其裁矣，是故貴辨體也。為文者，丹青藻繢之是肖，而神理則離；玄黃經緯之是辨，而要旨則昧，與優孟何以異也？是故貴神解也。夫本正則邪說不淆，氣充則詞理皆振，學博則非淺陋之規，識廣則非狂瞽之見，文有體裁則靡巧之弊革，學有神解則類比之習疎，如是而文體可正，士習可回，學術口口，庶幾聖人詞章直追兩漢，而江左之籍，唐宋之簡，可略而無談矣。」「朱國祚曰：今天下之文競趨於奇矣。夫文安所事奇為哉？古聖賢所為文，若典謨訓誥、風雅禮樂之辭，明白如日月，正大如山嶽，渾乎如大圭，沖乎如太羹玄酒；而其和平雅暢，如奏英韶於清廟明堂之上，金石相宣，宮商相應，清濁高下，莫不中節者也，惡覩所為奇者哉？彼為奇者，其立意固薄簡易，卑平淡，將跨躍區宇，超軼前人，以文雄於時，而不知其滋為病也。抉隱宗玄，雜取異端奇邪之說，以恣其誇，正學之謂何，則理病。務深窅晦暗，其辭令人三四讀不能通曉，以是為深長之思，則意病。佶屈聱牙至不能以句，若擊腐木濕鼓然，則聲病。決裂餖飣，離而不屬，澀而不貫，則氣病。習尚頗僻，不軌於正途。今大雅之風漸滅殆盡，則又為世道病也，而皆起於奇之好。夫文安所事奇為哉？彼將曰：『吾惡夫卑卑者也，吾惡夫弱而不振者也，吾惡夫淺而無味者也。』而不知所謂文體者，自非卑弱而淺之謂也，明白正大，渾如沖如，和平而雅暢之謂也，矯卑而務高之，矯弱而務激之，矯淺而務深之，壞文體均耳，抑又甚焉。何者？趨而之彼者第孤陋疑啓之人，趨而之此者多聰明博洽之士，彼之壞易知，而此之壞易眩也。是以君子主張世道，秉握人文，則惓惓於正文體，正文體則莫若明示天下以所取舍，使人望表而趨。夫周鼎商彝之器貢於庭，則淫巧之工棄矣；黃鐘大呂之音作於堂，則侏儷之樂廢矣。誠廣厲學官，風以聖天子崇雅返淳德意，令士必以通經學古為高，一切禁絕所謂諸不在六藝之科、孔子之術者，

而專責於督學使者，久其任而考成焉。歲登士悉取大雅，勿使奇詭者與其間，而諸所錄以獻之，務粹然一出之正明，操進退賞罰之權以振刷之，則天下士未有不矍然願化、竭蹶而從風者也。昔昌黎氏以布衣起八代之衰，歐陽子一持衡而化鈎棘爲平易，化險怪爲渾厚，而貞元、嘉祐之文，號稱至道者，兩公之功爲多也。嗟乎，天下有兩公者，則何憂文體之不正哉？」顧炎武《日知錄》卷十八《科場禁約》：「萬曆三十年三月，禮部尚書馮琦上言：頃者皇上納都給事中張問達之言，正李贄惑世誣民之罪，盡焚其所著書，其崇正辟邪，甚盛舉也。臣竊惟國家以經術取士，自《五經》、《四書》、《二十一史》、《通鑒》、《性理》諸書而外，不列於學官。而經書傳注又以宋儒訂者爲準。此即古人罷黜百家、獨尊孔氏之旨，自人文向盛，士習浸漓，始而厭薄平常，稍趨纖靡；纖靡不已，漸騖新奇；新奇不已，漸趨詭僻。始猶附諸子以立幟，今且尊二氏以操戈。背棄孔、孟，非毀程、朱，惟《南華》、西竺之語是宗是競。以實爲空，以空爲實，以名教爲桎梏，以紀綱爲贅疣，以放言高論爲神奇，以蕩佚規矩、掃滅是非廉恥爲廣大。取佛書言心言性略相近者，竄入聖言；取聖經有空字無字者，強同於禪教。語道既爲舛駁，論文又不成章。世道潰於狂瀾，經學幾爲榛莽。臣請坊間一切新說曲議，令地方官雜燒之。生員有引用佛書一句者，廩生停廩一月，增附不許幫補；三句以上，降黜。中式墨卷引用佛書一句者，勒停一科，不許會試；多者黜革。伏乞天語申飭，斷在必行。自古有仙佛之世，聖學必不明，世運必不盛。即能實詣其極，亦與國家無益，何況襲咳唾之餘，以自蓋其名利之跡者乎！夫道術之分久矣。自西晉以來，於吾道之外，別爲二氏。自南宋以來，於吾道之中，自分兩歧。又其後，則取釋氏之精蘊，而陰附於吾道之內。又其後，則尊釋氏之名法，而顯出於吾道之外。非聖主執中建極，群工一德同風，世運之流，未知所屆。上曰：祖宗維世立教，尊尙孔子，明經取士，表章宋儒。近日學者，不但非毀宋儒，漸至詆譏孔子，掃滅是非，蕩棄行檢，復安得節義忠孝之士爲朝廷用！覽卿等奏，深於世教有裨，可開列條款奏來。仙佛原是異術，宜在山林獨修，有好尙者，任其解官自便。自此稍爲釐正，然而舊染既深，不能盡滌。又在位之人多以護惜士子科名爲陰德，亦不甚摘發也。至於末年，詭僻彌甚。新學之興，人皆土苴《六經》，因而不讀傳注。崇禎三年，浙江鄉試題『父用明俊民用章』，上文『歲月日時無易』，《傳》曰：不失其時也。第三名龔廣生文，誤以爲曆家『一日十二時』之時，而取冠本經，刻爲程文。九年應天鄉

試題『王請大之』至『文王一怒而安天下之民』，內有『以遏徂莒』，注曰；莒，《詩》作旅，眾也。謂密人侵阮徂共之眾也。第二十三名周天一文，誤以為《春秋》『莒人』之莒，亦得中式，部科不聞磨勘。詔令之不行至此。」

六　月

禮部條陳取士一十五款。詔嘉納之。

《明神宗實錄》卷三百七十三：萬曆三十年六月，「壬辰，禮部條陳取士一十五款。一、作文必依經傍注，參佛書者罰出。一、嚴處多事生員，優異安靜者以重行簡。一、文體以弘、正年間為準。一、重後場以辨實學。一、提學，除御史之差聽都察院考覈外，其司道官，禮部同吏部照往年例，將三年內提學官考過次數甄別。一、南直隸、浙江、江西、湖廣，一年半一周，餘省一年一周，即遇事故，亦須三年之內歲考一次，歲考兼科舉一次。一、限入學名數，大府不過四十，大州縣不過三十，中者不過二十，小者不過十有五。一、嚴冒籍之禁。如有上納錦衣衛等職銜者，子弟不准妄開京籍。一、重名官鄉賢之祀。如匪人，有司、生員各坐。一、場中出題，皆要冠冕正大。閱卷仍以正文體為主。房考有執迷者，聽主考參處。一、程式止潤飾墨卷之優者，試官不得自創。一、各省直解朱、墨卷，聽本部司官秉公簡閱，送禮科詳覈。用佛老者停科，多者革黜，主司、房考並治。一、關節當分風聞實據兩端，依律處治。一、嚴捕臨場匿名帖。一、凡書必有裨經傳者，方許刊行，非聖叛道之書，有禁。詔嘉納之。」

明神宗萬曆三十一年癸卯（西元 1603 年）

二　月

禮部覆禮科都給事中張問達條上科場事宜。

其主要內容是：科舉取士「所最重者大約有三：曰關節，曰文體，曰投充之冒籍」；秋闈校士，「責在主考與分考」。須擇有行宜、有文名者，命之典試，取之分閱。試經止印注某經，不許印注某幾房。房考閱卷，止許隨意批評，卷面上不許填寫某房某姓；閱卷完，各房將正、備卷會同類集一處，總

送主考從公裁奪；毋分畛域，毋較多寡。據《明神宗實錄》卷三八一「萬曆三十一年二月乙卯」。

八　月

兩京十三布政司鄉試。

《國榷》卷七十九：「主試京省順天庶子蕭雲舉、中允翁正春，應天諭德陶望齡、中允周如砥，浙江檢討高克正、戶科右給事中梁有年，江西編修郭淐、吏科右給事中陳治則，福建編修陳之龍、工部員外郎李之藻，湖廣檢討孫如游、吏部主事董復亨，河南尚寶司少卿趙標、兵部主事王一楨，山東工科右給事中宋一韓、兵部主事徐鑾，山西吏部員外郎王士騏、戶部員外郎李作舟，陝西刑部主事費兆元、工部主事馬從龍，四川戶部員外郎江盈科、戶部主事崔師訓，廣東兵部主事龐時雍、中書舍人呂圖南，廣西兵部主事沈光祚、行人謝廷諒，雲南刑部主事程實、大理寺左評事姜志禮，貴州兵部主事朱化孚、行人張國儒。」梁章鉅《制義叢話》卷十二：「焦禮堂循《北湖小志》云：揚州王銓部納諫，字聖俞，生明嘉靖間。承文氣卑弱之後，奮然有為，以六經為本，而浚以心思。時陶望齡、董其昌並以文振動一時，納諫曰：『董非陶匹。』乃學陶，久而與之為一。萬曆癸卯陶主試應天，命題『《康誥》曰克明德』一章，有張榜者以文名一時，自以為必得解元，預題燈曰：『癸卯解元』。八月十五夜走文德橋，聞有誦文者，張聽之頓足，立毀其燈曰：『吾不及此。』揖而叩之，則納諫也。納諫以《康誥》，《周書》；《太甲》，《商書》；《堯典》，《虞書》。由周而商，由商而虞，篇內以溯言立義，卓然得未曾有。榜發，納諫果得元。時同考官山陰王思任得卷，上之於陶，陶方構思作程文不就，見此卷大詫，以為一字一句皆己所欲出而代言之，曰：『此天下士也，宜取以敦士習、振文運。』遂得元。案：陶石簣程文講下云：『由夫子而前，有文王也，武述之，以克明德稱焉；由文而前，有湯也，尹志之，則以顧諟天命稱焉；由湯而前，有堯也，史贊之，以克明峻德稱焉。』王聖俞小講云：『故吾以今稽古，以近溯遠，知其說之有自來也。蓋洙泗以前，先有帝王之學術；聖經未作，先有謨典之昭垂。有如《康誥》之言，文也曰克明德；溯之《太甲》之言，湯也曰顧諟天之明命；又溯之帝典之言，堯也曰克明峻德。』此湯霍林所謂層層梯上，而陶石簣所謂皆己所欲出也。」

明神宗萬曆三十二年甲辰（西元 1604 年）

二 月

推沈鯉、唐文獻為會試主考，沈鯉固辭。改命三輔朱賡、侍郎唐文獻為正、副主考。錄取楊守勤等三百名。

《明神宗實錄》卷三百九十三：萬曆三十二年二月，「癸未，大學士沈鯉預辭典試。故事，會試主考例用次輔。如次輔曾經典試，則用三輔。又若輔臣俱經典試，則用詹翰之最深者。鯉疏入，上曰：『文場選士，國家重典。以卿股肱良臣，正堪主考，何必預辭？還候旨行。』」「甲申，大學士沈一貫、朱賡題為科舉事，推大學士沈鯉、禮部右侍郎掌院事唐文獻堪充正副主考官，鯉固辭，言：事體有當避嫌，弊實有當塞絕。臣初應召北來，無不預知臣為今春主考者。惟正考必用次輔，相沿為例，故人皆預知之也。夫預知則不密，不密則弊端易生。祖宗朝固有以儒士為主考，以入京朝賀舊臣，遂留典試事，畢，聽其還歸者。今縱不然，獨不可略仿遺意，破拘攣乎？故臣之懇辭，不但為今茲一舉，苟全病體，且欲從今後不專用次輔主考，自臣始也。」「乙酉，一貫言：會試主考官臣已經題請，而次輔苦辭。今日文書官王體乾口傳聖諭，查二十九年主考為誰。臣惟二十九年一科之例，亦恐未盡，謹查三科事例進覽。二十九年辛丑科，趙志皋為首輔，臣一貫已經主考一次，閣中並無別員，用吏部右侍郎馮琦主考。二十六年戊戌科，志皋為首輔，次輔張位已經主考一次，臣備員三輔，蒙遣主考。二十三年乙未科，志皋為首輔，次輔張位主考。惟聖明裁示，以便遵行。」「丙戌，上以三輔朱賡、侍郎唐文獻為正、副主考，典試事。」

本科會試題。

本科會試題有《論語》：「不知命，無以為君子也；不知禮，無以立也；不知言，無以知人也。」《中庸》：「極高明而道中庸。」《孟子》：「老吾老，以及人之老；幼吾幼，以及人之幼。」

楊守勤為本科會元。

《遊藝塾續文規》卷十三《正講一》：「『不知命』全，會元既重『命』字，全篇脈絡，自當一氣貫通。講首句找云：『非必試之愉蕩之鄉，而已知其趨操之易亂；非必試之群妄之交，而已知其衡鑒之易昏。』把下面『禮』、『言』

一齊挈起。過下云：『惟知命，則必知其受采受和於此命者，而從天則固德性，是無體之卓識也；惟知命，則必知其自宣自吐於此命者，而提群言爲折衷，是定後之虛明也。』上下融合，神理俱完，自然之中若有成法。講下二段云：『君子無溢而不節之情，儻不知禮，而耳目心志皆世情錯出之端，其何以立？則禮非迂節，蓋知命中不可無此實詣矣。君子亦無翳而不宣之鑒，儻不知言，而揣摩伺察正自心惑溺之境，何以知人？則區別必審，是知命中不可無此朗識矣。』『耳目心志』等句，極透徹，極痛快，對症下藥，移易不動。繳云：『蓋由元始窺眞源，則乘除悉注於無意，而形色天性合一而凝，並萬類之神一聽之常理，君子所爲立命，而物我同遊也。本良知見天載，則理數悉渾於無情，而節文條理融通而入，並人情之歧合咸囿其範圍，君子所爲至命，而人己共鑄也。』聯三爲一，原委秩如，意洽精流，若有神助。余往年評浙江鄉卷，原許其可以作元，今年春榜初傳，自信予言之不謬。及得其眞卷讀之，則其文與舊作迥然不侔若兩人然。蓋鄉試之文，積學有年，蓄力待戰，知其嚴思滿志而出之者也，有心於元者也。會試之文，逍遙自在，如不欲戰，知其任意開襟而成者也，無意於元者也。若遊於塵垢之外，而卷舒自如；若得鬼神之助，而冥然合轍，殆非肉眼所能識，亦非凡情所可測也。是以修業者平時之力索強探，乃積累之粗跡；而一日之文緣湊合，則神授之眞機也。通乎此者，可以言文矣。」「二名魯史作三段做，後復總收。此題曰命、曰禮、曰言，原是三物，論理原當三平，聞今年場中主司亦以三股平講爲善，但三十年前，此等題都是三平做，後因煉格漸新，遂不復肯循常轍。邇來諸生因奇思平，因過思矯，因煉格太鑿，反思不煉之爲高，故遇兩扇題輒欲板對，遇三比題輒欲三平。上科南京『克明德』三節，沈因仲諸公皆作三段講，『仕而優』二句，皆作兩扇對，魯公之作，正合時宜。第三梅之煥亦作三段講，首句云：『夫命而僅僅按定數、聽適然，此猶易知者耳，至於天人相與之際，戩穀耶？鞠訩耶？有不自命造而自我造者，其機權不更微乎？識參造化，而儘其在我以勝之，君子所以不衡命而委命，而造物惟此斡旋者也，不然，而鮮不役役矣。』說『命自我造』，不離氣數，直透先天，乃至精之語。講『不知禮』云：『夫禮而區區比節度、習儀文，此猶易知者耳，至於經緯從出之原，爲矩耶？規耶？有不自我制而自天制者，其節文不更精乎？反觀天則，而融其眞見以合之，君子所爲以中立以正立，而邪僻無所搖蕩者也，不然，而鮮不靡靡矣。』直探『經緯從出之原』，而本之天制，細膩精入，非徒作者。講末

段云：『苦言爲忠，甘言爲佞，易知也，至於佞而忠託之，而忠者反類於忤，易知乎？訐言爲仁，巧言鮮仁，易知也，至於佞而知飾之，而仁者反見爲拙，易知乎？自非明炳言前，而徒相人於詞說者也，鮮不貿貿矣。』專辨其心術，而不『徒相人於詞說』，比題意更進一層。潘瀾先總提，次平敘三段，末總收，亦是常格，中間講語甚細。首句講云：『命而曰知，則跡其所以修，去其所以悖，如是者君子，而不然者，將以安身而立命者操何術也？諒居易之君子必不若是。』題止言知命，而講云『跡其所以修，去其所以悖』，則不徒知而並欲行矣。中段講云：『禮而曰知，則去危而即安，黜華而就實，如是者能立，而不然者，將以固肌膚而束筋骸者操何物也？諒自立之君子必不若是。』『去危而即安，黜華而就實』二句，是說禮之所以立處。末句講云：『言而曰知，則是非莫眩，得失莫逃，如是者知人，而不然者，所以庸加言而鑒讒說者操何衡也？諒知人之君子必不若是。』『是非莫眩，得失莫逃』，是言之所以知人處。後『涉世』、『出世』二比，新警不群，但收六比則太多耳。胡承詔一頭兩腳做，中間講語亦精，首句云：『命者，天數也；爲者，人道也，借天以攝人，而何以稱君子之純心？然而不知之，恐無以袪妄念而造於純也。君子者，無爲而爲者也；知命者，有所制而不爲者也，以有爲冀無爲，而何以望君子之眞修？然而不知之，終無以解世役而還於眞也。』『天數』、『人道』、『有爲』、『無爲』，皆開人不敢開之口。過下云：『要之謂知命後而徐議持己，徐議觀人，始有所以爲君子之資可也；謂知命後而遂無失己，遂無失人，悉盡所以爲君子之道未可也。』一齊挈起，過下有力。後將二段講完，復收二比，輕重得法。」「文字有識見可元，力量可元，而偶厄於數，屈居人後者，殆可悶悶，若六名周鉉是也。其講首句云：『命不擬人境而就，故境時供時取而我不遷，所以砥礪其人品也，不知易以逐境爲浮沈；命不與事物爲偶，故物有得有喪而中自如，亦以澄練其心神也，而不知總以物誘爲趨避。識昏於元始，處處有危微之幾；神暗於淺營，擾擾無太寧之地，欲爲君子，何途之從哉？命之不可不知也。』『命不擬人境而就』及『命不與事物爲偶』，皆入理之微談；『砥礪其人品』、『澄練其心神』，愈講愈細；『識昏』四句順講『不知命』，而下以一句收之，甚有力。過下云：『是攝持天理之功也，而攝持從何處著力？莫若就其理之最著者知之。是檢點人情之則也，而檢點從何處起倪？莫若就其情之最露者知之，則禮與言也。』又徹則俱徹者。神到意到，筆力亦到。講『知禮』句云：『人身自情牽欲染而外，誰非戴禮之官所恃以強立不返耶？此

之知而以情欲撓之，將何所不撓？天則不據於胸中，而視聽言動爲無根已。威儀亦所以定命也，欲爲君子者，胡不於眞體效靈也？』情欲而外即是禮，天則亡而視聽言動爲無據，皆言之有理者。講『知言』云：『人心自飾貌匿情而外，誰無內爹之言所用以藻鑒於人群耶？此之知而以情貌隔之，將何所不隔？言不徹於人倫，而是非好惡爲無靈也。知人亦所以知天也，欲爲君子者，而奈何不於實事持衡也？』情貌不隔，則言必內符，『是非好惡爲無靈』，亦創見之語。繳云：『命不涉形色，立則附於形矣。總之，神定於象先，無形照，有形亦照，而何處不主持世教？命不著聲臭，言則著於聲矣。總之，識超於蹈外，無聲徹，有聲亦徹，而何處不挽回人心？』語語入玄，字字徹髓，殆洞朗不群而獨步詞林者也。王家植亦以『命』字貫下，其高處在首節不多做，卻於過文處重做四比，後二比云：『則禮與言之當知也，乃眞知中統括之全體也；而能立之與知人也，乃全知中明照之實事也。』提得最緊。後二段實講處亦不多，但輕輕遞過，末繳云：『蓋眞明有暫晦之時，良知無終蔽之理。論知於根本，當於世俗難持處，剖析其修吉悖凶之原；論知於散殊，當於恒情易忽處，磨刮其自損自益之理，則其知全其德成矣，庶無愧於君子。』通篇輕揚飄灑，不甚費力，如遊騎驚群，離合自在。劉嗣傳起不總提，三段另講，而中間脈理則一線相承。其講首段云：『生人之紛逐無涯，而帝降之權輿有赫，是非其命耶？鑒界者密而昭事者疏，順承者難而衡決者易，君子所謂通極性命，其知審焉而有如不知也，必且幾幸望外，必且輊業分中，吾未見不知命而可謂君子也者，是知命其亟圖也。』『生人』二句，提得雄偉冠絕，曰『望外』、曰『分中』，皆細膩。過下云：『顧命之境靈而威儀定命，尤其脈理之關；命之機微而知人則哲，尤其神明之牖。』綿密爽健，讀之爽口。講下二段皆根『命』說，末復繳云：『蓋能知則以不可必者歸之命，而以不容越者範之禮，是故利害得失無速於境，身心性情允協於則，此君子所爲盡性知命，其源醒也；能知則以命化外來之寄遇，而以言操內信之眞符，是故窮通順逆不汩其眞，而是非淑慝不爽其辨，此君子所爲知天知人，其理微也。』以『知』字總繳，而才情流動，纏纏不窮，可式也。張京元先提一頭，次平講三段，末以『知』字總繳，其講語亦甚不凡。首段云：『命與我俱來而即以宰我，此非可意想以爲知，必眞見夫我之外無命，斯命之外無我，而不知者茫茫於命中，且營營於命外，我既不能定命，而復不安爲命所定，理與數兩無所主者也，何以爲君子也？』不以意想爲知，便是入微處。中段云：『禮從身而出而即以律

身，此非可浮慕以爲知，必眞見夫性天之品節，即身世之範圍，而不知者未發泊其中，已發乖其節，吾既不能用禮，而並不能爲禮所用，內與外兩無定者也，何以立也？』『性天之品節，即身世之範圍』，是精詣語。末段云：『言自心而生而即以鏡心，此又非口耳以爲知，必眞見夫口耳之本原，即人群之流品，而不知者既眩於言之中，又何辨於言之外，吾不能操人之衡，而且以自昏其鑒，衡與鑒兩無所憑者也，何以知人也？』『言之本原，即人之定品』，自是至理。樊良樞起提四小比，中作三段，末輕繳。講首句云：『命非必不言數也，而君子見理不見數，惟其爲君子也，故命不可以不知。苟未能洞晰乎吾性之原，而有契於於穆之權，竊恐陰陽禍福之說入焉而墜，而上下天人皆危幾也，何以主化育之神，而制造化之權哉？必非君子而可矣。』『見理不見數』與『上下天人皆危機』，都是玄語。中段云：『禮非有體，非必無體也，而君子又以之能立，惟以之立也，而禮不可以不知。苟未能達觀夫會通之原，而默察夫中正之則，竊恐精神血脈之守出焉而蕩，而耳目肌膚皆躓途也，何以植德性之閑，而貞天下之動哉？雖欲立焉而無由矣。』曰『非有體非無體』，便是出人，『耳目肌膚皆躓途』，亦是不經人道語。末段云：『言非有響，非必無響也，而君子又以之知人，惟以之知人也，故言不可以不知。苟未深維夫主心之原，而致嚴於似是之辨，竊恐愛惡攻取之私投之而亂，而瑕譽異同又不勝窮也，何以極人情之變，而究政事之害哉？雖欲知人而無由矣。』三段沈著痛快，句句用意，眞老手也。十名前，諸卷濃淡異轍，豐約殊方，各有二種獨到之識溢於言語文字之外，徐會而默識之可也。」「會試十八名前皆係正魁，皆當留神細玩。十一名戴新總提後講『知命』云：『夫命者，稟於眞而不易，固不以無定或爽其有常；運於化而不拘，亦不以有方可持其至變。此而不知，則命一而我見爲歧，命順而我欲爲衡，究且以覘覦於造化之權，徼幸墮好修之志，而趨操從此謬矣，其何以爲君子？』曰『稟於眞』，曰『運於化』，皆在氣數之先，『一而歧』、『順而衡』等語，皆造微逼眞，非徒作者。講『知禮』云：『節情制性，非禮弗嚴也，而筋骸之所檢束恒式於志，不式於象，自非規旋矩折之內自有密察識，而攝持雖堅，情貌先煥然不相扶矣，其何能立？則立本於禮，而不知者固無以立也。』攝持堅而情貌不屬，則禮非虛文矣。講『知言』句云：『抒衷達蘊，非言不章也，而品格之所懸別必燭以理，不燭以聲，自非緣表測裏之間自有默藻鑒，而揣摩雖巧，心跡每貿然不相照矣，其何有於知人？是人不離言，而不知者固無以知也。』『燭以理，不燭以聲』，自

是的見。繳云:『蓋命參理數之會,而威儀亦所以度衷,則不得謂命精而理粗,故必幽徹冥漠之宰者,又顯達秩敘之端,而擇守依據之見益確;禮合經曲之全,而擬議尤所以極化,亦不得謂禮眞而言幻,故必躬履加會之通者,又心析異同之辨,而後身心修證之途俱醒。』兩相挽結,先後合縫,熟玩此作,其天資甚朗,其學識亦優。中間有理精而氣不貫者,則以其作文不甚多耳。洪啓聰先總提,講首句即含下『禮』與『言』,及講下二段亦從『命』上轉去,中間實講處不甚著詞,特以意斡旋過去。如講『不知命』而云:『泥造化之物物,混世情之罔罔,謬託天道之難曉,卒墮世人之險途。』此皆超然於繩尺之外而得諸玄詣者,定非淺學可到。講下二段云:『以命視禮,禮即命所殽耳。夫是以有威儀度數之析以定命也,此而不能知,檢押疏,心志蕩,吾身何由立焉?而彼知命時所爲,不規而圓,不矩而方,而必借陛於繩墨者,果何爲矣?以命視言,言即命所傳耳。夫是以有離析致究之詳以證命也,此而不能知,則品騭乖,是非亂,何由知焉?而彼知命時所爲,緣聲得實,緣聞得款,而必啓知天倫竅者,又何爲矣?』汪洋自恣,不錮不班,而獨抒其自得之胸襟,作者難而識者亦難矣。繳云:『會心處不必遺跡,而天性默攝於禮意,俟命超情於言前,即一知命而虛中之跡象已化。蹠實處何事逃虛?而知人爲知天之鑒,察則爲察性之軌,即禮言兼知,而無形之攝入尤精。』明豊之談,自然中窾。金汝諧亦重『命』字,講處多不循常轍,自抒雅調,如講首句云:『由一念之順逆,而居大化禖祥之徵;以道義之應違,而配宇內吉凶之數。』以此講命,幾於入神矣。次於過文處從重發揮,而下二比祇輕拖散結,清標逸韻,藹然動人。魏溶先總提,次作三段,講首段云:『一則當知命,命非渺也,理呈於數,君子以之參元化無營無兢之衷,操修所以日純也,不然,命固定之,我固爭之,勿論爭衡於數,即爭得於數中之理,計較稍萌,而純白已玷矣,其何以爲君子?』說『數中之理』,便入細。中段云:『一則當知禮,禮非象也,性秩爲儀,先王以之植人紀,習焉安焉之妙,德性所以日定也,不則禮固維之,我固逸之,勿論明逸於儀,即少逸其性中之節,動作強持,而精神已蕩矣,其何以立?』末段云:『一則當知言,言非外也,心泄爲聲,哲人以之晰衷曲,天機躍如之外,倫鏡所以獨精也,不則人固泄之,我固昧之,勿論驟聞易炫,即終日聽其言與習其人,且是非兩無所據,而權衡盡爽矣,其何以知人?』語皆入微,雍容閒雅。吳友賢通篇皆佳,三段皆順發揮,富麗平實。講首段云:『世寧有求爲君子而不通極於命也者?命非幻化,上天緣理

以定數，而人還借數以明理，使其一不知而目前之造化已迷矣。暗室屋漏，必多悖而寡修；利害亨屯，必多逆而寡順，若是而幾成德也，是行而不著之凡民也，故天下有立命之君子，有俟命之君子，而不知命者，直行險而無忌憚耳。』就『不知命』上模寫，字字著題，下二段皆然。鄭茂華先講『命』字二比，次講『不知』二比，即用過文羅起下意，末二段祇輕輕敘去，不甚費詞而輕脫清秀，自成一家。葉大受先將『知』字總起二比，即講首句云：『知則現在皆素位，司契在易簡，精不失為達天之識，而次可以幾立命之詣；不知則為愚乘之而惑，巧乘之而矯，內不勝爭衡之妄，而因以牿順受之原。曾君子而有是哉，而奈何以命為屑越也？』一比賓，一比主，闡發甚透。過文云：『顧從玄默之際覓其本根，不得以持守為跡，而試思有生後之形骸，要於何處範圍，則知有貴於禮也者；從無聲之中析其真妄，不得以藻鑒為迂，而試思最易淆之品格，要於何處定衡，則知有貴於言也者。』聯絡有情，居然出眾。祇此一過，便可掄魁矣。後二段祇輕拖云：『人身有主宰，受之以品節則不逾，謬謂繩束之拘而越思檢押之外，則識之既淆，極於何定，有階之惑耳。人心雖難測，泄之以聲音則甚真，謬謂任耳之虛而不窮真偽之實，則表之既溷，裏於何測，有售之欺耳。』語雖不繁，意亦矯矯。」沈德符《萬曆野獲編》卷十五《科場‧甲辰科首題》：「今山陰朱相公主甲辰試，首題為『不知命章』，初命題即約同事，必三段平做，不失題貌，始可掄元。若違式，即佳卷，亦難前列，同事皆以為然。既揭榜，則元卷殊不然，朱氏子弟俟其出場暫憩，漫叩曰：『大人遴擇榜首，何以竟違初意？』朱驚起取卷讀之，歎曰：『我翻閱時，殊不覺也。』蓋識神似為鬼物所掩矣。朱婿張兵部親為予言之。又楊表中『天何言哉，民力竭矣』二儷語，亦夢中先授之者。及閱二場，皆擊節歎賞，謂為成語確對，且切題，因以刻程，蓋冥趣默相此公如此。然元卷為士子所聚嘩，主考有憂之，索性以冠廷對，冀弭群口，天之巧於玉成至矣。」梁章鉅《制義叢話》卷十二：「《文行集》云：萬曆甲辰科會試，總裁朱賡、唐文獻命題『不知命』三節，諭同考曰：『定元必用三平格。』榜發，閱元文為楊守勤所作，是串講，賡殊不自解，乃以第二名屠隆卷進呈。」

三 月

楊守勤、孫承宗（1563～1638）、吳宗達等三百零八人進士及第、出身有差。（據《明神宗實錄》卷三九四）

據《明清進士題名碑錄索引》，萬曆三十二年甲辰科第一甲三名（楊守勤、孫承宗、吳宗達），第二甲五十七名，第三甲二百四十八名。

徐光啟中進士。

《利瑪竇中國箚記》第五卷第三章：「我們的朋友徐保祿過去已得到過碩士學位，1604 年他到北京來參加博士這個最高學位的國家考試。馬丁也從南京來了，渴望試試運氣，考武科的同等學位。這兩位是南京省皈信者中最傑出的人，事實上他們的名聲極大。當然，他們都是高興京城裏的傳教中心已很好地建起來了，基督教的前途是非常有希望的。他們到達後的第一件要務就是來拜訪教堂，行懺悔禮以及領聖餐。有人說，保祿是如此虔誠，以致在領聖餐時竟忍不住流下淚來，就連站在聖壇欄杆旁的人們看了也一樣流淚不止。在他們成為基督徒之前，他們兩人沒有一個成功地獲得自己所追求的最高學位。這次他們在文藝競技場上，好像是去赴戰場，對上帝的福佑滿懷信心，結果是勝利了，兩人都得了博士學位，而且都肯定會獲得自己選擇的翰林院的身份。幾個月之後，馬丁（他姓秦）被委派為浙江省的軍事長官。又過了六個月，他被提陞到南昌的一個更高的職位，不久又陞任到他那個部門差不多最高的地位。他連連越級提陞，而不是按照慣例那樣逐級地陞遷。考試結果公佈時，徐保祿的名字沒有列入最高的等第。因此，根據國家的慣例，他被列入派到京城以外的某地去作官，而非在一個較低的部門裏。從後者，他可以指望得到更高的榮譽。但是看起來似乎天意要選定此人在北京成為基督教的保衛者，因為完全超出了他最大的希望，他被留在北京，並被委派了一個顯職。」

明神宗萬曆三十四年丙午（西元 1606 年）

八 月

兩京十三布政司鄉試。

《國榷》卷八十：「主試京省順天左庶子吳道南、右贊善孫如游，應天左諭德馮有經、右中允傅新德，浙江翰林院檢討蔣孟育、戶科左給事中蕭近高，江西檢討趙用光、刑科右給事中曹于汴，福建編修何宗彥、吏科右給事中翁憲祥，湖廣檢討張邦紀、兵科左給事中胡忻，河南吏部員外郎卜承憲、中書

舍人吳亮、山東尚寶司丞彭遵古、兵部主事張汝霖、山西吏部員外郎陳采、
工部主事馬天錦，陝西工科左給事中孟成己、戶部員外郎宋鴻儒，四川戶部
主事王畿、兵部主事胡來漸，廣東刑部主事張維樞、工部主事魏說，廣西兵
部員外郎王舜鼎、戶部主事張鶴騰，雲南刑部主事陸錫恩、工部主事王宗義，
貴州大理寺評事周延光、行人張孔教。」

十　月

覆試丁酉科被論文理紕繆舉人曹蕃等五名，文理俱通，准免革。（據
《明神宗實錄》卷四二六）

十二月

禮部左侍郎李廷機條會試五事。令房考官不取文體敝壞者。

《明神宗實錄》卷四百二十八：萬曆三十四年十二月，「丙午，禮部左侍
郎李廷機條會試五事。一曰文體。以正大典雅為宗，否者不錄。一曰禮法。
士入闈必冠儒冠，各不得攜酒食筐裏。一曰防範。場中夜半有暗出席舍，徑
到受卷處所，通同胥役將他卷看擇，採取抄謄。而彌封、謄錄所，亦有賄倩
稍通文義之奸人，溷入其中，抄取人卷作弊者，並宜緝禁。一曰經房。場中
《易》、《詩》、《書》三經取中文卷，皆以一房為舉主，獨《春秋》、《禮記》
二經，每經兩房共之，於義何取？宜自今更正，與三經一體，足以寡交省事。
一曰民便。會、殿三試，百凡供用，止將解到錢糧著本部人役買辦，不擾鋪
行。疏奏，詔諭禮臣曰：『文體敝壞，至今日而極。非獨士習之陋，亦因閱卷
官自繇此軌而進，相師相尚，莫知其非。以此取士，士安得不靡然從之。今
後房考官見有離經畔注、穿鑿揣摩及摭拾佛書、俗語，隱諱怪誕者，必棄不
取，甚者參罰。仍刊佈諭旨，預使聞知。』

明神宗萬曆三十五年丁未（西元 1607 年）

二　月

禮科右給事中汪若霖疏言會、殿試閱卷之弊。

《明神宗實錄》卷四百三十：萬曆三十五年二月，「甲辰，禮科右給事中汪若霖疏言：會試分房定數，積習難改，使材士拘而多溢，庸流幸而取盈。甚乃視力鉅細爲士昂低，至令主者不得其衡，甚無謂也。又至廷試，甲次高下，亦視閱者爵之崇卑。又有收卷等官，徇私暗記，若探囊中，取效不爽，無法甚矣。特乞嚴旨申飭，務破各房拘攣之局。多者多錄，少者少收，取舍既定，然後裒多益寡，因文甲乙，仍分各房。至於廷試收卷，宜令監試御史同禮臣嚴查，信手分送讀卷諸臣，亦宜憑文是取，勿以官爵崇卑，漫爲高下，一切苟且，開新進窺闞之端。中又言廣額事。然法卒難行，是科額亦不增。」

楊道賓、黃汝良充會試考試官。取中施鳳來等三百人。（據《明神宗實錄》卷四百三十）

袁宏道《墨畦》：「丁未會試，知貢舉官爲禮部左侍郎署部事李公廷機，考試官爲學士楊公道賓、黃公汝良，皆福之晉江人。入簾之日，上賜宴於南宮，三公坐上座，少詹莊公天合亦知貢舉，以未帶部銜，遂與諸同考俱在陪席。於時經房若黃編修九鼎、提調若呂主事圖南，亦晉江人也。是年主武試爲林公堯俞、史公繼偕，而主席亦李公，時已入閣。史，晉江人。林，莆田人。丁未揭曉日，天氣清和，夜起猶見月。及發榜，雪花亂飛，逾時乃止，過午始晴。問之甲辰亦然，然皆先有雨候。三弟中道久於場屋，舉業之聲聞海內，時同考顧諭德天埈、李諭德騰芳、湯中允賓尹、姚都諫文蔚皆雅重其才。閱卷數日，姚忽於丙夜馳寸紙示顧、李曰：『阿胖已落吾手矣。』二公索卷觀之，曰：『非是。』閱至《書》二房，見一卷有氣骨，諸公傳視，驚喜曰：『是必胖也。』遂以冠房，而主者意不甚洽。諸公力爭之，僅得爲本房之首。及拆號，乃知其非。諸公歎惋久之。先是，姚都諫夢中道披髮入簾內，大哭曰：『某住處已被人奪去矣。』彼時都諫首卷，爲主考改入第四，遂謂夢已定，付之無可奈何，不謂其竟被落也。」文秉《定陵注略》卷九《庚戌科場》：「萬曆丁未會試，張瑞圖策內有云：『古之用人者，有程功積事之格，而初不設君子小人之名。雖有大賢，不得自匿於虛，雖有甚不肖，皆有以自致於實。堯、舜未嘗綜君子之名，而置禹、稷、夔龍於九官岳牧之上，亦未嘗過設小人之目，而輕用四裔流放之討。君子、小人之別，實始於仲尼。彼謂：君子可大受，不可小知，小人可小知，不可大受。極而論之，品可藻飾，而成材不可以假借而就，小人非獨可小知，蓋亦有可大受者，君子非獨有窮於大受，固

有並小知而亦屈者。』顧端文閱及此，髮為上指。後逆賢擅政，瑞圖援附，爰立烈皇，定入逆案云。」《國榷》卷八十：「萬曆三十五年二月丙申，禮部右侍郎楊道賓、黃汝良主禮闈，詹事莊天合知貢舉。」梁章鉅《制義叢話》卷七：「閻百詩曰：何義門《行遠集》中有李光元（係本科進士）『生之者眾』二句文，前半幅云：『王者非能生之也，天下皆生之者，不眾則其源隘矣，故有九職之任焉。徒以耕，天下猶有不耕之民，非眾也，必三農而下，所以各自為職者，孰非開不竭之源；各以職，天下猶有失職之民，非眾也，必臣妾而外，所以相與執事者，孰非攻自然之利。』後半幅云：『內官自九御而下則異數也，此其食而不制甚於冗員，吾不以寵故加比擬之號，而內食者寡矣；外官自九品而外則幸位也，此其食而無功甚於墨吏，吾不以恩故拜權宜之爵，而外食者寡矣。』義門評云：『上句據天官之九職，下句據多官之九室，其文既煩簡不同，難於屬對，故化去兩扇舊局。』艾千子則盡直三農而下、臣妾而外、內官九御、外官九品諸句批曰：『生之食之，其人甚多，獨舉此則隘矣。』噫！九職自三農而下，凡園圃、虞衡、藪牧、百工、商賈、嬪婦、臣妾以及無常職之閑民皆在矣，故曰『以任萬民』，猶可謂之隘耶？大司徒頒職十有二於邦國都鄙，先鄭解則加九職者三事，後鄭解則加四事。然學藝、世事、服事，非生財之人不知。千子所謂甚多者，又何人耶？《國語》『內官不過九御，外官不過九品』，章宏嗣注：『《周禮》：「內有九室，九嬪居之，外有九室，九卿朝焉。」』此引『匠人營國』文也。先鄭解九室，如今朝堂諸曹治事處，六卿三孤為九卿，則舉九品而三百六十屬統，是正《集注》所謂朝無幸位者矣。況又兼婦官言之，並詳《集注》所略，豈其隘耶？千子智見同時不學之徒用經往往舛錯而已，實亦未盡窮經之功，遂並集矢於前輩學有根柢之文，多見其不知量耳。且歸太僕一節文中，亦有自『三農生九穀』，以迄『閑民轉移執事』之語，千子獨不敢批為隘，豈非但憑耳鑒，以名之重輕為文之是非者乎？」

本科會試題。

　　本科會試題有《論語》：「君子之仕也，行其義也。」《中庸》：「君子依乎中庸。」《孟子》：「孟子謂萬章曰：『一鄉之善士，斯友一鄉之善士；一國之善士，斯友一國之善士；天下之善士，斯友天下之善士。以友天下之善士為未足，又尚論古之人。頌其詩，讀其書，不知其人，可乎？是以論其世也。是尚友也。』」

三　月

黃士俊、施鳳來（1563～1642）、張瑞圖（1570～1641）等進士及第、出身有差。

《明神宗實錄》卷四百三十一：萬曆三十五年三月，「戊寅，廷試禮部貢士施鳳來等三百二人，制策問曰：『朕惟帝王執樞立極，必使天下由惟一道，心惟一心。《書》稱皇建其有極，用敷錫厥庶民，極者，聖人所定天下之趨，而一其心也。然有猷有爲有守，皇則念之矣。不協於極，不罹於咎者，亦受而錫之福，何歟？豈王道蕩平，由之則是，苟羞其行，皆可近天子之光歟？後世極之不遵，斯有歧路。有歧路，斯有二心。人務自全，官不任事，而國受其敝。然則皇極可弗行歟？稽之載籍，有言君臣同體，豈可徒事形迹者。有言百官得其職，則萬事得其序者。有言中人以上，處置得宜，皆與全材無異者。與皇極之旨，亦有發明歟？洪惟我太祖高皇帝創業垂統，立教萬世，嘗諭廷臣曰：天下苦無難治，第君臣同心，一德一慮，則庶民萬事，鮮有不康。又曰：居官者大小不同，各儘其職而已。昔范文正凡日所爲，必求與食相稱。有不及，必補之。賢人於國家，盡心若此，朝廷豈有廢事？煌煌哉，眞建極錫極之謨矣。朕夙夜祗繹，罔敢怠寧，亦冀爾有位，同心戮力，急公忘私，以匡朕之不逮。而邇者人懷疑二，事多因循，紀綱日墜，風俗日偷，職業日廢，議論日繁，豈自全之意多，好於爾邦者少歟？不然，毋乃錫極者未至歟？自今欲與公卿百執，共矢乃心，有俞咈無嫌猜，有異同無畛域，有好惡無偏陂，有實政無虛談，究使上錫福，下保極，以庶幾於蕩平正直之道，其何修而可？多士尚揚搉之，毋諱毋節，朕將親覽焉。』」

據《明清進士題名碑錄索引》，萬曆三十五年丁未科第一甲三名（黃士俊、施鳳來、張瑞圖），第二甲五十七名，第三甲二百三十八名。

左光斗成進士。《欽定四書文》隆萬文卷六錄其《孟子》「人皆有所不忍……仁也」題文。

左光斗（1575～1625），字遺直，一字共之，號浮丘，安徽桐城人。萬曆三十五年（1607）進士，授中書舍人，陞浙江道監察御史，後任左僉都御史。參與楊漣劾魏忠賢，又親劾魏忠賢三十二罪。與楊漣同被誣陷，死於獄中，後追贈太子少保，諡忠毅。著有《左忠毅公集》五卷附一卷。《欽定四書文》隆萬文卷六錄其《孟子》「人皆有所不忍……仁也」題文：「大賢論仁，惟全

其不忍之眞而已。夫不忍之眞,即當所忍而見也,求仁者亦務所以達之矣。孟子蓋謂:千古指仁體者,莫眞於不忍,則以不忍一念,於造化爲生理,於人心爲生機。而無奈不忍者不能不乘於所忍也,則君子必何如而合仁體哉?我以爲人之證不忍也,每於不忍之人,而吾之證不忍也,即於所忍之人,則以不忍與所忍無兩人也;人之證皆有不忍也,每以無所忍之心,而吾之證皆有不忍也,即以有所忍之心,則以不忍與所忍無兩心也。惟其無兩人,故一人而忍、不忍異狀,可當體而達也;惟其無兩心,故一心而忍、不忍同宅,可當念而達也。達非執不忍以塞忍也,有可塞者必有源,而當其不忍,忍何因而生,及其有忍,不忍何因而滅,則所忍之原非有源也,無源者還之妄,而不忍之眞有沛然其流豈者矣;達亦非破忍以疏不忍也,有可疏者必有關,而當其忍時,不忍何所往,及其忍滅,不忍何所來,則不忍之原非有關也,無關者浚其眞,而所忍之妄有索然其立竭者矣。是以驗惻怛之良者,每不於習見而於乍見,乍見之不忍,即習見之所忍也,但使時時如乍見,而仁人之運天下、保四海者豈更煩轉念焉?驗幾希之統者,每不於旦晝而於平旦,平旦之不忍,即旦晝之所忍也,但使在在如平旦,而仁人之弘胞與、大立達者豈更煩易念焉?故曰仁也。夫惟知不忍之爲仁,而於日生見大德;人知所忍之未始不可爲仁,而於來復見天心。斯深於仁者矣。」評謂:「孟子示人,只就當下指點,令人豁然有警發處。此篇恰與本文相似,良由仁義根心,故直達胸中所欲言,而與聖賢之詞氣自比附也。」

明神宗萬曆三十七年己酉（西元 1609 年）

三 月

禮部侍郎吳道南疏申飭科場事宜。令取中文字不得冒犯禁約。

《明神宗實錄》卷四百五十六:「(萬曆三十七年三月丁未)禮部侍郎吳道南疏申飭科場事宜:一、嚴限字之制,一、重主考之任,一、愼擇分房之選,一、責成四所之官。上曰:『科場文體屢經禁約,通不遵行,士風薄惡,法紀淩遲,一至於此,深可痛恨。今後取中文字,但有冒犯原禁及字數過限者,該部、科參來,將考官重處,其士子不分輕重,盡行黜革。如容隱不舉,罪坐部、科,餘俱依擬行。』」

八　月

兩京十三布政司鄉試。

《國榷》卷八十一：「京省主試順天左右諭德蔣孟育、趙用光，應天右諭德何宗彥、洗馬南師仲，浙江編修黃國鼎、刑科給事中周日庠，江西翰林檢討盛以弘、刑科給事中張國儒，福建檢討雷思霈、戶科給事中王紹徽，湖廣編修龔三益、戶科給事中顧士琦，河南吏部主事王宗賢、兵部主事胡思仲，山東刑科給事中彭惟成、工部主事邵輔忠，山西尙寶司少卿魏可簡、兵部主事曾珍，陝西吏部員外郎袁宏道、兵部員外郎朱一馮，四川戶部員外郎張之厚、刑部主事王元雅，廣東刑部主事鄒元會、工部主事趙賢意，廣西戶部主事劉仲斗、行人丘懋煒，雲南戶部主事朱之臣、中書舍人李成名，貴州大理寺評事丘雲肇、行人陳伯友。福建大雨水，鄉試改十二日。」

利瑪竇稱鄉試為碩士考試。

《利瑪竇中國箚記》第一卷第五章：「中國士大夫的第二種學位叫舉人（Kiugin），可以和我們的碩士相比。這種學位在各大省份以很莊重的儀式授與，但祇是每三年在八月舉行。並不是所有希望得到這種學位的人都能得到。祇有第一流的人能被選中，他們的數目取決於該省的地位和名聲。在南京和北京兩區，有一百五十名學士應召赴碩士考試。浙江、江西、福建各爲九十五人，其他各省更少一些，這要視該省的地位和以前該省已經中舉的人數而定。如前所述，祇有學士才能應召參加這一第二級學位的考試，而且並非他們全部。選擇由學監做出，他從該省的各城市或學習中心召集三十人或最多四十人，這一選擇根據筆試成績。但是，雖然選擇很嚴格，在有些較大的省份，投考碩士學位的人數常常超過四千。每當這種三年考試之期，例如 1609 年舉行過一次，下一次將在 1612 年舉行，日期是在第八次月圓之前幾天，西曆則常在九月份，北京的官吏就向皇帝呈遞一百名全國最著名哲學家的證件。從這份名單中，皇帝指定三十名，或每省兩名，主持對碩士學位的公開討論。這些主考官中必須有一名是由皇家學院，即稱爲翰林院的選出，翰林院的班子被認爲是全國最知名的學者所組成。主考官一經皇帝指定，就祇剩有足夠的時間必須立即啓程去他主考的那個省份。而且還有很多監察官被指定來保證主考官在召集碩士們之前不得與該省任何人談話。在這次考試中，地方行政長官召請本省最著名的學者或哲學家來協助朝廷所指定的這兩位省

級主考官，對應考人交上的文章進行初步討論。在每個大城市都有一座專門為這一考試而修建的寬闊無比的宮殿，四周圍以高牆。考場內有許多套間隔絕外務，專供上面提到的考官討論呈交上來的手稿。在這座宮殿的中心有四千多個小單間，每間祇夠放下一個人用的一張桌和一把椅。小單間的構造使得相鄰的人不能談話甚至見面。當本地考官和朝廷考官到達這個城市時，立即被帶到這座宮殿裏各就各位，而不得與任何人談話。甚至在評閱考卷時他們也不准彼此交談。這段特殊時期日夜都有地方官的和軍隊的警衛不斷在巡邏，以防宮殿內工作的人和外邊的人以口頭或書面形式進行任何接觸。」

十二月

壬申，禮部題會試屆期，條列七款申飭。一、文章定體宜嚴。一、關防約束宜嚴。一、分考閱卷宜詳。一、謄對用罰宜必。一、號數稽查宜慎。一、廷試之規宜肅。一、乞恩之數宜定。命依議行。（據《明神宗實錄》卷四百六十五）

明神宗萬曆三十八年庚戌（西元 1610 年）

正　月

袁中道、錢謙益、李流芳等在京師結社修業。

袁中道《珂雪齋集》卷十一《徐田仲文序》：「庚戌計偕，予與李長蘅、韓求仲、錢受之諸公，結社修業，田仲與焉。時韓與錢皆收，而予等被落。」

二　月

乙卯，會試天下貢士，命禮部右侍郎兼翰林院侍讀學士仍掌詹事府印翁正春知貢舉，吏部右侍郎兼翰林院侍讀學士蕭雲舉、王圖為考試官。壬申，會試，取中貢士韓敬等三百名。（據《明神宗實錄》卷四百六十七）

談遷《棗林雜俎・聖集》：「歸安韓敬，嘗師事宣城湯太守賓尹。萬曆庚戌，湯分考搜鄰房，拔敬會元。時方忌湯，遂見攻者眾，敬免官，終身不達。

彼其才自足博一第,惜以主司累也。」謝肇淛《五雜俎》卷十四:「洪武丁丑,
會試天下,進士已定,因所取多南人,士論不服,始命重試,取韓克忠等。
而先中者及考官劉三吾等皆得罪。弘治己未會試,程敏政典試,給事中華昶
劾其鬻題與徐經、唐寅等。及揭曉,林廷玉又論之,於是命李東陽重閱,而
黜經、寅等十餘人,敏政亦坐罷歸。今萬曆庚戌,湯賓尹爲房考,越房取韓
敬爲第一,言官論之不已,但終無佐證,韓與湯皆坐褫職。而場中越房取者
尚有十七人,言者並及之,於是行原籍,取所中朱卷,會九卿臺省覆閱之,
然俱無他故,不能深入也。此事蓋三見矣,而庚戌爲甚。蓋議論紛紜不一,
越三四年始定。余友王永啓亦在十七人中,時在南職方杜門待命者數月云。」
《明史・選舉志》:「三十八年會試,庶子湯賓尹爲同考官,與各房互換闈卷,
共十八人。明年,御史孫居相劾賓尹私韓敬,其互換皆以敬故。時吏部方考
察,尚書孫丕揚因置賓尹、敬於察典,敬頗有文名,眾亦惜敬,而以其宣黨,
謂其宜斥也。」文秉《定陵注略》卷九《庚戌科場》:「萬曆三十八年二月,
命吏部侍郎蕭雲舉、王圖爲考試官,取中舉人韓敬等三百名。時同考試官翰
林湯賓尹、南師仲、張邦紀、張以誠、孫承宗、王家植、駱從宇、張鳳彩、
雷思霈、丘禾實、陳五昌、彭雲霄,給事中曾于汴、胡忻、胡應台,吏部宋
世守,兵部徐鑾,工部張濤。知貢舉者,禮部署部事右侍郎吳道南。三月,
廷試策士,賜韓敬、馬之騏、錢謙益等進士及第、出身有差。湯賓尹當民變
時邂跡西湖,莫有過而問者,韓敬以太學生具五十金爲贄,執業請正,兩人
交好最密也。己酉,敬中順天鄉榜。庚戌會試,敬卷在徐鑾房中,已塗抹矣。
賓尹遍往各房搜閱諸卷,識敬卷於落卷中,移歸本房,潛行洗刷,重加圈點,
遂取中本房第一。復以敬故,於各房恣意搜閱,彼此互換,以亂其跡。吳公
道南在場中與賓尹動色相爭,主考蕭、王兩公亦大不堪,《試錄》敘內兩臣才
望淺劣,不足爲重,以後請以閣臣蒞事,庶幾成體,蓋指湯也。榜出,都下
大嘩。吳擬發其事,請教福清,福清曰:『若此弊一發,將蕭、王俱不能安其
位,且公資在兩公後,恐有排擠前輩之嫌。』吳乃止。既廷試,湯、韓密謀
齎四萬金進奉內帑。進呈,閣擬錢謙益第一,神廟拔韓敬爲第一,謙益第三。
次年,湯遂罷察典。臨期,韓詣王,爲湯求解,王曰:『第一款即兄之事。』
韓語塞而退。先是丁未會試,賓尹亦預同考閱《書經》,吳門相公次子在賓尹
房中,已中式矣。對取墨卷時,賓尹密挑習貫察之,知爲申也,適某房有一
卷遺失墨卷後場,請命主考,主考曰:『中備卷。』湯聞之,急取申墨卷後場

焚之，亦請命主考，主考亦曰：『中備卷。』某出無心，竟將備卷取換，而湯出於私意，心頗不安，伴曰：『此卷本房愛之，不能舍，願一尋覓。』時吳江周道登亦同分考，湯拉之偕往，蓋以周爲同鄉，是爲證佐也。晉江李廷機以中宗伯知貢舉，每事綜覈嚴密，然裁省過當，人弗能堪。晉江進同塡草榜，諸公迎謂曰：『公今年知貢舉，事事精詳，卻有絕奇之事，某房某房有兩朱卷業已中式，竟失去墨卷後。』晉江不應，令各役搜箱中，則某房儼然在焉，仍易去備卷。申卷則已毀，訖無從覓也。儀制郎某耳語晉江曰：『此卷原吳門相公子。』晉江禁其勿泄，令各役遍搜草榜，竟將塡正榜矣。晉江命空此一名，先將前後諸卷以次拆塡。晉江又曰：『得毋混入《詩經》乎？』並《詩經》落卷，亦肆搜錄，終不可得。晉江又出賞示曰：『有能得此卷者，本部賞銀三十兩，所中舉人令出賞銀三百兩。』於是內外大小諸役無不畢集，而卒不可得。塡榜訖，天已大明，勢不容更遲，乃拆備卷，則爲李光元，係江西名士，而申卷則相公子也。中外歡騰，咸歸美賓尹，故是科復預同考，聽其各房搜卷，莫之或正也，然終以此敗。有田吉者，對策傳遞，爲監試御史徐兆魁所糾，下部參看。禮部覆罰三科，至壬戌乃補廷試。後與兆魁同入逆案。」李調元《制義科瑣記》卷二《湯賓尹科場作弊始末》：「庚戌狀元韓敬者，歸安人也，受業宣城湯賓尹。賓尹分校會試，敬卷爲他考官所棄，賓尹搜得之，強總裁侍郎蕭雲舉、王圖錄爲第一。榜發，士論大嘩。知貢舉侍郎吳道南欲奏之，以己資淺，嫌於擠排前輩，隱不發。及廷對，賓尹爲敬夤緣得第一人。後賓尹以考察褫官，敬亦引病去。事已三年矣，會進士鄒之麟分校順天鄉試，所取童學賢有私，於是御史孫居相並賓尹事發之，下禮官會吏部、都察院議，顧不及賓尹事。振基乃抗疏，請並議，未得命。禮部侍郎翁正春等議，黜學賢，謫之麟，亦不及賓尹。（孫）振基謂議者庇之，再疏論劾。乃下廷臣更議，御史王時熙、劉策、馬孟正亦疏論其事，而南給事中張篤敬證尤力。方賓尹之分校也，越房取中五人，他考官傚之，競相搜取凡十七人。時賓尹雖廢，中朝多其黨，欲藉是寬敬。正春乃會九卿科道翁憲祥等六十三人議，坐敬不謹，落職閒住。御史劉廷元、董元儒、過庭訓，敬同鄉也，謂敬關節果眞，非止不謹，執不署名，欲遷延爲敬也。正春等不從，持初議上。廷元遂疏劾之。公議益憤，振基、居相、篤敬及御史魏雲中等連章論列，給事商周祚亦敬同鄉，議並罪道南。孟正以道南發奸，不當罪，再疏糾駁。帝竟如廷元等言，敕部吏劾。廷元黨亓詩教，遂劾正春首鼠兩端，正春尋引疾去。會熊廷

弼之議亦起。初，賓尹家居，嘗奪生員施天德妻爲妾，不從，投繯死。諸生馮應祥、芮永縉輩訟於官，爲建祠，賓尹恥之。後永縉又發諸生梅振祚、宣祚朋淫狀，督學御史熊廷弼素交歡賓尹，判牒言此施湯故智，欲藉以雪賓尹前恥，又以所司報永縉、應祥行劣狀，遂杖殺永縉。巡按荊養喬遂劾廷弼殺人以媚人，疏上，竟自引歸。廷弼亦疏辯。都御史孫瑋議鐫養喬秩，令廷弼解職候勘。時南北臺諫議論方囂，各有所左右。振基、孟正、雲中、策及給事李成名、麻僖、陳伯友，御史李邦華、崔爾近、李若星、潘之祥、翟鳳翀、徐良彥等持勘議甚力，而篤敬及給事中官應震、姜性、吳亮嗣、梅之煥、亓詩教、趙興邦，御史黃彥士、周遠等駁之，疏凡數十上。振基等復極言廷弼當勘，並斥言篤敬等黨庇。自是，黨廷弼者頗屈，帝竟如瑋與振基等言，令廷弼解任，其黨大恨。吏部尚書趙煥者，唯詩教是聽，乃以年例出振基及雲中、時熙於外，振基得山東僉事，瑋亦自引去。振基兢直敢言，居諫垣僅半載，數有建白。既去，科場議猶未定也。於是劉策復上書極論，而賓尹等必欲十七人並罪以寬敬。孫慎行代正春復集廷臣議，仍坐敬關節而昭雪十七人，疏竟留中。賓尹、敬本有奧援，外廷人口口之，故議久不決。篤敬復上疏，論敬陰詆諸黨人，諸黨人旋皆出外，並逐慎行。既居相、策亦引去，之祥外遷。孟正益不平，疏言：『廷弼聽勘一事，業逐去一總憲，外轉兩言官矣，獨介介於之祥。韓敬科場一案，亦去兩侍郎、兩言官矣，復斷斷於篤敬，毋乃已甚乎！』疏上，孟正亦調外任。凡與敬爲難者，朝無一人，由是得寬典，僅謫行人司副。蓋七年而事始竣云。」

本科會試題。

本科會試題有《論語》：「『有美玉於斯，韞匵而藏諸？求善賈而沽諸？』子曰：『沽之哉！沽之哉！我待賈者也。』」《大學》：「所謂誠其意者：毋自欺也，如惡惡臭，如好好色，此之謂自謙，故君子必愼其獨也。」《孟子》：「有大人之事，有小人之事。且一人之身，而百工之所爲備。如必自爲而後用之，是率天下而路也。」

庚戌分考，諭德趙師聖得會稽劉遷卷，薦第一。主司嫌首義過奇，抑置第六。趙固執不可，遂冠乙榜，謂來科必元。遷終不第，言及輒墜涕。（據談遷《棗林雜俎·聖集》）

三　月

韓敬（1580～？）、馬之騏、錢謙益（1582～1664）等進士及第、出身有差。

　　《明神宗實錄》卷四百六十八：萬曆三十八年三月，「辛卯，策試天下貢士韓敬等三百名於廷。制曰：『朕惟帝王制治，要在知人，權在出令。然知人之法，不過曰敷奏以言，明試以功，言固可不辨歟？至於出令，則或擬之絲綸，或喻之渙汗，或謂當堅如金石，信如四時，令固若是重歟？唐虞三代之盛，言必底績，令出惟行，邈乎尚已。即漢唐以下之主，猶有能綜覈名實，用致中興，詔書一下，而驕將悍卒，莫不用命者，是豈無所操持而能然歟？我太祖高皇帝再造寰區，明並日月，威如雷霆，臣下每有陳奏，情僞立決，薄海內外，凜凜奉功令惟謹。聖烈神謨，炳耀萬世，二百餘年之治安，恒必繇之，可得而揚屬其盛歟？朕御極初年，紀綱振肅，德意旁流，浮淫之說稀聞，奉宣之吏多有，亦仰憑皇祖之餘烈焉。邇來人心躁競，翕訾成風，一人而此是彼非，一事而此可彼否，甲乙互爭，薰蕕莫辨，公車奏牘，不可勝覽，蓋議論混淆之弊，至今日而極。至於吏治邊防，士風文體，諸關係治化者，朕皆三令五申，期於振刷，而守令之貪殘，封疆之破壞，逢掖之囂陵，文章之怪誕，皆日甚一日，雖有明綸，褢如充耳。蓋詔令廢格之弊，亦至今日而極。茲其故果安在歟？漢人言四患當屏，曰僞曰私曰奢曰放。宋人言國家宣敕條貫，繁而無信，輕而勿稟，上失其威，下受其弊，以今日之事質之，同歟否歟？《傳》不云乎：君臣同心治化成。今上欲省而下愈煩，上欲行而下愈格，安所得同？深惟厥咎，豈朕之燭斷未精，而率作省成者非其道歟？抑臣下矜忮黨伐，慮不在公，偷玩習成，有難遽挽？將無所謂同言而信，信在言前，同令而行，誠在令外，上下之間，固自有潛孚嘿喻，而不在於科條文告之末者歟？爾多士挾策而來，目擊時弊，諸所爲省議論，定權衡，重令尊君，必有畫矣，其明著於篇，朕將覽焉。』」《國榷》卷八十一：「萬曆三十八年三月辛卯，策貢士韓敬等三百人，賜韓敬等進士及第、出身有差。試日，貢士田吉以浙江道御史徐兆魁傳遞被糾。下禮部，言策末宜宥還籍，候再試降散。從之。」

　　據《明清進士題名碑錄索引》，萬曆三十八年庚戌科第一甲三名（韓敬、馬之騏、錢謙益），第二甲五十七名，第三甲二百四十二名。

徐日久成本科三甲進士。

徐日久，浙江西安（今衢縣）人，字子卿。萬曆三十八年（1600）進士，授上海知縣，以劾謫官湖廣藩幕，署江夏事，著有《實抄錄》、《巡海實錄》、《歷代史抄》、《子卿近業》、《五邊典則》等。

《欽定四書文》隆萬文卷六錄徐日久之作二篇。

一為《孟子》「象日以殺舜為事」一章題文：「觀虞舜之待弟而見仁之大焉。夫舜之仁於弟，一人耳，封之猶有不忍離者，何至於放，而況於甚焉者乎？嘗觀天下有至仁，則足以當天下之異變。何也？變之異者，無過於舜之遇象。而舜之為兄也，後於其所以為子，先於其所以為君，其處之裕如矣。乃世之人執君道以求之，而疑放疑殺，靡所不至，夫將等之四凶之罪，而擬以天下咸服之誅，豈仁人處弟之道哉？親愛者兄弟之性，富貴者天子之權。舜之於兄弟也，雖天子弗有加也；舜之為天子也，於兄弟不以易也。有藏怒乎，宿怨乎，舜不知也，知其為吾弟而已矣，而有庳之封，徒泥吏治之一端以疑其放，何量舜之薄哉？即既富矣，既貴矣，舜猶弗知也，知其為吾弟而已矣，而介弟之親，猶泥於歲時之常事以疏其跡，亦豈盡舜之心哉？蓋至觀五玉之瑞，與群后同班；而述職之期，非以春秋為節。而後知廟廊喜起之歌，此君臣期會之盛，不如『思君』之一語為樂也；治國之吏，又君民一體之思，要不如常常之見為親也。彼蕞爾之封，何足以廢吾刑賞之正，而後世之求於仁者，其度量不相遠哉！乃知象也者，舜所以底豫之一機；而封象者，即所以無為之大概。蓋以兄弟和樂而順於父母，無不順也；以任人圖治而統理天下，又何為哉？故曰舜之所以為子、為君與其為兄，無二念也。後之人親愛不足而且借天下之法以文之，嗚呼，此真至不仁也已！」評謂：「題中義蘊無不醒豁。更能於題外尋出波瀾，以鼓蕩題情，是謂妙遠不測。」又錄其《孟子》「周室班爵祿也」一章題文：「舉王制之略而爵祿斯重矣。夫爵祿者，王者之所以重天下也，得其名斯得其等矣，雖去籍何為哉？嘗觀班爵祿之法，總之以天下為公，而以公天下為天子之柄，是故其本末輕重，蓋甚詳焉。而不意故府之籍，今不存也，則請言其略。彼周之盛時，天子非加尊也，而要以定天下之名、享天下之實者，謂是為天子之位。其下乃有公有侯有伯有子男，以視天子皆臣也；而為其國主，亦君也。是以有君之等，以明主之尊；有卿大夫士之等，以陳輔之誼。當其時，以億萬一心也，故入仕王國，出監

侯邦，則曰此天子之臣；即藩屏分治也，而或命於天子，或命於其君，總曰此天子之陪臣。天下之爵亦有不班自天子者哉？夫爵由天降，故為天之子，其處尊自在一體之中；祿以地制，而率土皆王，則分方宜操群后之重。我思周之立國規土，中以定鼎、建豐鎬以為都者，豈非謂制不下逮而勢不移等哉？如人臣之制不過公侯，是天子之卿所視受地者也，而制於百里，其臣與食之不至有餘；公侯之次為伯子男，是天子之大夫士所視受地者也，而制於七十里與五十里，其臣亦等差以食之不虞不足。舉九州之大，分千八百國之君，非不謂眾，而微之附庸，猶錯處其間；列五等之爵，定以四、以三、以倍之祿，非不已詳，而極之農夫，猶得食其力。乃周之衰也，其所先侵削者庶人也，繼之所兼併者與國也，終之所弁髦者遂及天子矣。天子之權輕，而爵祿遂輕；班爵祿者輕，而竊爵祿者偏重。彼諸侯之去籍也，徒畏害己而害乃愈滋。吾欲著其略，以為此天下萬世之利也。吁，其鑒哉！」評謂：「題外一字不添設，題中一字不漏落。繁者簡之，散者整之。力大如身，心細如髮，真長題老手。」「歸重天子，分爵、祿為兩扇，而故錯綜之。消納剪裁，用意極細。而行以渾古疏宕之氣，尤不易及。」

本　年

本科進士魏光國「公曰告夫三子者」題文作於萬曆間，姑繫於此。

　　梁章鉅《制義叢話》卷六：「王喬松錫齡曰：萬曆間，魏士為光國作『公曰告夫三子者』題文，追寫逼真，當使哀公色赧，又當泣下。中後數比，口角尤為逼真，如文中云：『告之而三子以為可，不必問寡人之可也，先發後聞無害也；告之而三子以為不可，不必問寡人之不可，左提右挈在彼也。子大夫誠能調停三子以必伸請討之志，無患寡人之不從矣，寡人固惟三子之命是聽矣；子大夫不能調停三子以必伸請討之志，無恃寡人之易與矣，寡人固非三子之命不行矣。意者先君後臣，而故先我之告於三子耶，則子大夫之高誼也，寡人所不敢當也；意者尊君抑臣，而故後三子之告於我耶，則子大夫之失計也，三子恐不樂承也。』案：此與項水心『何必讀書』文同一尖薄口吻，然仲子心中未必有水心許多計數，項文見末卷。而權臣耳中怎當得士為如此冷語乎？」